KB044269

산과 역사가 만나는

인문산행

산과 역사가 만나는

인문산행

심산 지음

바다출판사

서문

등산과 인문학을 함께 즐기다

한참 종주산행에 빠져 있을 때, 산은 그저 능선으로만 파악되었다. 능선 중에서도 주능선만이 눈에 들어왔다. 지능선들이야 어느 골짜기로 빠져나가든 내 알 바가 아니었다.

한참 암벽등반에 빠져 있을 때, 산은 오직 바위벽으로만 존재하였다. 그 바위벽 아래에 바짝 붙어 안전벨트를 맬 때까지 걸어가야 하는 산길은 짧을수록 좋았다. 등산로가 스쳐 지나가는 절집寺刹들은 그저 식수를 보충할 수 있는 편의점 따위에 불과했다.

산은 그곳에 멈추어 있는데 세월은 흘러간다. 산은 변하지 않는데 인간은 변한다. 더 이상 집채만 한 배낭을 짊어지고 일어설 엄두를 내지 못하게 되었을 때, 더 이상 손톱만 한 홀드를 움켜쥔 손끝에 내 체중을 실을 자신이 없어졌을 때, 그래서 이제는 산을 떠나야 하나 하며 깊은 한숨을 내쉬게 되었을 때, 산은 불현듯 여태껏 보지 못했던 더욱 웅장한 모습으로 우리에게 다가온다. 산은 넓고 높고 크다. 산은 능선과 바위벽만으로 이루어진 존재가 아니다.

어느 날 이름도 없는 계곡과 그곳을 무심히 빠져나가는 맑은 물줄기가 눈에 들어오기 시작했다. 야트막한 바위에 깊게 새겨진 저 글씨들이 궁금해졌다. 이 절집의 편액은 누가 썼는지 알고 싶어졌다. 이 산을 노래한 한시漢詩들을 음미하고 싶어 옥편을 뒤지는 수고를 마다하지 않게 되었다. 당집과 당나무를 찾고, 허물어진 산신제단 앞에서 예를 갖추고, 천년의 세월을 버텨온 마애불을 우러러보며 인간 존재의 유한함을 새삼 절감하게 되었다. 바야흐로 인문산행人文山行이 시작된 것이다.

인문산행의 개념은 아직 명확히 정립되지 않았다. 지금은 그것을 차곡차곡 구축해나가는 과정이라고 생각한다. 막연하게나마 그 개념을 정의해보자면 아마도 '등산과 인문학의 결합 혹은 컬래버레이션Collaboration' 정도가 될 것이다. 평지에서 행해지는 문화유산 답사는 많다. 인문산행에서는 그 답사 대상지에 산을 포함하고자 한다. 이를테면 '산악문화유산의 답사와 규명'이 그 중요한 내용을 이룰 것이다. 그런데 우리나라는 전 국토의 75퍼센트가 산이다. 결국 인문산행의 대상지는 우리나라의 국토 전역이 된다.

인문학의 골간은 문사철文史哲이다. 그러므로 인문산행은 곧 이 나라의 전 국토에 산재한 산악문화유산들을 문학과 사학과 철학의 관점에서 발굴하고, 규명하고, 해석하고, 향유하는 작업이다. 생각해보면 엄청난 일이다. 뜻은 원대하고, 갈 길은 먼데, 내디딘 발걸음은 고작 몇 폭 되지 않는다. 하지만 인문산행의 앞길에는 이 길을 먼저 걸어간 선학先學의 전범典範이 많다. 가깝게는 김장호의《한국명산기》(평화출판사, 1993)가 있고, 멀게는 조선시대에 집중적으로 생산된 저 숱한 산수유기山水遊記들이 있다.

인문산행에서 인문학과 결합한 것이 등산登山인지 유산遊山인지를 구분하는 일은 사실 녹록지 않다. 조선시대에 한정하여 들여다보면 유산기는 찾기 쉬워도 등산기는 찾기 어렵다. 등산이라는 용어 자체가 서구에서 발생한 다음 일본을 통하여 유입된 알피니즘Alpinism에서 연유된 개념이니 당연한 결과다. 그런데 등산이면 어떻고 유산이면 또 어떠하랴? 인문산행에서의 '산행'은 그렇게 등산과 유산을 뭉뚱그려 한데 품고 간다.

이 책의 제1부 '서울경기 인문산행'은 2017년 3월부터 2019년 4월까지 진행한 '한국산서회와 함께하는 인문산행'의 공식 기록이다. 2017년의 기록은 월간《산》에 연재되었고, 2018년 이후의 기록은 월간《사람과 산》에 연재되었다. 제1부의 '청평산 품에 안긴 고려의 선원'은 엄밀히 말하여 '강원 인문산행'으로 분류하여야 마땅하나 여기에 그냥 함께 실었다. 소중한 지면을 할애해준 두 산악전문지 측에 감사의 말씀을 올린다.

한국산서회와 함께하는 인문산행은 조직적인 팀플레이로 이루어졌다. 1986년에 창립된 한국산서회는 최근 사단법인으로 전환되었으며 이 프로젝트를 위하여 '인문산행팀'이라는 태스크포스Task Force를 꾸렸다. 내가 팀장과 집필을, 조장빈 이사가 고증과 답사를, 이수인 이사가 원문의 국역을, 허재을 이사가 진행을, 서영우 회원이 사진을 맡았다. 한국산서회와 인문산행팀 그리고 행사에 참여해주신 모든 분들에게 감사의 말씀을 올린다.

이 책의 제2부 '유북한산기'는 2000년 3월호부터 2001년 2월호까지 월간《사람과 산》에 1년 동안 연재한 글들이다. 연재 당시의 제목을 그대로 따왔다. 매달 그 계절에 가장 잘 어울리는 코스를 선정하여 12번에 걸쳐 북한산에서 노닌 기록인데, 거의 20년 가까운 세월이 흐른 지금에 와서 다시 읽어보니 그립기도 하고 부끄럽기도 하다. 고증이 부실했던 대목이 드문드문 눈에 뜨이나 굳이 손을 대지는 않았다. 집필 당시의 현재성도 유산기를 구성하는 중요한 요소라고 생각하기 때문이다.

이 책에 실린 사진들의 대부분은 내가 직접 찍은 것들이다. 본래 서영우가 찍은 멋진 사진들도 많았으나 인물들이 대거 등장하는 행사 사진들은 가능한 한 제외하자는 편집부의 방침에 따라 그리되었다. 사진 솜씨가 졸렬하여 죄송할 따름이다.

이 책의 제목을 놓고 오랫동안 고민하였다. 결국《산과 역사가 만나는 인문산행》으로 정하였다. 제2부 '유북한산기'에서 제1부 '서울경기 인문산행'으로 넘어오는 세월은, 등산에서 유산으로, 유산에서 인문산행으로 변화하고 발전해오는 과정이기도 한데, 결국에는 "산에서 역사를 만나게 되는" 여정이 되어버린 셈이다. 이렇게 하여 나의 산악문학 저서 또 한 권을 세상에 내놓는다. 질정叱正은 나의 몫이다. 다음번에는 좀 더 멀리 가고 좀 더 깊이 들어가보리라 다짐한다.

2019년 여름을 맞이하며

노고산 아래 집필실 심산재深山齋에서

심산

차례

제2부 유북한산기

시작하며

산에 오르는 것은 책을 읽는 것과 같다

아주 오래전의 어느 겨울날, 설경이 근사한 덕유산을 종주하다가 삿갓재휴게소에 당도했을 때였다. 멋들어지게 휜 자연목의 나무 현판에 세로로 쓰인 문구 하나가 나의 시선과 가슴을 사로잡았다. '유산여독서遊山如讀書.' 산에서 노는 게 책을 읽는 것과 같다고? 당시 공부가 너무 지겨워 책 보기를 돌같이 하던 나에게는 묘하게 위안이 되는 말이었다. 배낭 너머로 집어 던지고 내팽개친 책들에 대하여 내심 품고 있던 은근한 미안함을 달래주는 표현이었다고나 할까.

이 멋진 문장의 저작권자는 대체 누구일까? 그날 우연히 합류한 나이 지긋한 어르신이 짐짓 그것도 몰랐느냐는 눈치를 주며 조용히 운을 떼었다. 퇴계退溪의 유명한 시구詩句에서 따온 문장입니다. 나름 신선한 충격이었다. 당시 내 이미지 속의 퇴계는 고리타분한 유학자에 불과했다. 그런 책상물림이 유산의 즐거움을 독서에 비교했단 말이지? 그리고 이 문구를 오랜 세월 동안 까맣게 잊고 지냈다. 내가 인문산행의 묘미에 빠져들어 뜬금없이 고전의 세계로 파고들기 전까지는.

결론부터 말하자면 '유산여독서'는 퇴계의 문장이라 할 수도 있고 아니라고 할 수도 있다. 유산과 독서를 대립항에 놓거나 동일한 체험의 양 측면으로 파악한 한시들은 의외로 많았다. 그중 어떤 것은 전문을 감상하고 음미해도 좋을 만큼 아름다웠다. 본격적인 인문산행과 유산 행각에 나서기에 앞서 '유산과 독서를 논한 시'들을 몇 편 읽어보는 것도 좋을 듯싶다. 먼저 내게 이 주제에 대한 화두를 던져준 퇴계 이황李滉의 시부터 읽어보자.

讀書如遊山 독서여유산

讀書人說遊山似 독서인설유산사
今見遊山似讀書 금견유산사독서
工力盡時元自下 공력진시원자하
淺深得處摠由渠 천심득처총유거

坐看雲起因知妙 좌간운기인지묘
行到源頭始覺初 행도원두시각초
絶頂高尋勉公等 절정고심면공등
老衰中輟愧深余 노쇠중철괴심여

사람들은 독서가 유산과 비슷하다 하지만
이제 보니 유산이야말로 독서와 비슷하네
공력이 다하면 원래 스스로 내려오고
얕고 깊음을 아는 것 모두 이로부터 말미암네
앉아서 구름 이는 것 보면 묘리를 알게 되고
걸어서 근원에 닿아야 비로소 처음을 깨닫네
정상에 오르려 노력하는 그대들이여
늙고 쇠잔하여 중도에 그친 내가 깊이 부끄럽네

조선을 대표하는 유학자이자 청량산을 사랑한 사람으로서 독서와 유산의 관계를 잘 설명한 아름다운 시다. 자신은 비록 늙고 노쇠하여 여기서 멈추었지만, 후배들에게는 정상까지 가라고 격려하는 마음도 뭉클하게 전해진다. 이 시에서 말하는 절정絶頂이란 산의 정상이면서 곧 유학의 완성을 뜻하리라. 하지만 위에서 보듯 퇴계의 원문은 유산'사似'독서이지 유산'여如'독서가 아니다. 하긴 似나 如나 비슷한 뜻이니 굳이 트집 잡을 일도 아니다.

오히려 위의 시에서 주목할 대목은 '사람들은 독서가 유산과 비슷하다 하지만'이다. 오래전부터 '독서는 유산과 같다'는 표현이 널리 알려져 있었음을 시사한다. 이러한 표현의 연원을 찾아 역사를 하염없이 거슬러 올라갔더니 뜻밖에도 고려 말의 대문장가 목은 이색牧隱 李穡이 당당하게 버티고 서 있다. 그의 유명한 시 〈독서〉의 첫 두 행은 다음과 같다.

讀書如游山 독서여유산
深淺皆自得 심천개자득

글 읽기란 산에서 노니는 것과 같아
깊고 얕음이 모두 스스로 얻기에 달렸네

목은 이색보다 앞서 독서와 유산을 한 문장 안에 표현한 사람이 있는지는 모르겠다. 내가 아는 한 목은이 최초로 독서를 유산에 비유했고, 그 이후의 문인들은 이 문장을 하나의 전범처럼 받아들였다.

내친김에 중국의 한시들을 뒤적거렸다. 중국에도 역시 독서와 유산을 함께 논한 시인이 있었다. 청나라의 학자였던 효람 기윤曉嵐 紀昀의 한시 역시 대동소이한 표현을 남겼다. 하지만 그는 퇴계보다 223년이나 늦게 태어났으니 오히려 우리의 영향을 받았다고 보는 것이 옳겠다.

讀書如游山 독서여유산
觸目皆可悅 촉목개가열

글 읽기란 산에서 노니는 것과 같아
눈길 닿는 곳마다 모두 기뻐할 만하네

퇴계보다 42년 늦게 태어나, 거의 동시대를 살다 간 한강 정구寒岡 鄭逑의 문장은 그 전문을 감상할 만하다.

讀書如遊山 독서여유산

夫讀書如遊山 부독서여유산
有登山未半而止者 유등산미반이지자
有歷遍而未知其趣者 유력편이미지기취자
必也知其山水之趣 필야지기산수지취
方可謂遊山 방가위유산

무릇 글 읽기는 산에서 노니는 것과 같아

산에 반도 오르지 못하고 그치는 자가 있고

많이 돌아다녀도 그 정취를 모르는 자가 있네

반드시 그 산수의 정취를 알아야

비로소 산에서 노닐었다 할 수 있으리

매우 아름다운 문장이다. 하지만 여기에서도 여전히 주어는 독서다. 즉 한강이 후배 유생들에게 독서하는 올바른 태도를 유산에 견주어 비유한 것이다. 그런 뜻에서 퇴계가 유산을 과감히 주어로 바꾸어 놓고 독서를 그에 비견한 것(유산사독서)은 획기적인 시상詩想의 전환임이 틀림없다. 하지만 여전히 성에 차지 않는다. 이 벅적지근한 갈증을 일거에 해소하려면 아예 대놓고 노골적으로 이렇게 천명하는 사람이 필요하다.

遊山如讀書 유산여독서

산에서 노니는 것은 글 읽기와 같다

이 멋진 표현의 원저작권자는 퇴계보다 6년 먼저 태어난 신재 주세붕愼齋 周世鵬이다. 그가 남긴 문집《무릉잡고武陵雜稿》에 실려 있는 시 〈유산遊山〉에 최초로 등장한다. 사실 신재와 퇴계는 거의 동년배에 해당하므로 누가 먼저 이 표현을 썼는지는 알기 어렵다. 하지만 '似'와 '如'는 다르다. 어찌 되었건 독서와 유산을 제일 처음 논한 사람은 다음과 같이 정리할 수 있다. 목은은 독서가 유산과 같다고 했다. 신재는 유산이 독서와 같다고 했다.

신재 이후 '유산여독서'라는 표현은 하나의 관용어가 되었다. 자신의 문집에 '유산여독서'라는 표현을 남긴 사람들은 이식, 어유봉, 성근묵, 김부필, 박여량, 권정침, 강필효, 강헌규… 등 한도 끝도 없이 이어진다. 퇴계는 그들 중 가장 유명한 유학자였을 뿐이다.

이들의 적극적인 평가와 찬미 덕분에 유산은 곧 독서와 동급으로 거론될 만큼 고상한 취미가 되었다. 모름지기 '지식인이라면 반드시 산에 올라야 한다'는 풍조가 형성된 것이다. 이는 우리보다 한참 뒤에 영국의 레슬리 스티븐Leslie Stephen이 《유럽의 놀이터The Playground of Europe》(1871)를 출간했을 때 이룩한 성취와 같다.

우리가 추구하는 인문산행은 여기에서 한 발자국 더 나아가려 한다. 유산은 독서와 같다고 했을 때의 의미는 유산 그 자체를 독서에 비견한 것이다. 즉 산행 그 자체의 의미를 독서와 같은 수준으로 격상시킨 것이다. 인문산행은 이 의미를 규정된 그대로 받아들이되, 독서의 성과를 산 위의 현장에서 직접 확인하려 한다. 한시적漢詩的 비유로 표현하자면 '유산즉독서遊山卽讀書'를 구현하고자 하는 것이다. 그 가슴 벅찬 대장정의 첫 발자국을 이제 막 떼어놓는다.

제1부

서울경기 인문산행

2017 ~ 2019

진경산수화 속의 인왕산을 걷다

인왕산과 겸재 정선의 장동팔경

정유년丁酉年 경칩驚蟄을 하루 앞둔 날. 절기의 명칭에 화답하듯 따스한 날이었다. 지하철 3호선 경복궁역 1번 출구로 올라가기 직전의 지하 2층 경복궁 쉼터는 제1회 한국산서회 인문산행의 참가자들로 북적거렸다. 일반 참가자 15명과 한국산서회 측의 참가자 15명 등 도합 30명이 서로 반갑게 인사를 나눴다. 오늘의 인솔자이자 한국산서회의 이사인 조장빈이 간략하게 코스를 소개하고 한국산서회의 최중기 회장이 격려의 인사말을 건네고 난 다음, 곧바로 제1회 인문산행의 힘찬 첫발을 떼어놓았다.

진경산수화 속으로 걸어 들어가 바라본 인왕산

오늘의 주제는 '인왕산과 겸재 정선의 장동팔경'이다. 겸재 정선謙齋 鄭敾은 널리 알려져 있다시피 이곳 인왕산仁王山 자락에서 나고 자라고 결국에는 이곳에서 삶을 마감한 조선 후기의 화성畵聖이다. 겸재 정선의 진경산수화眞景山水畵에 관한 한 한국 최고의(그러니까 세계 최고의) 전문가로 알려진 간송미술관 연구실장 최완수는 《장동팔경첩壯洞八景帖》을 정선의 후기 대표작 중 하나로 본다. 하지만 이 '장동팔경'조차도 하나로 싸잡아 평가하기가 어렵다. 현재까지 발견된 것만 해도

겸재 정선이 그린 '장동팔경'은 현재 세 가지 버전으로 존재한다. 아래의 도표에서 확인할 수 있듯, 세 가지 버전 모두에서 꼽은 팔경은 청풍계·취미대·청송당 등 세 곳이고, 두 번 꼽힌 것은 독락정(암)·대은암 등 두 곳이며, 나머지 열 곳은 각각 한 번씩 꼽혔다.

구분	장소													
국립 박물관본				독락정	대은암	창의문	백운동	청휘각						
간송 미술관본	청풍계	취미대	청송당	독락당	대은암				수성동	자하동	필운대			
개인 소장본				백악								인왕산	세심대	청하동

국립중앙박물관본, 간송미술관본, 개인소장본(2013년 공아트홀 '한양유흔전' 도록 참조) 등 3개의 버전이 있기 때문이다.

표에서 보이는 바와 같이 3개의 버전에서 말하는 '장동팔경'은 일치하지 않는다. 중복되는 것도 많지만 독자적인 팔경도 많다. 세 버전의 장소들을 꼼꼼히 살펴보면 15개 명칭의 장소를 그렸으되, 실제로는 13개의 장소가 등장한다. 한국산서회 인문산행팀은 수십 차례의 답사를 통하여 그 13개 장소의 현 위치와 추정 위치를 대부분 파악하였으나, 고작해

배화여자대학교 교정 뒤편의 바위벽에 새겨져 있는 '필운대' 바위글씨. 백사 이항복의 집터였다고 알려져 있으며 서울시 문화재자료 제9호로 지정되어 있다. 인왕산에는 필운대가 많았다. 겸재의 〈필운대상춘〉에 묘사되고 정조의 〈국도팔영〉 중 '필운화류'로 표현된 필운대는 이곳이 아니라 선희궁 뒤편에 있는 세심대였다는 것이 인문산행팀의 비정이다.

야 반나절의 산행으로는 그 모두를 둘러볼 방법이 없다. 결국 일반 참가자들의 체력 안배와 편안한 동선을 고려한 결과, 상당 부분을 제외하고 제일 먼저 찾기로 한 곳은 필운대弼雲臺다.

현재 배화여자대학교의 교정 안에 남아 있는 필운대는 백사 이항복白沙 李恒福의 집터였다. 하지만 이 필운대가 곧 겸재의 장동팔경 중 〈필운대상춘弼雲臺賞春〉에 묘사된 그 장소는 아닐 수도 있다. 무슨 뜻인가? 인왕산의 옛 이름은 필운산이다. 그리고 필운산에는 대臺(높고 평평하여 승경勝景을 감상하기 좋은 곳)가 많았다. 결국 필운산에는 필운대가 여기저기 있었다는 뜻이다. 예를 들어 정조가 자주 찾아와 시회도 열고 활쏘기 시합도 벌였으며, 그래서 〈국도팔영國都八詠〉에 '필운화류弼雲花柳'로 표현된 필운대는 잠시 후 우리가 방문할 세심대洗心臺다.

필운대를 나와 황학정黃鶴亭으로 향한다. 국궁수련장으로 유명한 이곳에는 '등과정登科亭'과 '황학정팔경黃鶴亭八景'이라는 바위글씨岩刻文가 남아 있다. 본래는 1898년 고종의 어명으로 경희궁 회상전 북쪽에 세웠던 사정射亭(활 쏘는 곳)인데, 1922년 일제가 경희궁을 헐면서 등과정 옛터로 이전해 온 것이다. '황학정팔경' 바위글씨는 금암 손완근錦巖 孫完根이 1928년에 새겼다. 한시와 시조에 능한 한국산서회의 한상

철 이사가 오늘의 산행을 기려 이 황학정팔경을 시조로 새로 창작하여 전해왔다. 잠시 발걸음을 멈추고 새로 창작된 청아한 시조로 귀를 씻으니 인문산행의 향기가 더욱 그윽해진 듯하다.

이번 산행에서는 시간관계상 탐방을 생략하였지만 '청와동靑瓦洞'이라고 쓰인 바위글씨가 있다. 그 청와동의 물줄기가 수성동으로 내리면서 옥류동과 합쳐져 인왕동을 이룬다. 제법 깊은 협곡 사이로 콸콸 흐르는 계곡의 물소리가 아름다워 수성동水聲洞이라 부르는 이곳 역시 장동팔경壯洞八景의 하

수성동 계곡의 기린교 너머로 보이는 인왕산의 모습. 겸재 정선은 이곳 장동에 터를 잡고 살았던 장동 김씨 가문의 적극적인 후원을 받아 장동팔경을 그렸다. 아래 사진에서 보이는 풍경 역시 장동팔경의 하나로 손꼽혀 〈수성동 계곡〉이라는 그림으로 남아 있다.

나다. 현재 이곳에는 겸재의 그림을 컬러로 재현한 안내판이 서 있는데, 그림 속의 인물들은 이제 막 수성동의 물소리를 감상한 후 인왕산의 능선으로 오르려는 자세를 취하고 있다.

점심 식사는 이곳 수성동 계곡에서 이루어졌다. 참가자들은 삼삼오오 모여앉아 저마다 집에서 싸 온 맛있는 음식들과 차를 나눈다. 처음 뵙는 분들과 자연스럽게 대화를 나누는데 들어보니 산행 경력이며 인문학 지식 등이 모두 만만치 않다. 괜히 여기서 어쭙잖은 지식 따위를 늘어놓았다가는 큰코다치기 십상이겠다고 하자 모두들 크게 웃는다. 날은 따사롭고 산행은 즐거우며 마음은 넉넉하다. 소박하지만 즐거운 점심 식사를 마치자 모두 다시 배낭을 꾸려 일어난다.

겸재 정선의 걸작 〈청풍계〉 속으로

서울맹학교 교정 뒤편에 선희궁宣禧宮 터가 있다. 선희궁은 사도세자의 생모인 영빈 이씨의 제사를 모시기 위한 사당이었다. 세심대는 선희궁의 북쪽에 있다. 글자 그대로 '마음을 씻는 곳'이라는 의미를 지닌 곳인데, 왕실과 관련한 문헌에 자주 등장하며, 일명 필운대 혹은 동대東臺라고도 불리었다. 예전에는 세심대라는 바위글씨가 새겨져 있었다고 하나 현재에는 확인할 수 없는 대신 '후천后泉'이라는 바위글씨가 남아 있다.

이제 오늘의 하이라이트인 청풍계로 향한다. 청풍계를 향하여 꺾어지는 길목에서 '자하동紫霞洞과 청하동靑霞洞은 같은 동인가'에 대한 조장빈의 강의가 이어진다. 대개 이 두 동명을 같은 장소의 지명이라 추정하고 있지만 그의 생각은 다르다. 이 견해에 대해서는 향후 보다 엄밀한 고증과 치열한 토론이 필요할 듯하다. 예전에는 푸르른 계곡물이 넘실댔겠지만 이제는 가파른 아스팔트로 뒤덮인 길을 한참 오르자 저 유명한 '백세청풍百世淸風' 바위글씨가 나온다. 우암 송시열尤庵 宋時烈의 친필로, 그 이후 탁본되어 전국에 퍼져 있는 모든

청풍계로 오르는 언덕(현재는 아스팔트로 포장되어 있다)에 남아 있는 '백세청풍' 바위글씨. 이곳 장동 일대의 청풍계는 훗날 서인들에 의하여 성역으로 여겨진 '율곡학파의 근원지'라 할 수 있다. 서인 노론을 대표하는 송시열이 썼다고 전해지는 이 바위글씨는 이후 탁본되어 전국 곳곳에 복제되어 있다.

백세청풍 글씨의 원본이며, 이 계곡이 청풍계라는 확실한 증거다.

고급주택가의 아스팔트길을 벗어나 인왕산의 흙길을 밟으며 조금 더 올라가니 뜻밖의 풍경이 펼쳐진다. 서울 시내에서도 그 한복판인 종로구에서 산자락에 걸쳐진 현수교를 만난 것이다. 이쯤에서 우리는 고려대본 〈청풍계淸風溪〉의 그림을 조목조목 짚어가며 현재의 위치를 가늠해본다. 그림 속의 이 바위가 저 바위다. 그림 속의 이 계곡이 저 계곡이다. 이윽고 참가자들 모두 약속이나 한 듯 탄성을 자아낸다. 우리는 지금 겸재의 걸작 〈청풍계〉 안에 들어와 있는 것이다. 진경산수화의 매력과 가치를 온몸으로 체험한 멋진 순간이었다.

현수교를 지나면 잘 만들어진 나무 데크 쉼터가 있다. 그곳에서 잠시 쉬며 올려다본 인왕산은 그야말로 절경이다. 힘차게 꿈틀거리며 뻗어 내린 바위의 성채는 겸재가 〈취병암도翠屛岩圖〉에서 묘사한 바로 그 취병암이다. 다들 바위에 취하여 넋을 놓고 있는데 심우경 교수가 말을 보탠다. 전前 고려대학교 조경학과 교수로서 한국 전통조경의 일인자로 꼽히는 그는 현재 세계상상환경학회 회장으로 재직 중인데, 온통 화강암으로 이루어진 한국 산의 바위 사랑이 남다르다. 짧은 코멘트 정도에 불과한 강의였지만 참가자들 모두에게 한국 산에 대한 사랑과 자랑을 일깨우기에 부족함이 없었다.

예로부터 장동김문의 소유였던 백운동 계곡에 새겨진 '백운동천' 바위글씨. 조선 말기와 대한제국 시기에 고위관료를 지냈던 동농 김가진이 1903년에 이곳에 자신의 별서인 백운장을 지으며 함께 새겼다. 동농은 3.1운동 직후 중국으로 망명하여 독립운동을 펼쳤고, 일제는 이곳을 일본식 요정으로 만들었다. 백운동의 아름다움과 망국의 한을 모두 품고 있는 바위글씨다.

백운동천과 청송당 그리고 겸재의 생가터

눈앞의 승경과 그곳에 어린 역사의 향기에 취해 있는 동안 너무 많은 시간이 흘러버렸다. 우리는 발걸음을 재촉하여 자하문 터널 인근에 위치한 '백운동천白雲洞天'을 찾아간다. 백운동은 인왕산 줄기가 백악 자락과 마주치는 곳에 있는데, 예로부터 개성 송악산의 자하동에 비견될 만큼 아름답다고 하여 도성 안의 명승으로 손꼽혔다. 장동의 주인이었던 청음 김상헌淸陰 金尙憲은 자신의 〈근가십영近家十詠〉에서 백운동을 이렇게 노래하였다.

弼雲之北拱極西 필운지북공극서
小洞一面通幽蹊 소동일면통유혜

필운산(인왕산)의 북쪽이자 공극산(백악)의 서쪽에는
작은 동구 한쪽 면에 그윽한 길 나 있다네

이곳 백운동에 저 바위글씨를 새긴 사람은 동농 김가진東農金嘉鎭이다. 동농 역시 서얼 출신이기는 하나 장동김문壯洞金門의 일원이다. 적서차별에 대한 상소문을 올려 스스로 출사의 길을 연 그는 조선 말기와 대한제국 시기에 주일본판사대신, 공조판서 등 고위직에 오르며 승승장구하였으나 1910년의 국권피탈 이후 스스로 공직에서 물러났다. 1919년 3.1운동이 일어나자 모든 것을 버리고 중국 상하이로 망명하여 임시정부의 고문으로 활약하며 무장투쟁을 계획하기도 하였다. 조선 조정의 고위관료가 독립운동에 투신하고 임시정부에 합류한 것은 매우 이례적인 일이다. 그나마 동농이 있어 장동김문과 조선 유생들이 체면치레를 한 셈이다.

동농은 1903년 창덕궁 후원(비원)장을 지낼 때 중수공사를 하고 남은 목재들을 하사받아 이곳 백운동에 백운장白雲莊이라는 별서를 지었다. 백운동천이라는 바위글씨도 그때 새긴 것이다. 그는 창덕궁 후원의 부용정에 글씨를 남겼을 만큼 당대의 명필로 평가받던 사람이다. 그런 그가 이곳을 미련 없이 버리고 국외로 망명하여 독립운동에 투신하자 일본 제국주의자들과 당대의 지식인 사회는 크게 술렁거렸다고 한다. 일제는 백운장을 일본식 요정으로 만들어 그의 뜻을 능멸하고 그의 흔적을 지우려 했다. 여전히 이곳에 남아 백운동의 아름다움과 동농의 높은 뜻을 증언하고 있는 것은 저 바위글씨뿐이다.

일행들은 이제 경기상고 안으로 진입한다. 교정에 들어선 다음에도 건물들 사이의 좁은 길을 이리저리 돌아들자 다들 어리둥절한 표정들이다. 이곳에 도대체 무엇이 있단 말인가. 바로 청송 성수침聽松 成守琛이 청송당을 짓고 살던 곳이다. 이곳 백악 기슭의 유란동은 솔바람 소리를 듣는다는 뜻의 멋진 당호堂號 그대로 소나무들이 우겼다. 청송은 조선의 유림들이 당파와 무관하게 모두 존경했던 큰 어른이며, 청송당은 세 가지 버전의 장동팔경 모두에 등장할 만큼 아름다웠던 곳이다. '청송당유지聽松堂遺址'라는 바위글씨를 어루만지며 솔바람 소리에 귀를 기울인다.

길고 길었던 이번 인문산행의 종착지는 경복고등학교다. 오늘 본의 아니게 우리의 산행을 안내해준 겸재 정선이 태어난 곳이다. 교정 한쪽에 그의 생가 터임을 기려 커다란 바위 조형물이 하나 들어서 있는데, 앞면에는 겸재의 그림 〈독서

겸재가 태어난 곳은 현재 경복고등학교가 들어서 있는 유란동幽蘭洞이다. 그는 백악의 서쪽인 이곳 유란동에서 살며 장동김문의 후원을 받아 〈인왕제색도〉, 〈장동팔경〉 등 걸작 진경산수화를 남겼다. 1727년 그는 이곳 유란동 집을 작은 아들에게 물려주고, 자신은 인왕산 동쪽의 인왕곡으로 이사했다. 현재 경복고 교정에는 이곳이 겸재의 생가 터임을 기리는 조형물이 세워져 있다.

여가讀書餘暇〉가 동판으로 재현되어 부착되어 있고, 뒷면에는 최완수가 쓴 글이 새겨져 있다. 이곳에서 바라본 풍경이 바로 저 유명한 〈인왕제색도仁王霽色圖〉(국보 제216호)와 정확히 일치한다. 그는 이곳에서 나고 자라며 바로 눈앞의 풍경을 화폭에 옮겼던 것이다.

경복고 교정의 노천극장에서 오늘의 산행을 마무리한다. 처음 하는 행사인지라 진행상 미숙한 점들도 많았다. 너무 많은 것을 보여드리고자 동선을 복잡하게 짜는 바람에 이동 거리도 제법 길었다. 너무 많은 것을 알려드리고자 설명이 길어져 자칫 지루하게 느껴질 수도 있었다. 하지만 참가자들은 너그러웠다. 이어진 뒤풀이 자리에서는 벌써 다음 인문산행이 화제였다. 제1회 인문산행이 인왕산의 산허리 아래쪽을 훑었다면, 제2회 인문산행은 인왕산의 정상을 향해 나아가면서 그 주변의 무속과 민불을 살펴볼 것이다.

민초들은 인왕산에 올라 빈다

인왕산의 무속과 민불

박근혜 전 대통령이 구속 기소되어 서울구치소(의왕시)에 입감한 다음 날. 며칠간 서울 하늘을 뒤덮었던 미세먼지가 거짓말처럼 사라져 모처럼 화창한 봄날이다. 지하철 3호선 독립문역 3-1번 출구 앞에 사람들이 득시글거린다. 한국산서회와 함께하는 제2회 인문산행의 참가자들이다. 주변이 너무 어수선하여 약속 시간인 10시가 되자마자 일단 인왕산을 향하여 발걸음부터 떼어놓는다. 고층 아파트들이 즐비하게 들어선 가파른 아스팔트길을 치고 올라가자 불현듯 인왕산이 모습을 드러낸다.

인왕산 인왕사라고 쓰인 합동 일주문 앞에서 기념사진을 찍는다. "인왕仁王은 석가의 미칭으로, 산에 예전에 인왕사仁

王寺가 있었으므로 그렇게 이름한 것이다."《광해군일기》의 1613년(광해군 8년) 기록이다. 부처를 아름답게 높여 불러 '인자한 왕'이라 하는데, 예전부터 이 산에 인왕사라는 절이 있어 산 이름 또한 그리 부른다는 뜻이다. 우리 선조들은 인왕산을 불가佛家의 산으로 인식했음을 알 수 있다.

하지만 그 인왕사가 현재의 합동 일주문 뒤에 있는 저 인왕사인지는 확실치 않다. 현재 인왕사라 불리는 곳은 정확히 표현하여 절집이라기보다는 당집 연합에 가깝다. 수년 전 저곳에서 학술발표회를 열기도 했는데, 그들 역시 "(역사 속에 등장하는) 인왕사의 법등法燈을 이었다"고 할 뿐, 현 위치가 옛 인왕사의 구지舊址라고 확언하지는 않았다. 인왕사 구지를 정확히 비정하는 것이 인문산행팀의 임무다. 우리는 오늘 그곳으로 갈 것이다.

민초들의 애환이 서린 선바위를 지나

오늘의 첫 번째 답사지는 선바위 조금 못 미쳐 있는 무명의 마애불이다. 현재 관음사에서 소유 및 관리를 맡고 있다. 그리고 따라붙은 부제가 '청정 미륵기도 도량'이다. 조금 높은 위치에서 바라보면 건너편의 안산을 병풍처럼 두르고 편안한 자세로 앉아 있다. 이 마애미륵불 앞에는 기도를 올리거나 쉬어가기 편하도록 차양이며 앉을 자리 따위가 비교적 잘 정돈되어 있다. 여러 사람이 빙 둘러서서 반갑게 인사를 나누기에 적당한 장소다. 인문산행의 주최 측과 참가자들이 돌아가며 간단히 자기소개를 한다.

마애불과 미륵 그리고 민불에 대하여 심산의 짧은 강의가 시작된다. 사실 이 세 가지의 개념은 매우 복잡하게 얽혀 있으며, 그 각각의 경계 또한 모호하다. 현재 우리 앞에 편안한 자세로 앉아 양손을 무릎 위에 얹고 있는(전형적인 불상의 수인手印과는 사뭇 다르다) 이 존재는 마애불이면서 미륵이기도 하고 동시에 민불이라 부를 수도 있다. 이 불상에 대해서는 어

인왕산 관음사에서 관리하는 마애불. 관음사가 스스로를 '청정 미륵기도 도량'이라 명명한 것으로 보아 미륵불로 인식하고 있는 듯하다. 마애불이면서 미륵불이며 동시에 민불이라 할 만하다. 사진 왼쪽의 건너편으로 안산의 모습이 보인다.

떠한 기록도 남아 있지 않은데, 동네 사람들의 전언에 따르면 대략 100년 전쯤에 조성되었다고 한다. 나는 편의상 이것을 '인왕산 남미륵' 혹은 '인왕산 할배'라고 부른다.

오늘의 주제인 '무속과 민불'에 대한 이야기가 이어진다. 사실 무속과 민속 역시 그 경계가 모호하다. 겹치는 부분이 많은 것도 사실이지만, 무속이면서 민속은 아닌 것들도 있고, 민속일 뿐 무속은 아닌 것들도 많다. 이들 중 바위와 관련된 신앙 행위들을 미술평론가 이태호는 뭉뚱그려 '바위신앙'이라 부르기도 한다. 분명한 것은 우리 민족은 태곳적부터 바위에 대한 신앙이 남달랐다는 점이다. 그리고 인왕산은 전국에서도 으뜸가는 바위신앙의 기도터였다.

인왕산의 바위신앙을 대표하는 것은 물론 선바위다. 이 신령스러운 바위에 스토리텔링이 없을 수 없다. 한양도성을 축조하기 직전의 일이다. 선바위를 도성 안에 포함시킬 것인가 제외시킬 것인가를 놓고 논쟁이 붙었다. 선바위를 불교의 성지로 인식했던 무학대사는 당연히 포함시키자고 주장했다. 하지만 불교 세력을 견제하려던 정도전은 결사반대했다. 태조 이성계는 묘한 중재안을 내놓았다. "눈이 내린 다음 눈이 녹는 선까지를 도성 안에 포함시키자." 결과는? 선바위가 있던 곳의 잔설殘雪은 끝내 녹지 않아 결국 도성 밖으로 밀려났다고 한다.

이런 종류의 '믿거나 말거나'식 스토리텔링을 심각하게 받아들이거나 굳이 검증해보겠노라며 소매를 걷어붙일 필요는 없다. 그저 조선 개국 초기에 불교 세력과 유교 세력 간의 헤게모니 싸움이 있었구나 하는 정도로 받아들이면 그만이다. 이 '눈 녹은 선'과 관련된 스토리텔링은 북한산北漢山 인수봉에도 거의 동일한 방식으로 적용된다. 서울이라는 명칭 자체가 이것과 관련되었다는 주장도 있다. 곧 '눈 설雪' 자와 울타리를 뜻하는 '울' 자가 합쳐져 '설울'이 되었다가 그것이 '서울'이라는 순우리말 이름으로 변했다는 것이다.

선바위를 한자로 선禪바위라고도 하는데, 굳이 불교적 용어인 '선'을 쓴 것은 그 모양이 '스님 두 분이 장삼을 입고 서 있는 것 같아서'라고 한다. 어떤 이는 '태조와 무학대사의 상'이라 하고 또 다른 이는 '이성계 부부의 상'이라고도 한다. 나의 의견은 다르다. 선바위는 그저 선 돌, 굳이 한자로 표현하자면 입석立石일 뿐이다. 이 바위는 우리나라에 불교가 유입되기 훨씬 전부터 민간신앙의 대상이었다. 한양 일대에서 '가장 영험한 바위'로 알려진 이 바위는 자식 얻기를 원하는 사람들이 찾아와 치성을 올려 '기자암祈子岩'이라 불리기도 했다. 어찌되었건 선바위는 오늘날 인왕산의 랜드마크가 되었다.

선바위 뒤편으로 돌아나간다. 인왕산 산신각을 지나쳐 암맥巖脈을 타고 오르면 도처가 바위신앙의 기도터다. 저 아래로 안산 자락과의 사이에 서대문 독립공원이 보인다. 1908년 일본인들이 지을 당시의 이름은 경성감옥이었다. 이후 명칭은 서대문감옥(1912), 서대문형무소(1923), 경성형무소(1946), 서울교도소(1961), 서울구치소(1967~1987)등으로 계속 바뀌었지만 그 기능은 변하지 않았다. 저곳에 사랑하는 가족을 빼앗긴 사람들이 옥바라지를 하며 오르던 산이 바로 인왕산이다. 그들은 인왕산 자락의 여관(대체로 당집을 겸했다)에 아예 살림을 차리고 매일 이곳에 올라 빌고 또 빌었다.

우리나라 바위신앙의 기도터 중 가장 유명한 선바위. 전형적인 선돌 혹은 입석이다. 조선 건국 훨씬 이전부터 신앙의 대상이었고, 현재에도 전국 무속인들의 발길이 끊이지 않는다. 조선 개국과 더불어 '선禪바위'라는 별칭을 얻었다. 현재 석불각에서 관리한다. 서울특별시 민속자료 제4호.

나는 학생운동이 극성했던 1980년대에 대학을 다녔다. 덕분에 대학 선후배 중에는 '서울구치소 동기생'들이 많다. 1987년 봄으로 기억한다. 당시 민주화실천가족운동협의회(약칭 민가협)의 회원이었던 친구의 어머님들을 몇 분 모시고 이곳에 올랐다. 그들은 주먹만 한 돌멩이를 들고 이곳의 바위에 문질러대며 간절히 기도를 올렸다. 아직도 그들의 한 맺힌 울음소리가 귓가에 쟁쟁하다. "비나이다, 비나이다. 신령님께 비나이다. 제 아들이 저 감옥 안에서도 건강하게 지낼 수 있게 보살펴주시옵고, 천하의 살인마 전두환에게 천벌을 내려주시도록 빌고 또 비나이다."

국사당과 용궁 그리고 천존단의 제석불

저 유명한 국사당은 선바위와 지척의 거리에 있다. 1395년 태조 이성계는 남산에 국사당國師堂을 세워 목멱대왕을 모시고 국가 차원의 공식 제례를 지내도록 했다. 이 전통은 조선 말기까지 계속된다. 하지만 일제강점기인 1925년, 일본인들이 그 자리에 자신들의 신사神社를 세우며 국사당을 내쫓았다. 인왕산의 국사당은 그때 이리로 이전해온 것이다. 남산의 산신인 목멱대왕과 태조 이성계와 무학대사를 모시던 조선시대 최고의 사당이 이곳으로 옮겨오자 그 이전부터 인왕산을 주 무대로 활약해오던 무속인들은 오히려 용기백배하였다.

국사당과 선바위 사이의 계곡 도입부에 용궁龍宮이 있다. 일찍이 민화연구가 조자용은 산신, 용왕신, 칠성신을 한국의 삼신三神이라고 하였다. 이 중 용왕신은 바다에 살고, 거북을 메신저로 부리며, 용을 부리거나 스스로 용으로 화하여 하늘로 날아올라 비를 뿌린다. 따라서 어부나 해녀 등 바닷가에 사는 민초들은 용왕신을 섬기고, 조정에서 기우제를 지낼 때에도 용왕신께 빈다. 산속에라도 맑은 물이 샘솟는 곳은 용궁, 용왕샘, 용왕굴 등으로 부른다. 인왕산에는 이러한 용궁이 많다. 지금 우리 앞에 있는 것이 그중 가장 유명하고 영험한 용궁이다.

용궁이 위치한 계곡을 나는 편의상 선바위 계곡이라고 부른다. 이 계곡의 발원지까지 거슬러 올라가면 깨끗하게 잘 손질된 당집 터가 나온다. 나는 이곳을 '맨윗당집'이라고 부른다. 하지만 김덕묵의 역저《전국의 기도터와 굿당》(전3권, 한국민속기록보존소)을 보니 무속인들은 이곳을 천존단 혹은 칠성단이라 부른다고 한다. 이곳의 바위에도 어여쁜 마애불이 있다. 무속인들은 이것을 제석, 제석이, 제석불, 대석, 대석이 등으로 부른다. 제석帝釋이란 무속인들이 모시는 최고의 신중의 하나인데, 그 이름 뒤에 다시 불佛자를 붙인 것은 무속과 불교의 융합이라 볼 수 있다. 나는 이것을 앞서 살펴본 '인

인왕산 선바위 계곡 맨윗당집의 바위벽에 새겨져 있는 제석불. 무속의 용어인 제석帝釋과 불교의 용어인 불佛이 융합한 경우인데, 무속인 혹은 동네 할머니들은 그냥 편하게 '제석이, 대석이'라고 부른다. 옆집 할머니처럼 편안하고 인자한 미소가 돋보인다.

왕산 할배'와 대를 이루는 개념으로 '인왕산 할미'라고 부른다. 오늘은 길일吉日인지 이곳 천존단을 포함하여 인왕산 전체에 굿소리와 북소리 그리고 방울소리가 끊이지 않는다.

사람들의 기도를 품은 바위굴들

한양도성의 안쪽으로 진입하려면 천존단에서 산을 횡단한다. 그 횡단길에도 도처에 당집 터들이 즐비하다. 도성 안으로 들어가기 전의 공터에서 삼삼오오 모여 앉아 간단한 점심 식사를 즐긴다. 도성 안으로 진입하니 가파른 바윗길들이 이어진다. 예전에 이곳을 지키던 군인들이 닥터링doctoring(바위를 깎아 계단을 만드는 일)을 잘해놓아 안전에는 문제가 없다. 정상에 서서 탁 트인 사위를 둘러본 다음 치마바위 쪽으로 하산한다. 계속 등산로를 따라 진행하면 한양도성을 벗어난다. 기차바위를 지나 홍제동 쪽으로 내려가면 흥미로운 마애불이며 석불을 여럿 만날 수 있다. 하지만 사전답사의 결과 참가자들의 체력 안배를 위하여 홍제동 방면 답사는 다음 기회로 미루고 대신 우리는 오른쪽으로 꺾어져 석굴암 방향으로 내려간다.

약간 가파른 산길을 따라 잠시 내려오니 매우 인상적인 바위굴이 나타난다. 현재는 인왕산을 지키는 의경들이 휴식처 정도로만 사용하는 곳인데, 굴 안으로 들어가보니 제법 규모가 크다. 이곳이 바로 세조가 수양대군 시절 스스로 조성했다는 개인 암자인 복세암福世菴 터다. 《조선왕조실록》에 따르면 세조의 복세암은 산정山頂 부근의 암자였다고 하니 이곳 이외의 다른 비정은 거의 불가능하다. 참가자 한 분이 질문을 던진다. "과연 수양대군이 여기까지 올라왔을까요?" 당연히 그렇다. 그는 북한산 보현봉에도 수차례 올라 호시탐탐 경복궁을 엿보았던 야심 가득한 사내였다. 그는 아마도 사병들을 거느리고 인왕산에서 호랑이 사냥도 즐겼을 것이다.

꽤 가파른 바윗길을 따라 조심조심 내려오면 곧 석굴암이다. 이곳에는 볼만한 바위유적이 많다. 가장 먼저 눈에 뜨이는 것은 산신단山神壇이다. 보존 상태가 매우 훌륭한 음각 마애산신도인데 1957년에 조성되었다. 석굴암 대웅전 자체가 바위의 예술이다. 박정희 전 대통령의 산중암자철거령(1968)과 새마을운동의 일환이었던 전국미신타파운동(1978)에도 없앨 수 없었던 바위의 성채다. 석굴암 근처의 천향암 역시 볼 만하다. 예로부터 우리 민족이 선호하던 최고의 기도터에는 세 가지 조건이 필요하다. 곧 영험한 바위와 샘물(용궁) 그리고 석굴이다. 누구라도 이곳에 이르면 그 세 박자가 모두 맞아떨어지는 최고의 기도터임을 육감적으로 알 수 있다.

석굴암을 등지고 섰을 때 오른쪽으로 마른 내를 건너 산모퉁이 하나를 에돌아가면 거의 3미터에 이르는 거대한 마애미륵존불을 만날 수 있다. 아마도 근대 100년 이내에 조성된 것으로 보이는 이 미륵존불 옆에는 양각 마애산신도가 있다. 산신과 동자 등의 코가 훼손된 것은 아마도 민초들의 기자신앙 때문이리라. 나는 이 미륵존불을 '인왕산 동미륵'이라고 부른다. 석굴암에서 수성동 계곡을 향하여 조금 내려오다 보면 금강굴의 상단 부분과 만날 수 있다. 이는 최근의 사전답사 중 인왕산악회의 원로회원과 우연히 만나 기적적으로 확인하게 된 쾌거다. 마애각문 옆에 인왕산악회의 전신인 알파

인왕산 석굴암의 마애산신도. 바위의 성채로 이루어진 석굴암 본당과 조금 떨어져 별도의 공간을 이루고 있다. 도교 혹은 신선사상이 불교와 결합한 예를 보여준다. 복숭아를 들고 있는 동자와 해학적이고 귀여운 표정을 짓고 있는 호랑이 등의 묘사가 정겹다. 종이에 그린 것이 아니라 바위에 새긴 산신도를 찾아보기란 쉽지 않다.

인 탑 클럽의 하강용 피톤piton이 박혀 있는데, 이곳에서 로프를 이용하여 현수하강을 감행하면 매우 거대한 규모의 금강굴과 마주친다(하지만 이렇게 하려면 사전에 해당 군부대의 허락을 받아야 한다).

여기에서 우리는 새로운 학설을 내놓는다. 금강굴과 석굴암과 복세암은 거의 일직선상에 위치한다. 리움미술관이 소장하고 있는 〈한양도성도漢陽都城圖〉(1770년대)를 보면 인왕산 수성동의 기린교 우측 계곡 상단에 금강굴과 옥등굴 그리고 칠성암이 보인다. 인왕산악회가 확인해준 금강굴이 곧바로 그 금강굴이고, 현재의 석굴암이 옥등굴이며, 치마바위 아래의 폐암자 터가 칠성암인데 이것이 곧 세조가 세웠다는 복세암이다. 세조의 복세암은 조선 중기로 넘어오면 칠성암이라 불리는데, 이는 물론 칠성신을 모시는 곳이며, 조선의 유생들조차 칠석날이면 이곳에 올라 과거에 합격하기 위한 칠성불공을 올렸다고 한다(《춘향전》 참조). 그렇다면 과거에 옥등굴이라 불리던 현재의 석굴암은? 바로 저 유명한 인왕사였다. 조선의 태조가 1397년 6월에 인왕사에 거둥하였다는 기록을 보면 조선 개국 훨씬 이전부터 이곳에 자리 잡았던 유명한 사찰임을 알 수 있다.

석굴암에서 내려와 인왕천 쪽으로 우회 횡단한다. 인왕천에 가 닿기 전에 만날 수 있는 마애미륵불과 마애산신도는 또 다른 덤이다. 인왕천 앞에 이르러 인왕산의 한자 표기를 '仁王'으로 할 것인가 '仁旺'으로 할 것인가에 대한 조장빈 이사의 짧은 강의가 이어진다.

오늘의 인문산행은 수성동 계곡에서 마무리된다. 몇몇 참가자들과 주최 측은 통인시장 안의 한 허름한 밥집에 모여 앉아 간단한 하산주를 마시기 시작한다. 그런데 놀라운 일이 생겼다. 시장 안으로 들어서자마자 강한 비바람과 더불어 세찬 폭우가 쏟아지기 시작한 것이다. 한국 무속신앙과 민속신앙의 메카인 인왕산에서 방금 내려온지라 결론은 뻔하다. 인왕산신께서 우리의 산행을 편안하게 이끌어주신 것이다.

봉원사에 얽혀 있는 수많은 인연들

안산의 봉원사와 봉수대

인왕산이 서쪽으로 비스듬히 뻗어 무악재를 지난 다음 다시 불끈 솟아나 295미터의 봉우리를 이룬 것이 안산鞍山이다. 온전히 서대문구 안에 포함된 이 낮은 산에는 이름도 많고 사연도 많다. 한자어 '鞍'은 말안장을 뜻하는데, 산정이 두 개의 봉우리로 이루어져 있고, 그 봉들을 잇는 능선이 흡사 말안장과 같다고 하여 붙여진 이름이다. 순우리말로는 길마재라고 하며, 다른 한자어로 안현鞍峴이라고도 표기한다.

조선 선조 때의 풍수학자 남사고南師古는 낙산과 안산을 놓고 파자破字를 하여 흥미로운 예언을 전한 바 있다. 즉 경복궁의 동쪽에 있는 낙산駱山은 말馬을 따로各 타니 갈라설 것이요 경복궁의 서쪽에 있는 안산은 혁명革을 한 이후에야 안정安되리라는 것이다. 아마도 당시 당쟁의 총본산인 동인東人과 서인西人의 운명을 두고 예언한 말일 터인데 꼭 그리되었다. 여기서 서인의 혁명이란 물론 인조반정(1623)을 뜻한다.

이 산과 관련된 가장 오래된 지명은 기봉岐峯이다. 높은 산을 뜻하는 기봉 혹은 기산岐山이라는 이름은《고려사高麗史》의 고려 숙종 7년 기사에 등장하는데, 당시 남경의 서쪽 경계를 이루는 봉우리로 적시된다. 기봉, 즉 안산을 남경의 서쪽 경계로 보는 인식은 그대로 조선 개국 초기에도 이어져 한양 도성축성계획에도 영향을 미친다. 즉 현재의 도성은 인왕산에서 직접 남산으로 이어지지만, 당시에는 인왕산에서 일단 무악으로 넘어갔다가 거기에서 금화산 능선을 타고 약현을 거쳐 남산과 이어지도록 도성을 연결해야 한다는 의견이 있었던 것이다.

모악母岳 또는 무악도 안산의 또 다른 이름이다. 백악이 최종적으로 한양의 주산主山으로 결정되기 전에는 인왕주산론도 있었고 무악주산론도 있었다. 만약 무악주산론이 채택되었더라면 현재의 연세대학교 자리에 경복궁이 들어섰을 것이다. 연세대학교의 교가는 "관악산 바라보며 무악에 둘러, 유유히 굽이치는 한강을 안고…"로 시작된다. 흔히들 '연대 뒷산'이라고 부르는 안산이 오랫동안 무악산으로 불려왔음을 확인할 수 있다. 이 밖에도 봉화뚝, 봉우재, 봉우뚝이라는 이름이 있다. 이는 물론 이 산의 정상에 봉수대가 우뚝 솟아 있어서 붙여진 이름이다.

안산 자락의 천년 고찰, 한국 태고종의 총본산

한국산서회와 함께하는 인문산행은 매달 첫 번째 토요일에 개최된다. 단 이번에는 예외적으로 두 번째 토요일에 열렸는데, 5월 초의 잇단 연휴와 서둘러 치러진 대통령 선거 때문이다. 문재인을 대한민국의 제19대 대통령으로 선출한 이후의 첫 번째 토요일, 신촌 봉원사 입구 이대부고 버스정류장 근처의 한 편의점 앞. 한국산서회의 회원들과 참가자들은 반갑게 인사를 나누고 배낭을 들쳐 멘다. 오늘 산행의 기점은 안산이 품은 유서 깊은 고찰 봉원사奉元寺다.

봉원사의 연혁은 천 년을 훌쩍 뛰어넘는다. 신라 진성여왕 3년(889) 도선국사는 현재의 연세대학교 교정 안에 절을 하나 짓고 반야사般若寺라고 이름 붙인다. 이 절이 봉원사의 전신이다. 고려 말기에는 태고 보우太古 普愚가 이 절을 증축하면서 금화사라고 고쳐 불렀다. 그 덕분인지 현재의 봉원사는 태고종의 총본산으로 꼽힌다. 조선 태조 5년(1396)에는 삼존불상을 봉안하였고, 이후 태조의 진영을 모시는 원찰願刹이 되었지만, 임진왜란 때에 전소되었다. 봉원사가 현재의 위치로 이전된 것은 영조 24년(1748)의 일이다. 이때부터 새로 지은 절이라 하여 '새절'이라는 이름으로 불리기도 했다. 이듬해 영조가 친필로 쓴 봉원사 현판을 하사하였다는 기록이 있다.

영조에게 봉원사는 도대체 어떤 절이었길래 직접 신축을 지시하고 현판까지 하사하였을까? 현재 연세대학교 100주년기념관이 들어서 있는 곳 일대에는 예전에 수경원綏慶園이 있었다. 영조의 후궁이자 사도세자의 생모인 영빈 이씨의 원묘原廟다. 즉 임진왜란 이전에 도선의 반야사와 보우의 금화사가 있던 곳에 수경원이 들어섰던 것이다. 영조는 이 절을 수경원의 원찰로 삼고자 했다. 그래서 현재의 위치로 옮겨 신축하고, 봉원사라는 편액을 내린 것이다.

봉원사에 얽힌 역사와 인물 이야기만 하다가 하루해를 다 보낼 수는 없다. 남은 이야기는 봉원사 경내에 들어가서 잇기로 하고 발걸음을 재촉한다. 봉원사는 경내·외를 가르는 담벼락이 따로 없다. 봉원사는 태고종에 속하고, 태고종은 승려들의 결혼과 출산을 허용하므로, 절 근처에 승려들의 일반 살림집들이 즐비하다. 매우 독특한 사하촌 풍경이다. 절 입구에 붙임바위가 있다. 작은 문댐돌로 문대다가 바위에 붙이면 소원이 성취된다는 민간신앙의 흔적이다. 이윽고 거대한 느티나무들이 모습을 드러낸다. 일명 장군나무라고도 불리는 이 나무들은 400년이 훌쩍 넘는 수령을 자랑하며 우리를 맞이해준다.

정도전과 이광사와 김정희의 글씨, 대원군의 별서 아소정

봉원사에는 볼 것이 너무 많다. 가장 오래된 유적으로는 명부전冥府殿의 현판으로 남아 있는 정도전의 글씨를 꼽을 수 있다. 조선 태조는 왕비인 신덕왕후가 타계하자(1396) 현재의 정동에 분묘를 조성하고, 그 원찰로 흥천사를 지은 다음 그 옆에 명부전을 건립하였는데, 자신의 오른팔인 정도전에게 그 현판을 쓰라고 명한다. 그 편액이 정조 18년(1794)에 봉원사로 옮겨져 현재까지 전하는 것이다. 지금도 현판의 좌측 상단에 '정도전필鄭道傳筆'이라는 글씨를 볼 수 있다. 웅혼한 예서체로 자신감 넘치게 쓴 걸작이다.

봉원사 명부전 현판. 조선 개국의 일등공신 정도전이 썼다고 전하며 실제로 '정도전필'이라는 서명이 남아 있다. 조선 태조가 왕비인 선덕왕후가 타계하자 정릉을 조성하고, 그 원찰로 흥천사를 지정했을 때, 정도전에게 명하게 쓰도록 하였다는 글씨다. 정조 18년에 현재의 봉원사로 옮겼다.

1950년의 한국전쟁 때 이 절은 크게 파괴된다. 이후 1966년 즈음에 재건을 시작하는데, 이때 대웅전 건물로 쓰려고 옮겨온 건물이 바로 대원군의 아소정我笑亭이다. 대원군이 아들과 며느리에게 권력을 빼앗긴 다음 '나 스스로를 비웃노라'는 뜻의 자조적인 당호堂號를 내걸고 유폐되어 있던 이 건물은 본래 공덕동 로터리 부근에 있었다. 이 아름다운 한옥 건물은 이건 초기에 대웅전으로 사용되기도 하였으나 현재에는 염불당 대방으로 바뀌었다. 그런데 이 건물과 함께 따라온 편액들이 또한 걸작이다.

건물을 정면으로 바라볼 때 한가운데 있는 편액이 '무량수각無量壽閣'이고, 왼쪽에 걸린 편액이 '산호벽수珊瑚碧樹'이며, 오른쪽에 걸린 편액이 '청련시경青蓮詩境'이다. '무량수각'은 옹방강翁方綱(청나라의 서예가이자 학자)의 글씨고, '산호벽수'와 '청련시경'은 추사 김정희秋史 金正喜의 글씨다. 추사와 석파石坡(흥선대원군 이하응의 호)는 매우 가까운 사이였다. 추사는 석파의 스승이기도 하면서 동시에 외가 쪽으로 따지면 5촌 친척 형이 된다. 추사와 옹방강의 이 멋진 편액들이 아소정에 걸려 있는 것은 아마도 그런 인연 때문이리라. 그리고 덕분에 우리는 서울 서대문구 한복판의 산중에서 이런 호사스러운 안복眼福을 누린다.

봉원사에는 석파와 관련된 유적이 하나 더 있다. 바로 봉원사 범종이다. 이 종은 본래 충청남도 예산군 덕산면에 있던 가야사의 것인데, 풍수지리를 신봉했던 석파가 자신의 부친인 남연군의 묘를 그곳에 쓰겠다며 절을 폐쇄하는 바람에 쫓겨나 이리로 온 것이다. 석파가 쫓아낸 범종과 석파가 말년을 보낸 아소정 건물이 이제 이곳 봉원사에 나란히 자리 잡은 것을 보니 역사의 아이러니를 실감하지 않을 수 없다. 아소정과 함께 딸려온 정원장식용 석물들이 봉원사 뒷마당 여기저기

현재 봉원사 염불당 대방으로 쓰이는 건물은 한때 봉원사 대웅전으로 사용되기도 하였으나 본래는 대원군의 별서인 아소정 건물을 옮겨온 것이다. 대원군이 아소정에 스승이자 친척인 추사의 현판들을 다수 걸어놓았던 덕분에 현재의 봉원사에서 그의 글씨들을 감상할 수 있다. 아소정 건물을 맞바라볼 때, 왼쪽에는 '청련시경'(위), 오른쪽에는 '산호벽수'(아래)가 걸려 있다.

원교 이광사가 쓴 봉원사 대웅전의 편액. 원교와 추사는 당대를 대표하는 서예가였다. 두 사람은 노골적으로 서로를 라이벌로 의식하였다. 제주로 유배 가던 추사가 해남의 대흥사에 들러 원교가 쓴 대웅보전 현판을 떼어내고 대신 자신이 쓴 현판을 올렸다는 것은 유명한 일화다.

에 아무렇게나 방치된 것을 보니 또한 만감이 교차한다.

현재 신축된 봉원사 대웅전의 편액은 원교 이광사円嶠 李匡師가 썼다. 널리 알려져 있다시피 조선 후기를 대표하는 최고의 서예가가 바로 원교와 추사다. 그 두 사람의 글씨를 같은 공간에서 볼 수 있다니 이 또한 희귀한 경험이다. 봉원사를 스쳐 간 역사적 인물들을 열거하자면 끝이 없다. 갑신정변甲申政變의 주역 김옥균 등의 개화파들이 떠받든 개화승 이동인도 이곳 봉원사에서 5년간 주석駐錫한 바 있다. 1908년 국어연구학회(현재의 한글학회)가 창립총회를 연 곳도 바로 이곳

봉원사다. 봉원사에서 너무 많은 시간을 지체하였다. 이제 다시 발길을 옮긴다.

잊히고 숨어 있는 이야기를 찾아

안산은 등산로와 산책로가 거미줄처럼 뒤엉켜 있는 산이다. 진입로도 많고 샛길도 많다. 봉원사에서 정상까지 곧장 올라가려고 하면 30분이면 족하다. 하지만 무엇 때문에 서두른단 말인가? 우리는 안산자락길(산책로)을 따라 그 길을 에돌아 올라가려 한다. 서대문구는 안산을 지극정성으로 가꾼다. 계절마다 피고 지는 꽃들이 다르고 산책로를 아우르는 숲의 향기가 다르다. 4월에는 벚꽃이 한창이었는데 5월에는 아카시아꽃이 만발했다. 때마침 강풍이 불어와 산책로에는 아카시아꽃비가 흩날린다.

메타세쿼이아 숲길을 걷는다. 완만한 경사에 나무 데크로 길을 잘 내서 장애인들도 편안히 오갈 수 있는 산책로다. 참가자들은 저마다 휴대폰이나 카메라를 꺼내어 추억을 남기기에 바쁘다. 즐거운 봄 소풍이다. 본래 점심 식사를 하기로 했던 '숲속 무대'에는 등산객과 산책자가 너무 많다. 지난번 답사 산행에서 미리 보아둔 '제1 만남의 장소'에서 배낭을 풀어 내린다. 나무 평상들이 곳곳에 있어 삼삼오오 모여 앉아 식사를 하기에 적격인 장소다. 한국산서회의 회원이자 시인인 박계수 선생과 염상열 선생이 자작시를 낭송하여 운치를 더해준다.

고은초등학교에서 올라오는 등산로와 만나는 지점에서 정상을 향하여 꺾어간다. 지금까지 걸었던 산책로와는 달리 약간의 경사가 느껴진다. 거의 정상 부근에 이르니 모 등산학교에서 이용하였던 자연 암장들이 눈에 들어온다. 안산의 남서사면이 주로 편마암으로 이루어져 있다면 이곳 북동 사면은 주로 화강암으로 이루어져 있다. 이윽고 정상에 오른다. 1994년에 서울 정도 600년을 기념하여 새롭게 복원한 안산봉수대가 우뚝 솟아 우리를 반긴다. 안산에는 2개의 봉수대가 있어 각각 동봉수와 서봉수라 불렀는데, 지금 현재 복원되어 있는 것은 평안도 강계에서 시작되어 고양시 봉현을 거쳐 이곳에 이르는 제3봉수로의 동봉수다.

해발 300미터를 넘지 않아도 정상은 정상이다. 안산 정상의 봉수대에 올라 사위를 둘러본다. 바로 코앞 동북 방면으로 인왕산과 그 너머의 북한산이 보인다. 북쪽으로 고개를 더 틀면 백련산 역시 코앞이다. 최근 문재인 대통령의 서울 사택이 그곳에 있다 하여 새삼스럽게 유명세를 탄 산이다. 때마침 강풍과 더불어 비바람이 몰아쳐 온다. 검은 먹구름 아래의 남산이 저 멀리 보인다. 서둘러 기념촬영을 하고 하산을 서두른다. 본래는 이괄의 난(1624)의 격전지인 승전봉을 거쳐 금화산에 오른 다음 영천동으로 하산하려고 했다. 지금은 자취를 찾기 어렵지만, 옥폭동이라 불렸던 계곡을 찾아 김려金鑢의《사유악부思牖樂府》중 애절한 연애시도 읊조려보려 했다. 하지만 날씨가 다음날을 기약하라 한다. 아쉬워하는 참가자들에게 어줍은 위로의 말씀을 건넨다. 인간이 어디 가지 산은 어디 가지 않습니다.

오늘 산행의 종점은 다시 봉원사다. 정상에서 봉원사 내려가는 길에는 민속신앙의 바위들이 많다. 저 유명한 안산의 말바위와 까진바위다. 따로 설명을 올릴 방법이 없어 그저 혼자 걸터앉고 쓰다듬으며 발걸음을 재촉할 뿐이다. 봉원사에서 가장 큰 불전은 삼천불전이다. 삼천불전의 처마는 넓고도 길다. 참가자들 모두 삼천불전 처마 밑에 모여 비를 그으며 다음 산행을 기약한다. 참가자 한 분이 말을 보탠다. "이 작은 산에도 이렇게 많은 유적과 이야기가 서려 있군요."

그렇게 잊히고 숨어 있는 것들을 찾아 나서는 것이 인문산행이다.

북한산성 안에서
역사를 논하다

—

숙종, 북한산성을 오르다

한국산서회와 함께하는 인문산행이 회를 거듭하면서 점차 본궤도에 오르고 있다. 사전 참가신청자의 수도 늘어만 가고, 행사 당일에 펼쳐지는 질문과 토론의 열기도 뜨겁다. 등산 행위를 인문학적 관점에서 바라보고 실행하자는 것이 애초의 취지였으니 여러모로 다행스럽고 기쁜 일이다. 횟수를 거듭하면서 참가자들의 주문도 많아졌다. 그중 하나는 북한산을 좀 더 꼼꼼히 들여다보자는 것이었다. 그래서 제4회 인문산행의 대상지는 북한산으로 정했다.

하지만 한나절의 산행으로 돌아보기에는 북한산이 너무 크다. 그리고 북한산은 너무 많이 알려져 있다. 오죽하면 1994년에 '단위면적당 탐방객 수 세계 1위'를 기록하여 기네스북

에까지 등재되었겠는가. 인문산행의 경로를 고민하던 주최측은 결국 '경기문화재단 북한산성문화사업팀'에 안내 및 해설을 부탁하기로 했다. 인문산행 최초로 외부 강사를 초빙한 것인데 결과는 대만족이었다. 북한산성문화사업팀에서 파견하여 인솔 및 해설을 맡아준 심준용 씨(A&A문화연구소장)와 진행을 도와준 박종윤 씨(경기문화재단)는 매우 해박했으며 친절했다.

북한산성문화사업팀에서는 세 갈래의 길을 추천한다. 첫째, 숙종대왕의 행차 길을 따라가는 '숙종의 길', 둘째, 훈련도감 순찰로를 따라가는 '원효의 길', 셋째, 북한산성 암문탐방로를 따라가는 '비밀의 길'이다. 우리는 첫째 길을 따라가기로 했다. 그래서 이번 행사의 제목은 '숙종, 북한산성을 오르다'가 되었다. 미세먼지는 걷히고 햇살은 따가워 초여름 날씨를 방불케 하던 날, 인문산행팀은 북한산성 탐방지원센터 앞에서 힘찬 발걸음을 떼어놓기 시작했다.

북한산성의 최대 약점은 낮은 서쪽 계곡길

북한산성 내외에는 식량 및 무기를 보관하는 창고인 군창軍倉이 8개소에 분포되어 있다. 산성 내에는 상창, 중창, 하창 그리고 호조의 호조창, 훈련도감의 훈창, 어영청의 어창, 금위영의 금창 등 7개가 있었고, 산성 밖에는 평창이 있었다. 산성 계곡 입구에서 하창까지 가는 길은 두 갈래다. 하나는 대서문을 통과하여 가는 능선길(허가를 얻은 자동차의 출입이 가능하다)이고, 다른 하나는 칠유암이며 향옥탄 등을 통과하여 가는 계곡길이다. 초여름 날씨의 산행이니 우리는 당연히 계곡길을 선택한다.

서암문에서 꿈틀거리며 달려온 산성이 대서문 쪽으로 이어지는 곳에는 당연히 수문水門이 있다. 예전에는 음식점이었던 건물을 인계받아 한동안 교육시설로 이용했던 곳인데 그 뒤편에 야외 강의에 적합한 공간이 마련되어 있다. 이곳에서 일행들은 땀을 식히며 '본의 아니게' 산성이 끊긴 지역의 속살을 찬찬히 뜯어본다.

북한산성은 1711년(숙종 37년)의 봄부터 가을까지 단 6개월 만에 축조되었다. 어른 걸음으로 약 7,620보에 해당하여 거의 12킬로미터에 달하는 이 거대한 성을 반년 만에 쌓은 것은 그 이전에 이미 성의 기초에 해당하는 고성古城이 남아 있었기 때문이다. 학자들은 그것을 1388년(우왕 14년)에 쌓았다는 중흥산성으로 본다. 숙종은 축조 이듬해인 1712년 4월 10일(음력) 몸소 북한산성에 행차한다. 우리는 오늘 그 길을 따라가는 것이다. 산성을 둘러본 숙종은 "서문 가장자리가 가장 낮으니 중성重城을 쌓지 않을 수 없다"는 진단을 내어놓았다.

북한산성은 외적의 침입 등 유사시 임금을 위시한 조정이 도성에서 가까운 곳에 피란하기 위하여 쌓은 성이다. 당연히 아름다운 폐곡선을 이루고 있는데, 동쪽에는 보현봉과 문수봉, 남쪽에는 용혈봉과 용출봉, 북쪽에는 백운대와 만경대 등 험준한 바위 봉우리들이 즐비하여 안심이 되지만, 유독 서쪽만은 그 지대가 낮아 취약점을 드러내고 만다. 간단히 말하여 의상봉과 원효봉 사이의 산성 계곡이 아킬레스건이 되는 형국이다. 그래서 숙종은 이곳에 이중의 성(중성)을 쌓으라고 명했다. 우리는 지금 그 성곽이 끊어진 곳에 서 있다.

현재의 북한동역사관 부근의 너른 공터가 과거의 하창지

그런 연유로 북한산성 안에는 두 개의 수문이 있다. 서암문과 대서문을 잇는 산성의 끊어진 곳에 하나, 중성문 옆에 하나. 수문 근처에는 그 옛날 공사를 책임지고 시행했던 사람들의 이름이 바위에 새겨져 있다. 이를테면 축성패장은 누구, 수구패장은 누구, 석수편수는 누구 하는 식이다. 요즘 말로 하자면 '공사실명제'에 해당한다. 그들이 자신의 이름을 걸고 그토록 열심히 축조한 수문들은 그러나 지금 흔적으로만 남아 있다. 공사가 부실해서가 아니다. 이따금 폭우나 장마가 쏟아지면 커다란 바위들이 마구 굴러 부수는 바람에 파괴와 재건을 하염없이 반복했던 까닭이다.

북한산성 계곡의 칠유암. 고려 충렬왕 때의 문신이었던 민지閔漬가 여섯 명의 친구들과 함께 이 바위를 즐겨 찾아 놀았다는 이야기가 전한다. 현재 남아 있는 글씨는 조선의 시인 강박이 새긴 것이다. 계곡 등산로에 바투 붙어 있으나 펜스로 막아 통행을 금지하였으므로 그저 멀찌감치 바라볼 수밖에 없다.

아름다운 계곡길을 따라 오르며 칠유암七遊巖을 지나친다. 조선시대의 선비들이 탁족회를 즐기던 곳인데 현재 남아 있는 저 바위글씨는 시인 강박姜樸의 것이라 전한다. 꽤 널찍한 바위 위에 차일遮日을 치기 위한 구멍들이 여럿 남아 있는데, 접근이 금지되어 있어 그림의 떡이다. 이윽고 대서문에서 이어지는 너른 길과 만나면 휑하니 넓은 광장이 나타난다. 이곳이 예전의 하창下倉이 있던 하창지인데 지금은 북한동역사관이 들어서 있다. 이마에 송골송골 맺힌 땀방울들을 닦아내며 심준용 강사의 '감춰진 옛이야기'를 듣는다.

그는 예전에 이곳에서 음식점 등을 경영하였던 본토박이 북한동 주민들 여럿을 인터뷰한 적이 있다고 한다. 그 인터뷰 중 흥미로운 일화들을 몇 개 전하면 다음과 같다. 첫째, 예전에 이곳은 북한산에서 가장 큰 장터였다. 이 주변에 살던 이들이 약초며 산나물 혹은 땔감 따위를 이곳에 내다 팔았는데 벌이가 짭짤했다고 한다. 둘째, 이곳에 즐비하던 음식점들 역시 '먹고살 만했다'고 한다. 가끔씩 손 큰 등산객들이 돼지나 개를 한 마리 잡으면 '돈을 세다가 잠이 든' 날들도 부지기수였단다. 셋째, 당시 북한산에 남아 있던 절들은 이따금 비밀 도박장으로 사용되었다고 한다. 요즘 말로 하자면 '산중 하우스'였던 셈이다.

이쯤에서 나는 늘 궁금했던 의문을 피력한다. "왜 남한산성은 유네스코 세계문화유산으로 지정되었는데 북한산성(과 한양도성)은 그렇게 되지 못했는가?" 심 강사의 답변이 매우 인상적이었다. 유네스코 세계문화유산의 정책 중의 하나는 '현재 그 유적지 안에 사람들이 살고 있으며, 전래의 문화가 지속 가능한 형태로 유지되고 있는가'라는 것이다. 남한산성은 지금도 사람들이 거주하며 옛 문화를 이어가고 있다. 이때의 문화란 각종 제례는 물론이거니와 의식주 모두가 포함된다.

그런데 북한산성은? 국립공원관리공단의 정책은 '거주민

과 산장 혹은 가게를 모두 내쫓고 청정 자연만을 유지한다'는 것이다. 덕분에 북한산성은 유네스코의 기준에서 제외되었다고 한다. 과연 그것이 최선의 방침인가 고개를 갸웃거릴 수밖에 없는 상황이다.

중성문을 통과하여 중흥동 계곡 안으로

북한산성은 서쪽에만 이중의 문을 두었다. 외곽을 맡은 것이 대서문이고 내곽을 맡은 것이 중성문中城門이다. 중성문의 양쪽으로도 역시 산성의 성벽이 보이고 제2의 수문이 들어서 있다. 중성문 바로 옆에는 시신들을 밖으로 내보내던 시구문이 있다. 산성 내에서 죽은 사람들은 이 문을 통해 나간 다음 최종적으로 서암문을 통하여 밖으로 옮겨졌다. 현재의 구파발 근처에는 최근까지도 24인용 혹은 12인용 상여를 대여해 주던 상여집들이 있었다고 한다.

북한산 안에는 유난히도 마애각문摩崖刻文(바위에 새겨진 글씨)들이 많다. 산영루와 비석거리에 이르기 전의 옛길 한 귀퉁이에도 '백운동문白雲洞門'이라는 글씨가 새겨져 있다. 북한산의 바위글씨들에 대해서는 오늘의 인문산행을 함께한 조장빈이 일목요연하게 정리한 바 있다. 바로《산서》제27호(2017년 1월)에 실린〈북한산의 바위글씨〉라는 소논문이다. 백운동문을 지나 비석거리 위로 빠져나오면 2014년에 복원

2014년에 복원된 중흥동 계곡의 산영루. 북한산의 절경 속에 자리 잡고 있으며, 조선시대에 전국적으로 유명세를 누렸다. 허목, 이익, 이덕무, 이옥, 정약용, 김정희 등 내로라하는 시인 묵객들이 이곳을 찾아 시를 남겼다. 한국산서회의 조장빈은 이곳을 항해루의 옛터라고 보며, 원래의 산영루는 다른 곳에 있었다고 비정한다.

된 산영루山映樓가 우리를 반긴다. 얼마 전의 답사산행에서 고려대 심우경 명예교수는 산영루의 한자 표기를 '山影樓'라고 하는 것이 옳지 않겠느냐는 반론을 제시한 바 있다.

참가자들은 산영루를 제대로 감상할 수 있는 맞은편 너럭바위 위에 삼삼오오 모여 앉아 점심 식사를 즐기며 이야기꽃을 피운다. 산영루가 등장하는 최초의 문헌은 이정구李廷龜의 〈유삼각산기遊三角山記〉이다. 그가 이 글에서 "산영루 옛터로 내려왔다"고 한 것을 보면 이 누각은 북한산성을 축조하기 훨씬 이전부터 존재했던 듯하다. 외부 강사를 초청한 까닭에 오늘은 유난히도 침묵을 지키던 조장빈이 이설異說을 제기한다. 현재 복원된 산영루는 제자리에 들어서 있지 않다는 것이다.

수년 전 '마이아트' 옥션 경매에 정선의 〈인수봉도仁壽峰圖〉라는 그림이 출품된 적이 있다. 하지만 북한산을 조금이라도 아는 사람이라면 그림 속의 봉우리가 인수봉이 아니라 노적봉이라는 것을 단박에 눈치챌 수 있다. 이 그림을 들여다보면 현재의 중흥사 앞에 홍예교가 있었고 그 위에 누각이 하나 표현되어 있는데, 이것이 바로 산영루라는 것이다. 그림 안에는 중창과 진국사도 보인다. 조장빈에 따르면 현재 복원된 산영루는 성능聖能이 《북한지北漢誌》에서 언급한 항해루抗瀣樓의 자리에 들어선 것이다. 여기에서의 항해란 밤에 생긴 맑은 이슬을 뜻하는데, 보통 신선이 마시는 차를 의미한다. 향후 보다 진전된 논의가 필요한 대목이다.

어찌되었건 현재 산영루와 중흥사가 들어서 있는 중흥동 계곡이야말로 북한산성 안에서 가장 내밀하고, 아름답고, 안전한 곳이다. 현재 중흥사는 서울 잠실 불광사의 지홍 스님이 회주를 맡아 복원공사가 한창이다. 중흥사 앞에는 중창지가 있고, 여기서 조금 더 올라가면 호조창지와 경리청 상창지가 있으며, 그 위가 바로 행궁지다. 행궁은 북한산성의 축조

북한산성은 금위영, 어영청, 훈련도감의 3군부가 구획을 나누어 구축하였다. 이들 중 금위영의 본진이 주둔하였던 곳에 '금위영'이라는 바위글씨를 남겼다. 금위영이 건기비와 멀지 않은 곳에 있으나 등산로를 살짝 벗어나 있고 별다른 이정표가 없어서 찾기 어렵다.

가 완성된 이듬해인 1712년 5월에 완공되었다. 대략 4,000평 안팎의 경사진 대지를 3단으로 조성한 이후 도합 124칸에 이르는 임시 왕궁이 들어선 것이다. 숙종과 영조는 이곳을 여러 번 찾았다.

참가자들은 북한산성 행궁지에서 잠시 발걸음을 멈추고 명상에 잠긴다. 이곳이 북한산성의 핵심이다. 맞은편 시단봉을 바라보면 동장대가 보이고, 뒤를 돌아보면 눈길을 가로막는 상원봉 아래 남장대지가 있다. 노적사 위의 북장대지에서도 이곳이 빤히 내려다보일 것이다. 북한산성의 행궁은 가장 안전한 곳에 자리 잡았다. 임진왜란과 병자호란을 겪으며 국가의 운명이 풍전등화와 같음을 뼈저리게 느꼈던 조선왕조는 북한산성을 짓고 그 안에 행궁을 건설할 수밖에 없었을 것이다. 하지만 현재 우리 앞에 남아 있는 행궁지는 그저 버려진 유적지요 잊힌 공간이며, 아직도 조사가 계속되어 파랗고 거친 천막들로 온통 제 몸을 가린 어수선한 발굴대상지일 뿐이다.

한일합방 직후인 1912년 조선총독부는 이곳을 영국의 성공회에 10년간 임대해주기도 했다. 그나마 남아 있던 건물들이 토사에 휩쓸린 것은 1915년에 들이닥친 홍수 때문이다. 하지만 언제까지나 과거에 머물러 있을 수는 없다. 역사는 고여 썩지 않는다. 우리는 무거운 상념을 떨치고 다시 발걸음을 내딛기 시작한다. 이제 우리는 금위영禁衛營 유영지에 들렀다가 금위영 이건기비移建記碑를 보고 대동문으로 올라설 것이다. 북한산성을 축조한 이듬해, 유사시의 조정이 들어설 곳을 미리 둘러보고 향후의 대책을 논의했던 숙종의 길을 따라 한국산서회 인문산행팀의 발걸음은 계속된다.

한강 너머 산들이 아득하여라

《경교명승첩》의 현장을 찾아서

이제 우리나라의 기후는 아열대에 속한다고 보는 것이 옳을 듯하다. 7월의 첫날인데도 한여름 복날 더위를 방불케 하는 날씨다. 그토록 기다리던 장마가 코앞으로 다가왔는지 공기 중의 습도가 매우 높아 후텁지근하다. 참가자들의 도착 여부를 확인하고는 재빨리 발걸음을 떼어놓는다. 금강산도 식후경이라던가. 등산은 뒤로 미루고 일단 에어컨이 씽씽 돌아가는 건물 안으로 쫓기듯 들어선다. 바로 궁산 아래 위치한 겸재정선미술관이다.

겸재 정선이 마지막 예술혼을 불태운 양천의 궁산 자락

돌이켜 보면 동서고금을 통틀어 겸재 정선만큼 당대의 사랑을 한 몸에 받았던 예술가는 따로 없었던 듯하다. 당대의 세도가 장동김문이 그를 후원했고 임금인 영조 또한 조정이 질투를 할 만큼 그를 총애했다. 그가 인생의 황혼기에 이른 65세(영조 16년)부터 70세(영조 21년)까지 양천의 현령으로 지냈던 것 역시 이곳의 아름다운 풍광들을 그려서 보여달라는 영조의 의지와 배려 덕분이 아닌가 한다.

겸재 정선이 사천 이병연槎川 李秉淵과 시화환상간詩畵換相看(시와 그림을 서로 바꾸어 보다)의 약속을 지키기 위하여 그린 후기의 걸작들을 모은 것이 바로《경교명승첩京郊名勝帖》이다. 한국산서회와 함께하는 인문산행의 제5회 주제는 '《경교명승첩》의 현장을 찾아서'다. 이 화첩이 소중한 이유는 우리가 이를 통하여 18세기 중엽의 한강과 그 주변 산들의 풍광을 소상히 들여다볼 수 있기 때문이다. 그 행복한 답사를 위한 사전 공부로는 겸재정선미술관을 찬찬히 둘러보는 것보다 더 나은 길이 없다.

겸재정선미술관에서 자원봉사자로 일하고 계신 김윤성 해설사가 일행을 반갑게 맞아주신다. 지난번 사전답사 때에도 느낀 바이지만 이분의 해설은 자못 상세하고 열정적이다. 양천의 역사와 정선의 생애 그리고 그의 예술세계에 대한 간략한 해설들이 길게 이어진다. 오늘 볼 풍경들을 겸재의 그림 속에서 미리 확인해보는 것은 또 하나의 작은 즐거움이다. 다만 설명이 길어지니 일부 참가자들은 몸을 뒤틀기 시작한다. 인문학과 산행 중에서 어디에 경중을 두는가는 인문산행의 영원한 딜레마라 할 수 있다. 이제 미술관을 나서 궁산을 오르기 시작한다.

한남정맥의 끝자락에 솟아난 작은 야산

전국의 산들을 꽤나 쏘다녔다는 산꾼들에게도 궁산宮山이라는 이름은 낯설다. 그도 그럴 것이 고작해야 해발 74미터에 불과한 동네 야산인 것이다. 인문산행이라는 개념이 없었더라면 그 존재 자체도 몰랐을 법한 산이다. 하지만 어떤 산의 가치는 그 해발고도와는 무관하다. 높고 큰 산만 아니라 낮고 작은 산도 제 나름의 존재가치를 지닌다. 이 산을 우리에게 알려주고 찾게 만든 것은 오롯이 겸재 정선의 덕이다.

안산, 수리산에까지 와 닿은 한남정맥이 북행北行을 계속하여 증산甑山을 이룬 다음 한강 변에 이르러 낮아지는데, 서쪽으로는 개화산開花山, 동쪽으로는 탑산, 쥐산, 선유봉 등과 더불어 강변 야산의 절경을 이룬 산이 궁산이다. 이 산에는 이명異名도 많다. 삼국시대에 이 지역에 붙여진 최초의 이름이 제차파의齊次巴衣인데, '제사 드리는 바위'라는 뜻으로, 차후 설명할 공암(허가바위)에서 연유되었다. 덕분에 이 산을 파산巴山이라고도 한다. 성산城山이라는 이름은 이곳에 양천고

성이 있기 때문이고, 진산鎭山은 이 산에 양천고을의 관방설비가 되어 있기 때문이며, 관산關山에서 '빗장 관關'자를 쓴 것은 이 산이 맞은편의 행주산성과 더불어 한강을 지키는 빗장 구실을 했기 때문이다. 궁산의 '궁宮'은 이 산 아래 양천향교가 있어 그곳에 모신 공자에 대한 숭배의 표시로 붙은 것이다. 한 고을의 진산이며, 제사 지내는 바위가 있고, 공자를 모셨으며, 한강을 지키는 빗장의 구실을 하였으니, 이 어찌 한낱 동네 뒷산이라고 폄하할 수 있겠는가.

현재 궁산은 궁산근린공원으로 지정되어 관리되고 있다. 어느 들머리를 택해도 정상까지 반 시간이면 충분히 올라갈 수 있다. 후텁지근한 날씨에도 불구하고 이마에 땀방울이 송골송골 맺히기도 전에 정상이 불현듯 다가온다. 정상에 오르자 참가자들이 모두 약속이나 한 듯 탄성을 내지른다. 발아래로는 푸르른 한강이 넘실대고 그 너머로는 아름다운 서울의 산들이 파노라마처럼 펼쳐져 있는 것이다.

궁산에 오르면 이곳이 왜 그 낮은 해발고도에도 불구하고 역대 전쟁사에서 전략적 요충지 역할을 했는지를 한눈에 확인할 수 있다. 바로 건너편에 덕양산德陽山의 행주산성이 보인다. 임진왜란 당시 전라창의사 김천일, 강화의병장 우성전 등이 의병들을 이끌고 이 산 위에 진을 치고 있다가 한강을 건너 저곳으로 나아갔다. 그들은 그곳에서 권율 장군을 도와 행주대첩을 대승으로 이끄니 바로 임진왜란의 전세를 역전시킨 쾌거였다.

현재 남아 있는 양천고성의 옛터는 매우 보잘것없다. 하지만 이곳은 예로부터 건너편의 행주산성 그리고 파주의 오두산성과 더불어 한강 하구를 지키던 최고의 요새 역할을 했다. 일제강점기에는 김포 군용비행장 개설공사 때문에 일본군이 주둔하기도 하였고, 한국전쟁 때 미군에 이어 국군이 수년 전까지도 계속 주둔하였던 관계로 정상 부근의 원형은 심하게 훼손되어 있다. 대신 거의 평지에 가까운 풀밭을 이룬 까닭에 인근 동네 사람들의 가벼운 소풍 장소로 애용되고 있다.

겸재 정선은 양천 현령으로 재임하는 동안 거의 매일 이 산에 올랐다고 한다.《경교명승첩》을 펼치면 이곳에서 바라본 18세기의 풍경들이 거짓말처럼 되살아난다. 그들 중 이른바 파릉팔경巴陵八景, 그러니까 양천팔경을 꼽아보면 다음과 같다. 소악루의 맑은 바람岳樓淸風, 양화강 고기잡이배의 불楊江漁火, 목멱산의 해돋이木覓朝暾, 계양산의 낙조桂陽落照, 행주로 돌아오는 고기잡이배杏州歸帆, 개화산의 저녁 봉화開花夕烽, 겨울 저녁 산사에서 들려오는 종소리寒山暮鍾, 졸고 있는 안양천의 갈매기二水鷗眠.

겸재 정선은 행복한 예술가였다. 장동김문의 후원을 받고 영조의 사랑을 받았다. 그의 후기작들 중 대표작으로 꼽히는 《경교명승첩》은 18세기 조선의 진경을 제대로 보여준다. 겸재는 양천 현령으로 재직할 당시 거의 매일 궁산에 올라 《경교명승첩》을 완성했다. 그의 그림 속 풍경과 현재의 풍경을 비교해보는 재미가 쏠쏠하다. 위의 그림은 《경교명승첩》의 〈미호渼湖〉(간송미술관 소장)다.

소악루에서 달 뜨기를 기다리던 풍류

1994년에 복원된 소악루小岳樓는 궁산 정상과 지척의 거리에 있다. 예로부터 이곳 궁산의 한강 변은 절경으로 유명하여 중국 동정호의 악양루岳陽樓에서 바라보는 경치에 버금간다고 하였다. 그래서 우리의 선조들은 아예 이곳에 누각을 짓고 악양루라고 불렀다. 기록에 의하면 이 산에는 악양루 말고도 춘초정, 막여정, 춘산와, 제일정 등의 누정들이 즐비했다고 한다. 영조 때의 문신인 이유는 관직에서 물러난 뒤 이곳으로 와서 과거 악양루가 있던 자리에 새로 누정을 조성하고 소악루라고 이름 붙였다. 겸재가 양천 현령으로 부임한 것은 그로부터 겨우 2~3년 후의 일이다.

복원된 소악루의 풍광은 근사하나 현판은 그렇지 못하다. 이왕 복원할 거면 현판 글씨도 좀 제대로 된 것을 썼으면 좋았겠다고 참가자들이 입을 모은다. 이곳에서 점심 식사를 한다. 한국산서회에서 미리 얼려 온 수박이 큰 인기다. 박계수 시인이 흥에 겨워 자작시를 낭송한다. 제목은 '짝사랑하는 산'으로 센티멘털한 느낌인데 내용은 그렇지 않다. 박무택, 박영석, 지현옥 등 산에 올랐다가 내려오지 않은 옛 산벗들에 대한 그리움을 토로한 시다. 그들은 설산에 묻혀 있는데 우리는 한강 변의 정자에서 휴식을 취하고 있다.

소악루에는 정선의 그림 두 점이 복제 진열되어 있다. 이곳에서 바라본 '안산의 저녁 봉화鞍峴夕烽'와 '소악루에서 달 뜨기를 기다림小岳後月'이다. 참가자들은 그림 속에 표현된 산과 봉우리들을 눈앞의 풍경 속에서 하나하나 짚어본다. 공암, 탑산, 선유봉, 목멱산(남산), 금성산(난지도 앞), 와우산, 잠두봉(절두산), 안산 등이 지금도 여전히 그 자리에 있다. 인간은 왔다 가지만 산천은 그대로 있다는 사실이 역설적으로 묘한 안도감을 안겨준다. 산천은 의구하되 인걸만 간데없는 것이다.

모든 것은 바위 동굴 속에서 시작되었다

이제 궁산에서 한강 변으로 내려온다. 궁산근린공원 둘레길이다. 후텁지근한 강바람을 맞으며 잠시 걸으니 곧 허가許家바위로 가는 길을 알리는 표지판이 등장한다. 허가바위와 구멍바위와 공암孔巖은 모두 같은 곳을 가리키는 지명이다. 지금은 한강에서 약간 떨어져 있지만 1970년대까지만 해도 이곳은 강물과 맞닿은 백사장에 붙어 있었다. 그러던 곳이 올림픽대로를 건설하면서 매립하는 바람에 당시의 원형을 잃어버린 것이다. 아마득한 옛날 석기시대의 선조들이 한강에서 조개와 물고기를 잡으며 이곳에 모여 살았으리라 짐작되는 혈거동굴이다.

이 동굴이 역사에 등장하는 것은 나말여초다. 당시 왕건이 견훤을 치러 가면서 이곳을 통과할 때 도강渡江의 편의와 군량미 등을 제공한 노인이 있었다. 왕건은 이 노인의 공로를 높이 사서 그에게 공암촌주孔巖村主라는 벼슬(?)을 내린다. 그가 바로 양천 허씨의 시조로 꼽히는 허선문이다. 현재 이곳에는 '공암바위'라고 새겨진 기념비가 서 있는데, '양천 허씨 시조 고려개국공신 공암촌주 유적지'라고 병기된 것은 그 때문이다.

양천 허씨는 공암 허씨라고도 부르며 《동의보감東醫寶鑑》의 허준許浚과 《홍길동전洪吉童傳》의 허균許筠 등 자손들이 매

궁산 아래 한강 변의 허가바위 혹은 공암바위. 양천 허씨의 시조 허선문이 태어난 곳이라고도 하고, 그의 후손인 허준이 《동의보감》을 저술한 곳이라고도 한다. 허선문은 본래 이곳의 뱃사공이었는데 왕건이 고려를 건국할 때 커다란 도움과 편의를 제공하여 '공암촌주'라는 호칭을 받았다.

우 번성하였다. 심지어 시조인 허선문이 태어난 곳도, 허준이 《동의보감》을 서술한 곳도 모두 이 동굴 안이라고 하니 '허가바위'라는 명칭이 붙을 만도 하다. 뒤늦게 합류한 인문산행팀의 고문 심우경 교수가 흥미로운 해설을 덧붙인다. 공암은 공알을 점잖게 일컫는 표현인데, 어머니의 자궁처럼 아늑하고 편안한 곳이며, 허준이 그와 같은 명저를 저술한 것도 이 강인하고 맑은 바위의 기를 받아서라고 한다.

허가바위에서 멀지 않은 곳에 광주廣州바위가 있다. 본래의 이름은 광제廣濟바위가 아니었을까 싶다. 너른 나루에 있는 바위라는 뜻이다. 공암과 이 바위를 한 화폭 안에 구현한 것이 저 유명한 겸재의 〈공암층탑孔巖層塔〉이다. 이 바위들을 거느렸던 산이 탑산塔山인데, 산 중턱에 탑이 솟아 있어 그렇게 불렀다. 겸재 그림 속의 광제바위는 한강 위에 떠 있어 절경을 자랑하는데 이 역시 현재에는 매몰되어 땅 위로 올라와 있다. 우리는 겸재보다 편리한 시대를 살고 있지만, 그가 보았던 절경을 다시 볼 수는 없는 것이다.

관악산 계곡에는 볼 것도 많아라

자하동천과 바위글씨를 찾아서

더워도 너무 덥다. 그래도 8월 아침의 과천정부청사역 11번 출구 앞에는 한국산서회와 더불어 관악산에 오르려는 사람들로 시장 바닥을 방불케 한다. "아니, 이 삼복더위에 산에 가자는 사람들도 비정상이지만, 굳이 그러자며 따라나선 사람들도 정상은 아니지 않습니까?" 내가 가만히 서 있어도 흐르는 땀을 연신 닦으며 농담을 건네자 참가자들 역시 피식피식 웃는다.

반가운 얼굴이 나타나 인사를 건넨다. 한국을 대표하는 여성 산악인 오은선이다. 그는 이번 회부터 인문산행에 동참하기로 했다. 그런데 배낭도 메지 않은 평상복 차림이다. 의아한 마음에 사정을 물었더니 며칠 전에 다리를 다쳤다고 한다.

그래도 미리 참가하기로 약속은 한지라 오늘 동참은 못 할지언정 인사라도 올리려고 잠시 나왔다고 한다. 활짝 웃는 낯이 아름다운 그와 함께 바삐 기념촬영을 하고 발걸음을 떼어놓는다.

한강 이남의 모든 산을 거느린 뭇 산의 우두머리

과천향교 초입의 나무 그늘 아래에서 조장빈 이사가 관악산의 지명 유래에 대하여 짧은 강의를 펼친다. 관악산冠岳山(629미터)의 '관冠'자는 무엇을 의미하는 것일까. 《과천시지果川市紙》에 실린 배우리(당시 한국땅이름학회 회장)의 주장에 따르면 "그 꼭대기가 마치 큰 바위기둥을 세워놓은 모습처럼 보여서 '갓冠 모습의 산'이라는 뜻으로 '갓뫼(간뫼)' 또는 '관악'이라 불리게 되었다"고 한다. 산 이름에 '冠'자가 들어간 마을에서는 학자가 많이 나온다는 속설도 있는데 현재 이 산기슭에 서울대학교가 들어서 있으니 얼추 맞는 것도 같다.

조선시대의 문헌 속에서 묘사된 관악산은 대개 '도성에서 바라본 관악의 형상'을 중심으로 표현된다. 이익李瀷은 그의 《성호사설星湖僿說》에서 "한강 남쪽의 여러 산맥은 속리산에서 뻗어 나와 모두 서울로 머리를 숙여 조회한다"고 하여 백두대간의 개념을 드러내고 있다. 홍직필洪直弼 역시 〈관악산 삼막사 유산기冠岳山三幕寺遊山記〉에서 "한강 이남의 여러 산

중에 구경할만한 산은 많지만, 품평을 논한다면 모두 이 산의 아들과 손자가 된다"고 하였다. 즉 관악산이야말로 한강 이남의 모든 산을 거느린 뭇 산의 우두머리라는 것이다.

하지만 오늘 우리는 도성 쪽에서 관악산을 오르지 않고 그 맞은편에 있는 과천 쪽에서 이 산에 오르려 한다. 관악산의 정상을 중심에 놓고 보면 동남향의 두 계곡과 그 사이의 한 능선이 오늘의 답사 예정지다. 등산로는 자하동천으로 잡았다. 현재의 과천향교 앞으로 길게 흘러내리는 계곡이다. 이 계곡은 언제나 수량이 풍부하다. 등산로 초입부터 물놀이하러 나온 시민들의 탄성과 웃음소리가 계곡에 가득하다.

추사 김정희와 자하 신위의 우정이 어린 바위글씨들

제일 먼저 우리를 맞아주는 것은 추사 김정희의 바위글씨 '단하시경丹霞詩境'이다. 글씨가 새겨진 바위가 본래부터 약간의 붉은 기운을 띠고 있거니와 한때 글씨 위에 따로 붉은색을 칠해놓은 듯 전체적으로 영험한 느낌을 준다. 추사 특유의 굵고 강인한 필체가 인상적이다. 충남 예산의 추사 고택 뒤에는 오석산이라는 자그마한 야산이 하나 있고, 그 산 위에 추사 가문의 개인사찰이라 해도 좋을 화암사라는 절이 있는데, 이 절 뒤의 바위절벽에도 '시경詩境'이라는 추사의 친필각자親筆刻字가 있다. 오석산의 '시경'과 관악산의 '단하시경'을 요

관악산 자하동천에 남아 있는 추사의 바위글씨 '단하시경.' 본래의 바위 색과 훗날 덧칠해진 붉은색이 어우러져 매우 아름답다. 현재 계곡에 즐비한 음식점들 뒤의 작은 오솔길에 숨어 있는 까닭에 등산로만 따라가다가는 놓치기 쉽다.

리조리 비교해보는 재미도 쏠쏠하다.

두 번째 바위글씨는 '자하동문紫霞洞門'이다. 현재 이 계곡의 이름을 낳게 한 바위글씨다. '자하'는 춘천부사직을 버린 다음 이곳 관악산 계곡에서 여생을 보낸 신위申緯의 자호自號이기도 하다. 그는 시서화詩書畵에 모두 능하여 삼절三絶로 불렸으며, 추사와도 절친한 관계를 오래도록 유지하였다. 현재 이곳에서 멀지 않은 추사박물관에는 추사의 인장들을 따로 모아 전시하고 있는데, 그중에 '성추하벽지재星秋霞碧之齋'

라는 것이 있다. 곧 '성원 옹수곤星原 翁樹昆, 추사 김정희, 자하 신위, 정벽 유최관貞碧 柳最寬의 서재'라는 뜻이다. 그들이 서재를 공유할 만큼 가깝게 지냈다는 사실을 웅변하고 증언하는 인장인 것이다.

그런 연유로 이 '자하동문'이라는 바위글씨는 신위가 쓰거나 조성하였을 것이라고 본다. 앞서 거론한 '단하시경'의 '단하' 역시 신위의 또 다른 자호가 아니었나 추정한다. 즉 신위가 자신이 사랑하는 계곡의 승경을 추사에게 보여주니, 추사가 그에 화답하여 '단하시경'이라는 글씨를 써주었으리라는 것이다. 그러나 현재의 '자하동문'은 상대적으로 높은 바위에 새겨져 있고 그 아래 나무들이 무성하여 전체 글씨를 한눈에 보기가 쉽지 않다. 나뭇잎이 떨어진 겨울날, 계곡 건너편의 능선에 서서 멀리 마주 보아야 제대로 보인다. 이런 명품 바위글씨를 제대로 감상하기 위해서라면 절벽 앞의 나무들을 조금쯤은 솎아내어도 좋지 않을까 싶다.

고운 최치원의 시를 우암 송시열이 새기다

세 번째 바위글씨의 사연은 조금 길다. 고운 최치원孤雲 崔致遠이 남긴 시들 중에서도 가장 유명한 시가 〈제가야산독서당題伽倻山讀書堂〉이다. 한국도교의 비조로 꼽히는 그는 이 시를 남기고 가야산으로 들어가 신선이 되었다고 한다. 우암 송시열은 이 시를 무척 아꼈던 듯하다. 우암은 이 시를 자신이 직접 초서로 쓴 다음 가야산 해인사 밑의 계곡 암반에 새겼다. 그리고 시의 말미에 '우암 서尤庵 書'라고 써놓아 그 사실을 분명히 밝혔다. 즉 이 바위글씨의 원본은 가야산에 있다. 그렇다면 이곳 관악산의 바위글씨는 어떤 경로로 새겨진 것인가? 우암을 흠모하던 과천의 유림들이 가야산에 가서 그의 글씨를 탁본해온 다음 그대로 모각模刻한 것이다.

네 번째 바위글씨는 '백운산인 자하동천白雲山人 紫霞洞天'이다. 이 역시 신위의 글씨가 아닐까 추정하지만 확언할 수는

관악산 자하동천의 동명이 된 바위글씨 '백운산인 자하동천.' 자하는 신위의 호이기도 하다. 과천 쪽 관악산의 터줏대감이라 할만한 자하 신위는 시서화에 모두 능하여 삼절로 불렸으며, 추사 김정희와도 오랜 세월 동안 애틋한 교분을 나눈 바 있다.

없다. '동천洞天'과 '동문洞門'은 어떻게 다른가. 뉘앙스의 차이가 있을 뿐 대동소이한 개념이다. 본래 '동천'은 도교의 개념으로 '신선이 머무는 곳'을 뜻한다. 그런데 유학자들은 도교를 이단시하였으므로 '동천' 대신 '동문'이라는 표현을 즐겨 사용했던 것뿐이다. 세 번째와 네 번째 바위글씨는 같은 선상에 있어 하나의 카메라 앵글로 잡을 수 있다.

사실 '자하동문'과 '제가야산독서당' 그리고 '백운산인 자하동천'을 제대로 보려면 꽤 가파른 산비탈을 기어오르는 수고를 감내해야만 한다. 장소가 매우 협소하여 많은 사람들이 한꺼번에 오르기도 어렵다. 그래서 이번 인문산행에서는 먼발치에서 그 위치만 적시해주었다. 사전답사 시 인문산행 진행자들끼리 오붓하게 올라가 찍은 사진들을 덧붙인다.

연주암에 걸려 있는 위창 오세창의 글씨

아쉬워하는 참가자들을 달래어 연주암戀主庵으로 향한다. 이곳 자하동 계곡은 관악산의 모든 계곡을 통틀어 가장 길고 수량이 풍부하다. 흰 바위와 맑은 물이 굽이치는 곳마다 탁족 나온 산객山客들이 그득하다. 우리는 그나마 상대적으로 인적이 드문 옛길을 따라 계곡을 거슬러 오른다. 계곡 상단에 무명폭포가 하나 있다. 대부분의 관악산 유산기를 다 뒤져보았는데도 이 폭포의 이름을 알 수 없어 이참에 하나 지어볼까 싶기도 하다.

점심 식사는 옛 관악산장 터에서 하였다. 이곳은 국립공원도 아닌데 산장을 굳이 헐어야만 했을까 의문이 든다. 연주암으로 오르는 옛 돌계단 옆으로 새로 조성한 계단들이 끝없이 이어진다. 이윽고 연주암이다. 탁 트인 너른 마당이 시원하다. 조선 태조가 친히 이곳에 축대를 쌓아 호국도량으로 삼았다는 기록이 있다. 이곳을 현재의 위치로 옮겨 크게 중창한 것은 효령대군이라고 한다. 그런 인연 때문인지 현재 연주암에는 효령대군의 영정이 모셔져 있다.

추사의 글씨임에 분명한 '무량수無量壽'라는 현판이 눈에 띈다. 그러나 원본은 아니고 복제된 것이다. 대웅전 맨 끝방 앞에 위창 오세창葦滄 吳世昌의 글씨가 새겨진 현판도 보인다. 전서篆書를 모르는 사람이라면 '산수일월가山水日月佳'라고 읽기 십상이다. 그러나 '산기일석가山氣日夕佳'라고 읽는 것이 옳다. 도연명의 음주 시 중 한 구절인데 '산 기운은 해 질 녘에 아름답다'는 뜻이다. 이 넓고 시원한 툇마루에 앉아 관악산의 일몰을 바라본 적이 있는 사람이라면 이 시의 깊은 여운을 가슴 깊이 느껴봤을 것이다.

이제 정상인 연주대를 향하여 더 올라가야 한다. 그런데 아무도 나서질 않는다. 너무 날씨가 더운 탓이다. 사실 관악산에서 연주대만큼 많은 사연을 간직한 곳도 없다. 응진전이며,

연주암 대웅전의 맨 끝방 문 앞에 걸려 있는 위창 오세창의 현판 글씨 산기일석가. 서예와 전각으로 유명한 그는 《근역서화징》, 《근역인수》 등의 명저를 남겼으며, 3.1운동 당시 민족대표 33인 중의 한 명이기도 했다. 간송 전형필에게 커다란 영향을 끼쳐, 그로 하여금 전 재산을 털어 한국의 문화재들을 수집하게 한 일화도 유명하다.

마애약사여래입상이며, 매염정이며, 말바위며 볼 것도 많다. 하지만 모두들 미리 약속이나 한 듯 고개를 절레절레 흔드니 다른 방법이 없다. 우리는 옆길로 빠져 하산하는 능선으로 올라탄다. 오랫동안 세칭 '케이블카 능선'이라 불렸으나 최근의 지도에는 '자하능선'이라 표기되는 암릉이다.

이름 없는 절터와 문원폭포 그리고 마애상들

아기자기한 암릉들로 이루어진 능선을 타고 내려오다가 오른쪽 계곡으로 빠지면 곧 일명사지가 나타난다. 일명사라는 절의 옛터가 아니라 '이름을 잃은逸名' 곧 '이름을 알 수 없는' 절의 옛터라는 뜻이다. 이곳에 남아 있는 연화문대석蓮華紋臺石은 관악산에서 볼 수 있는 가장 정교한 조각품이다.

일명사지에서 조금 내려오다가 다시 계곡으로 올라붙으면 곧 문원폭포와 만난다. 관악산에서 가장 웅장한 폭포인데 그 우측 상단에는 오래된 기도터와 옛 당집이 즐비하다. 기도터에는 조악한 글씨체로 '산왕대신山王大神'이라 새겨져 있다. 일행들은 폭포 앞을 떠날 생각이 없다. 아예 폭포 아래로 들어가 물벼락을 맞기도 한다. 하긴 어차피 땀으로 흠뻑 젖었으니 시원한 폭포수를 마다할 까닭이 없다.

코스를 많이 줄였는데도 아직 하산길에 볼 것들이 더 남아 있다. 마애승상摩崖僧像, 곧 부처가 아니라 승려를 바위에 새겨놓은 것들이다. '밀양 박씨 고업 미륵보살'이라고 한글로 새겨놓은 승상은 일반 등산로에서 불과 몇 미터밖에 떨어져 있지 않은데도 예전에는 못 찾아 무척 헤맸던 기억이 난다. 최근 들어 신자信者의 이름을 새긴 판석들이 부쩍 늘어난 것을 보면 그 사이에 이 미륵의 영험함이 널리 알려진 모양이다.

용운암 마애승용군은 산을 거의 다 내려온 지점에 있는데 매우 미스터리한 작품이다. 용운암은 최근에 조성된 사찰이므로 이 마애승상을 설명하는 데에는 별다른 단서를 제공하지 않는다. 주변에 한글 혹은 옛 한글로 새겨진 글자들이 많은데 이는 아마도 1972년까지 이곳에 있었다는 기도터와 관련이 있는 듯하다. 그 유래도 알 수 없고 조성 시기도 불분명하지만, 여하튼 매력적인 작품임에는 틀림없다. 천진난만한 미소를 머금고 우리를 빤히 바라보고 있는 다섯 명의 얼굴들은 그 비밀을 알고 있을까.

오직 은선동만이 기이함을 떨쳤다

수락산의 폭포들을 찾아서

한여름의 폭염도 절기를 피해갈 수는 없다. 처서를 지나니 아침저녁으로 시원한 바람이 분다. 9월의 첫째 토요일 아침, 지하철 4호선의 종착지인 당고개역 앞에 모여든 사람들은 반가운 얼굴로 인사를 나눈다. 제7차 인문산행의 참가자들이다. 약속 시간인 정각 10시가 되자 버스정류장으로 발길을 옮긴다. 오랜만에 이 코스의 버스를 탄 사람들은 일순간 당황한다. 버스가 덕릉고개로 올라가지 않고 딴 길로 접어들었기 때문이다. 최근 당고개에서 청학리로 향하는 버스들은 대개 덕릉터널을 관통해서 달린다.

순화궁 고개를 넘자마자 다음 정거장에서 하차한다. 수락산 등산로 입구 혹은 수락산 유원지 입구 혹은 청학동이라고 불리는 이곳은 경기도 남양주시에 속한다. 들머리에 커다란 등산로 개념도가 그려져 있다. 그 아래에서 장비들을 챙기며 오늘의 산행코스에 대한 간단한 브리핑을 시작한다. 오늘 산행의 키워드는 폭포다. 남양주시 청학동으로 올라 향로봉香爐峯의 능선을 타고 넘어 의정부시 흑석동으로 내려가면서 무려 4개의 근사한 폭포들을 감상할 계획이다.

"유심하고 기이함은 수락산이 으뜸"

수락산水落山은 북한산과 도봉산道峯山의 그늘에 가려 상대적으로 저평가되는 산이다. 덕분에 찾는 이가 적어 호젓한 산행을 즐길 수 있다. 수락산의 이름을 세상에 널리 알린 이는 두말할 나위도 없이 매월당 김시습梅月堂 金時習이다. 이후 거의 같은 시기를 살다 간 호곡 남용익壺谷 南龍翼과 서계 박세당西溪 朴世堂이 각각 수락산의 동쪽과 서쪽의 계곡을 차지하고 오랫동안 터줏대감 행세를 해왔다.

호곡과 서계는 여러모로 대비를 이루는 인물들이다. 둘 다 서인에 속했지만, 호곡은 노론에 속하고 서계는 소론에 속한다. 그래서 두 사람의 문집에는 서로에 대한 언급이 거의 없다. 공통점을 찾는다면 둘 다 김시습을 흠모하였다는 점이다. 특히 박세당은 김시습을 너무 숭앙한 나머지 자신의 호를 '서계'라고 짓는다. 김시습의 또 다른 호인 '동봉東峯'과 정확히 대對를 이루는 개념이다.

그런 서계가 이 산의 정상에 오른 직후 남긴 〈유수락산시후서遊水落山詩後序〉는 수락산의 숨겨진 진면목을 명확히 짚어낸다. "삼각산과 도봉산은 도성 근교의 우뚝한 산으로 수락산과 더불어 솥발처럼 높이 솟아 있다. (중략) 우뚝 솟은 형세로는 삼각산과 도봉산이 갑을을 다투지만, 유심幽深하고 기이함으로는 동봉東峯이 으뜸이다." 여기서 말하는 동봉은 물론 수락산의 다른 이름이다.

수락산을 사랑하는 사람들 사이에서 오랜 세월 동안 구전口傳으로 내려오는 시가 있다. 정허거사가 지었다고 전해지는 〈수락팔경水落八景〉이다. 정허거사에 대해서는 생몰연대조차 알 수가 없는데 대략 조선 후기의 유생이었으리라 짐작한다. 본격적으로 산행을 시작하기 전에 그의 〈수락팔경〉부터 읊어본다. 처음부터 한글로 쓰인 것으로 보아, 일종의 기행가사가 아니었나 싶다.

양주라 수락산을 예 듣고 이제 오니, 아름답게 솟은 봉이 구름 속에 장관일세. 청학동 찾아들어 옥류폭에 다다르니, 거울같이 맑은 물이 수정같이 흘러가네. 푸른 송림 바윗길을 더듬어서 발 옮기니, 백운동에 은류폭이 그림같이 내려 쏟고, 자하동에 돌아들어 금류폭을 바라보니, 선녀 내려 목욕할 듯 오색서기 영롱쿠

나. 미륵봉의 흰 구름은 하늘가에 실려 있고, 향로봉의 맑은 바람 시원하기 짝이 없네. 칠성대 기암괴석 금강산이 무색하고, 울긋불긋 고운 단풍 그림인 듯 선경인 듯. 내원암 풍경 소리 저녁연기 물소리에, 불로정 맑은 약수 감로수가 이 아닌가. 선인봉 영락대에 신선 선녀 놀고 가니, 청학 백학 간 곳 없고 구름만이 오고 가네.

정허거사가 살던 시기에는 현재 우리가 크게 뭉뚱그려 청학동이라 부르는 곳이 계곡마다 별개의 이름을 가지고 있었음을 알 수 있다. 즉 옥류폭이 있는 곳은 청학동이요, 은류폭이 있는 곳은 백운동이며, 금류폭이 있는 곳은 자하동이라 칭했던 것이다. 맨 먼저 우리를 맞이하는 것은 옥류폭이다. 아주 멋진 폭포이지만 참가자들의 입에서 터져 나오는 것은 찬탄이 아니라 탄식이다. 음식점들이 점령하고 계곡물까지 막아 물놀이 풀장이 되어버린 탓이다.

빙벽등반의 연습장으로 사용되었던 숨은 폭포

옥류폭포에 대한 실망을 보상하는 데에는 그다지 시간이 걸리지 않는다. 은류폭포가 이곳에서 멀지 않다. 흔히들 수락산의 3대 폭포라고 하면 금류와 은류와 옥류를 꼽는다. 하지만 수락산을 다루고 있는 옛 유산기들을 샅샅이 살펴보아도 은류폭포에 대한 언급은 거의 찾을 수 없는 것으로 보아 비교적 최근에 붙인 이름이 분명하다. 정규등산로로부터 살짝 벗어나 있을뿐더러 뚜렷한 이정표도 없어 찾기가 쉽지 않은 숨은 폭포다. 산선배들의 증언에 따르면 1970년대까지만 해도 이 폭포에서 빙벽등반 연습을 했다고 한다.

은류폭포는 하단, 중단, 상단의 삼단으로 이루어져 있다. 바위와 오솔길을 따라 위로 올라갈수록 절경이다. 나는 개인적으로 금은옥의 세 폭포 중 이곳 은류폭포를 으뜸으로 친다. 큰비가 올 때나 비 온 다음 날 이곳을 찾으면 힘차게 내리꽂

금류폭포 위에 새겨져 있는 '금류동천'은 박주수가 새긴 것이다. 내원암 바로 아래에 있으며 규모가 웅장하여 수량이 많을 때는 천둥소리를 낸다. 청학동 계곡에 위치한 금은옥 세 개의 폭포 중에서 가장 해발고도가 높다.

히는 폭포 물소리가 온 계곡을 진동하여 선경仙境이 따로 없다. 일행은 이곳에서 배낭을 풀고 과일을 나누고 차를 마신다. 이곳 수락산에서 거의 10년의 세월을 보낸 김시습에 대한 이야기를 시작하니 끝을 맺기가 어렵다.

금류폭포로 가기 위해서는 왔던 길을 되돌아 내려간다. 〈수락팔경〉 식으로 이야기하자면 "백운동을 돌아나가 자하동으로 꺾어져 올라가는" 셈이다. 금류폭포 옆으로 나 있는 돌계단이 자못 가파르다. 돌계단의 끝자락에 '금류동金流洞'이라고 쓴 암각문이 보인다. 보다 멋진 글씨는 폭포 위에 있다. 해서체로 멋지게 쓴 '금류동천金流洞天'이라는 바위글씨가 탄성을 자아낸다. 경산 정완용經山 鄭完容의 〈수락도봉산유기水落道峯山遊記〉에 따르면 상서 박주수朴周壽가 썼다고 한다. 박주수는 당대의 명필로서 남한산성 '수어장대守禦將臺'의 글씨도 썼다. 옆에 세워진 안내판을 보니 오류투성이여서 한숨이 절로 난다.

순조의 탄생과 내원암의 칠성대

내원암의 정확한 연혁에 대하여 알려진 신뢰할만한 정보는 없다. 다만 분명한 사실은 이 절이 순조의 탄생 덕분에 그 사세를 크게 확장하였다는 것이다. 후사가 없어 골머리를 싸매던 정조는 이 절의 용파 스님에게 득남을 기원하는 불공을 올려달라고 부탁한다. 그것이 1789년의 일이다. 그리고 이듬해 순조가 출생한다. 정조는 이에 크게 기뻐하며 보은의 의미로 내원암에 내탕금을 하사한다. 1794년 5월에 쓰인 〈내원암칠성각신건기內院庵七星閣新建記〉를 보면 이 사실이 명확하게 기록되어 있다.

> 지난 기유년(1789) 내전內殿에서 불심으로 경건하게 치성한 다음 해인 경술년(1790)에 나라에 큰 경사가 있어 도처에서 모두 기뻐하였으니, 어떤 연유로 해서 이러한 상서로운 일이 일어나게 되었는지를 몰랐겠는가. 더욱더 정성스러운 예를 다하고 간절히 해마다 보사報祀하고자 하였으나, 옛 단이 산꼭대기에 있어 비바람을 피하기 어려웠기 때문에 이를 염려한 지 얼마나 되었는지 모른다. 지금 국내局內에 복된 땅을 점쳐 정성스럽게 칠성각을 지은 것은, 다만 오랫동안 생각하여 잊지 않는 정성으로 그렇게 한 것이다.

왜 정조는 하필이면 내원암에 부탁하여 불공을 올리게 하였을까? 산꼭대기에 있던 칠성단이 특별히 영험하였기 때문이다. 칠성대는 곧 칠성바위이며 칠성단은 그 밑에 있다. 결국 현재의 내원암을 만든 것은 칠성대였다고 해도 과언이 아니다. 내원암에는 칠성신앙 혹은 기자신앙과 관련된 유물들이 많이 산재해 있다. 대웅전 앞마당의 미륵바위(옛 문헌에는 용각암이라고 표기된다)와 석조미륵보살상(세칭 내원암 마애불) 등이 그것이다.

내원암 삼성보전 앞의 너른 앞마당에서 점심 식사를 마친 일행들은 이제 칠성대를 향하여 올라간다. 꽤 멀고 높은 곳에 떨어진 칠성대까지 돌계단이 놓여 있다. 이 정도의 공사를 민간 차원에서 하기는 쉽지 않았을 것이다. 칠성대에 조금 못 미친 곳에 마애부도가 있다. 그 어떤 기록도 남아 있지 않은

수락산 칠성대 정상에서 바라본 전경. 자연석의 거대한 암반에 일곱 개의 돌출 부위가 솟아 있어 예로부터 칠성대라 불렸다. 칠성대 바로 아래 칠성단 옛터가 남아 있다. 정조는 이곳에서 득남 기도를 하게 하여 실제로 순조를 얻은 다음 내원암에 거액의 내탕금을 하사하였다.

것으로 보아 아마도 인문산행팀이 최초로 발견한 것일 터이다. 칠성대 밑에는 철거된 옛 칠성각의 잔해들이 남아 있다. 바위를 크게 에돌아 칠성대의 정상으로 오른다. 돌연 탁 트인 전망과 '금강산이 무색한' 기암괴석들을 보고 참가자들이 모두 탄성을 내뱉는다.

은선동과 문암폭포에 제 이름을 찾아주다

칠성대에서 산을 횡단하여 영락대로 향한다. 향로봉과 주봉을 잇는 능선상에 위치한 전망 좋고 넓은 바위臺다. 이 능선의 너머는 의정부시에 속한다. 일행들은 시계市界를 넘어 은선동으로 내려선다. 숨은 신선隱仙의 계곡洞이라, 참 멋진 이름이다. 이 계곡과 그 끝에 걸쳐져 있는 멋진 폭포에 참으로 오랜만에 제 이름을 찾아주었다는 것이 이번 인문산행 최대의 성과다. 바로 은선동과 문암폭포門巖瀑布다.

옛 유산기들을 찾아보면 수락산의 3대 폭포로 꼽는 것이 은선, 옥류, 금류이다. 나는 처음에 은류의 옛 이름이 은선인 것으로 오해하였다. 하지만 계속되는 탐구와 집요한 답사 끝에 은선이란 은선동의 문암폭포를 뜻함을 깨닫게 되었다. 이 세 개의 폭포들 중에서도 가장 유명한 것이 문암폭포인데, 삼산재 김이안三山齋 金履安의 〈기유記遊〉와 〈문암유기門巖遊記〉 그리고 미호 김원행渼湖 金元行 등의 〈문암폭포연구門巖瀑布聯

의정부시에 속하는 수락산 은선동의 문암폭포. 한장석의 표현 그대로 "꼭대기에 시렁을 얹은 듯 들보 모양"을 하고 있다. 그동안 무명폭포, 천문폭포 등으로 알려졌던 이 폭포에 제 이름을 찾아준 것이 한국산서회의 인문산행 최대의 업적 중 하나다.

句〉(이상 1746년), 영재 유득공泠齋 柳得恭의 〈은선동기隱仙洞記〉(1775), 미산 한장석眉山 韓章錫의 〈수락산 유람기水落山流覽記〉(1868) 등에 지속적으로 등장한다.

은선동 계곡의 인적 드문 오솔길을 걷다가 이윽고 문암폭포의 상단에 다다른다. 참가자들이 카메라 셔터 누르기에 바쁘다. 다시 오솔길을 에돌아 문암폭포의 하단과 곡수유상曲水流觴(삼월 삼짇날, 굽이도는 물에 잔을 띄워 그 잔이 자기 앞에 오기 전에 시를 짓던 놀이)을 즐기던 너른 바위 위로 내려서니 모두 경탄을 금치 못한다. 이곳이 오늘 인문산행의 하이라이트다. 한장석의 유산기 속 묘사를 읽어보자.

> 길이 끝나려 하는 곳에 바위 병풍이 우뚝하게 솟아 마치 성가퀴 모양처럼 그 삼면을 둘렀고, 입을 벌린 듯 그 가운데는 트여 있었다. 큰 바위가 그 꼭대기에 시렁을 얹은 듯 들보 모양을 하고 있고, 높이는 10여 장丈인데, 세찬 폭포가 걸려 있었다.

한가로이 사진을 찍고 탁족을 즐기며 참가자들이 이야기꽃을 피운다. 오늘 본 4개의 폭포 중에 어느 것이 가장 멋진가? 약간의 편차는 있지만, 대개는 이곳 문암폭포를 으뜸으로 꼽는다. 나로서는 은류폭포와 문암폭포 중 하나를 고르기가 어렵다. 한장석의 유산기로 그 평가를 갈음하도록 한다.

옥류동은 맑지만 협애狹隘하고, 금류동은 크지만 누추하여 수석水石이 모두 서로 어울리지 못했다. 오직 은선동만이 산이 높푸르고 맑고 트여서 그 기이함을 떨쳤다.

비보풍수의 현장을 가다

호암산의 풍수와 비보

호암산虎岩山(393미터)을 독립적인 산으로 인식하게 된 것은 얼마 되지 않는다. 예전에는 그저 삼성산三聖山(481미터)을 구성하고 있는 여러 암봉 중의 하나 정도로만 인식했었다. 삼성산 역시 관악산冠岳山(632미터)과 떼어놓고 생각하기 힘들다. 삼성산을 관악산의 일부라고 여기는 사람들도 많다. 그렇게 '범汎관악산' 혹은 '관악산 자락'이라는 관점에서 볼 때, 호암산은 관악산의 서쪽 끝 봉우리에 해당한다.

이번 인문산행 대상지는 바로 이 자그마한 호암산이다. 딱히 산의 규모가 웅장하다거나 특별한 비경이 있어서가 아니다. 한국의 산을 논할 때 결코 빼놓을 수 없는 풍수지리, 그중에서도 비보풍수裨補風水(풍수적 결함을 인위적으로 보완하는 것)

의 현장을 두 눈으로 확인하고 싶어서다. 전철역에서 다시 버스를 갈아타고 찾아와야 하는 까다로운 집합장소였는데도 참가자들은 모두 제시간에 속속 도착하여 주최 측을 감동시켰다.

벽산아파트 5단지 버스정류장에서 호암산으로 조금만 올라오면 호암산폭포 앞 나무 데크 광장이 있다. 이곳을 통과하는 길들은 자못 복잡하게 얽혀 있다. 관악산 둘레길과 서울둘레길이 겹쳐지고 최근에 명명한 호암늘솔길까지 가세하니 이정표들이 중구난방이다. 관악산 둘레길 이정표의 존재는 이곳 호암산을 관악산의 일부로 본다는 인식의 방증인 셈이다.

임진왜란 당시의 전설이 서린 칼바위

집합장소에서 호암산 능선으로 올라탈 때 제일 먼저 만나는 것이 칼바위다. 매우 날카로운 바위 절단면이 허공을 찌르고 있는 형국의 이 바위는 보는 각도에 따라 그 모양이 바뀌어 쟁기바위 혹은 보습바위라고도 부른다. 임진왜란 때 이 지역의 무명 장수가 왜군 장수와 턱걸이 내기를 하였는데, 왜군 장수가 99번을 마치고 100번째의 턱걸이를 하려는 순간, 바위 끝이 쪼개져 떨어져 죽었다는 재미있는 전설이 서려 있다.

사실 칼바위의 매력은 그 내부에 숨겨져 있는 천연동굴에

호암산 칼바위 안쪽의 숨겨진 동굴. 칼바위는 임진왜란 때 우리 장수가 왜군 장수와 턱걸이 시합을 하였다는 전설이 있는 바위다. 이 바위 안쪽의 동굴은 매우 영험한 공간인데, 위아래가 탁 트인 허공이면서 기氣의 흐름이 남달라 무속인들이 많이 찾는 곳이다.

있다. 완벽히 밀폐된 형태의 동굴은 아니고 몇 개의 거대한 바위들이 절묘하게 덧쌓여 생겨난 일종의 허공虛空인데, 그 안에 들어서면 풍수지리를 잘 모르는 사람이라도 어떤 기氣의 응집을 느낄 수 있는 신묘한 장소다. 아니나 다를까 동굴 내부의 여기저기에 최근까지도 기도터로 쓰였음을 알 수 있는 흔적들이 많이 남아 있다. 한국전쟁 때 이곳으로 피란 온

주민들도 많았다고 한다.

하지만 칼바위 동굴은 이번 산행에서 제외하였다. 그곳까지의 접근로가 다소 위험하고 내부도 협소하여 많은 사람을 이끌고 답사하기에는 부적절하기 때문이다. 칼바위 바로 위쪽의 정규등산로에 널찍한 전망용 나무 데크가 설치되어 있다. 그곳에서 잠시 땀을 닦고 숨을 돌리며 오늘 산행의 핵심 개념에 대하여 이야기를 나눈다. 문제는 하나다. 이 호암산은 한양도성을 넘보며 으르렁거리는 호랑이의 형상을 하고 있다. 그 무서운 기운을 어떻게 막을 것인가?

넘치거나 모자란 것을 보완해주는 비보풍수의 원리

이성계가 조선을 건국하고 한양으로 도읍을 옮기려 할 때 가장 크게 기댄 것도 풍수지리요 가장 크게 두려워한 것도 풍수지리다. 이처럼 풍수지리는 아주 오랜 옛날부터 우리 민족의 생활 속에 확고부동한 상수常數였다. 개인이 살 집을 정할 때도, 마을이 들어설 자리를 정할 때도, 심지어 한 나라가 망하고 또 다른 나라가 일어설 때도 풍수지리는 심대한 영향을 끼쳤다. 이성계가 한양 천도를 감행할 때 내세운 중요한 명분 중의 하나가 "고려의 개성은 이제 그 기운地氣이 다했다"는 것이었다.

그런데 막상 백악을 주산으로 삼아 한양에 자리를 잡으려

하니 몇 가지의 산세山勢가 영 눈에 거슬리고 가슴을 답답하게 했다. 좌청룡에 해당하는 낙산이 우백호에 해당하는 인왕산보다 현저하게 낮다는 것도 그중 하나였다. 그보다 더욱 무서운 것은 마주보이는 관악산의 산세다. 불의 기운火氣이 너무 강해 도성을 태워버릴 듯했던 것이다. 게다가 관악산 자락의 오른쪽 끝(백악에서 볼 때)에 있는 한 봉우리는 그 모습이 으르렁거리는 호랑이와도 같아 두렵기 짝이 없었다. 바로 오늘 우리가 오르고 있는 호암산이다.

자연의 산수山水는 주어진 조건이다. 그 풍수지리를 바꿀 수는 없다. 그렇다면 포기할 것인가? 그렇지 않다. 우리 조상들은 절묘한 해법들을 찾아냈다. 주어진 풍수에 인간의 의지와 노력을 더하여 그 기운을 바꾸어놓는 것이다. 강한 것은 깎아내려 부드럽게 만들고, 약한 것은 북돋아 강하게 만든다. 심지어 없던 것을 만들어내기도 한다. 산이 필요한 곳에 흙과 돌을 쌓아 산이라 부른다. 그것이 가산假山이다. 물이 필요한 곳에는 연못이라도 파서 수기水氣를 보충한다.

절묘한 해법들의 리스트에는 끝이 없다. 음기陰氣가 지나치게 강한 곳에는 양기陽氣의 상징물을 세워 그를 위무한다. 보기 싫은 흉물 앞에는 숲을 만들어 시야를 가린다. 산이 아이를 업고 달아나는 형국을 하고 있으면 그 앞에 떡집들을 차리고 고개 이름을 '떡재'라고 붙인다. 이와 같이 넘치거나 모

호암산 한우물. 서울대 학술조사단이 1990년에 본격적인 발굴조사를 한 바 있다. 호암산성을 지키는 군인들의 식수, 관악산의 화기를 제압하기 위한 소방수, 기우제를 위한 예비수 등 다양한 해석을 낳았다. 석축 일부분에 '석구지'라고 새긴 바위글씨가 남아 있다.

자란 풍수를 보충하여 인간에게 이롭게 만드는 것을 비보풍수라고 한다. 풍수지리의 원리를 꿰뚫어 공생을 꾀하는 인간의 놀라운 지혜라 아니할 수 없다. 우리의 선조들은 관악산의 화기와 호암산의 호환 역시 그런 식으로 다스려 나갔다.

칼바위 전망대에서 조금만 더 능선을 오르면 이내 탁 트인 개활지가 나타난다. 대략 해발 300미터 정도에 해당하는 지역인데 이곳에 길이 22미터 폭 12미터에 달하는 거대한 인공 우물이 있다. 일반적으로 통용되는 명칭은 '한우물'이다. 보다 그윽한 옛 이름으로는 천정天井, 용복龍伏, 용추龍湫 등이 있다. 용이 웅크리고 있거나 승천하는 하늘 우물이라니, 참 멋진 이름이다. 그런데 왜 이 산꼭대기에 인공우물을 만들었을까?

이 우물의 최초 축성은 신라시대에 이루어졌던 것으로 알려져 있다. 그 이후 조선시대에 이르러 보수·확대되었다. 현재까지 알려진 용도는 대략 세 가지다. 첫째, 이곳은 군사적 요충지였고 그래서 호암산성이 있었다. 따라서 산성 내에 주둔하던 군인들을 위한 식수의 용도로 쓰였다. 둘째, 관악산의 화기를 막기 위한 소방수의 용도로 쓰였다. 셋째, 나라에 가뭄이 지속될 때 기우제를 지내기 위한 용도로 쓰였다.

풍수지리에 능통한 사람들을 풍수사風水師라고 한다. 일부 풍수사들은 여기에 덧붙여 색다른 이론을 펼치기도 한다. "호랑이는 물을 좋아하는 동물이다. 그러므로 물을 풍부하게 주어 그를 달래려고 했다." 관악산의 화기를 억누르기 위하여 거대한 우물을 조성하였다 정도까지는 받아들일 수 있다. 하지만 너무 지나친 주장은 억지로 들린다. 한우물은 실제로 임진왜란 때 군용식수로 쓰여 단단히 제 몫을 한 적이 있다.

이것은 해태인가, 호랑이인가, 사자인가, 개인가

서울대학교 학술조사단이 이 한우물에서 본격적인 발굴작업을 한 것은 1990년의 일이다. 그때 발굴된 흥미로운 유적 중의 하나가 '석구지石拘池'라고 새겨져 있는 석축이었다. 현재 이 돌은 복원된 한우물의 석축들 사이에 끼어 있다. 뒤집힌 상태로 끼어 있는데 그것은 발굴될 당시에도 뒤집혀 있었기 때문이다. 한자를 곧이곧대로 읽으면 '돌로 만든 개의 연못'이다. 한우물에서 약 50미터 정도 떨어져 있는 현재의 석구상을 지칭하는 표현임에 틀림없다.

석구상은 미스터리한 조각품이다. 이번 인문산행을 계기로 하여 호암산과 석구상에 대하여 언급한 모든 고문헌을 샅샅이 살펴보았다. 최초의 기록은《동문선東文選》(1478)에 나오는 윤자尹慈의 호암설이다. 이후《가람고伽藍考》와《범우고梵宇攷》(1799),《경수당전고警修堂全藁》〈시흥잡수〉(19세기 중반),《경기지京畿誌》〈시흥현도〉(1842),《시흥군읍지始興郡邑誌》(1899),《삼성산삼막사사적三聖山三幕寺事蹟》(1910),《경기시흥읍지京畿始興邑誌》〈형승조〉(1956),《금천구 향토문화지》(1996), '석구상 안내문'(1996년 이후) 등에 나름대로 정의와 해석이 난무하는데, 모두가 제각각이다.

이것이 경복궁 앞의 해태상과 대를 이루는 해태상이라는 주장도 있고, 기운 빠진 호랑이라는 주장도 있고, 호랑이를 위협할 수 있는 사자라는 주장도 있고, 호랑이와 친하게 지내라고 붙여준 개라는 주장도 있고, 호랑이 등 위에 올라탄 개라는 주장도 있다. 나를 가장 크게 웃게 만든 것은《한국의 성석》(푸른숲, 1997)에 실린 조자용과 윤열수의 주장이다. 그들은 이것이 분명한 호랑이이며, 그것도 기진맥진하여 성기가 축 늘어진 얼빠진 호랑이라고 확신했다. 그러고 보니 석구상의 뒷다리 부분의 모습이 조금 의심스럽기는 하다.

나는 비공식적(?)으로 몇몇 참가자들에게 은밀히 물어보았다. 저게 무엇처럼 보이시나요? 그들은 비로소 뒷다리 부분을 한참 들여다보더니 이내 웃음부터 터뜨렸다. 서울대학

다양한 해석이 분분한 호암산의 석구상. 해태상, 호랑이상, 개상 등 다양한 해석들이 난무했으나 '석구지'라는 바위글씨가 발견된 이후 개라고 인정하는 추세다. 조자용과 윤열수는 《한국의 성석》이라는 책에서 이것을 '성기가 축 늘어진 얼빠진 호랑이'라고 해석한 바 있다. 민간 기자신앙의 대상이기도 하다.

교 호수공원에는 이 호암산 석구상의 복제본이 있다. 그들은 이런 논란(?)을 불식시키려는 듯 원본에는 없는 뒷다리의 발가락 모양을 선명하게 새겨넣었다. 하지만 민중들은 석구상의 뒷다리 부분을 일종의 남근석으로 인식한 것이 분명하다. 석구상 바로 앞과 작은 능선 너머의 대칭되는 곳에 형성되어 있는 제법 큰 성혈性穴들의 존재가 그것을 증명한다.

호압사의 금강역사는 호랑이의 아가리를 찢고

호암산 정상 암릉에서 점심 식사를 마친 일행들은 이제 호압사로 내려간다. 현직 경찰공무원이며 한국산서회의 회원인 김태규는 풍수사이자 생활수맥상담사로도 활동하고 있는 풍수지리 전문가다. 그는 호암산 정상 부근의 호암虎巖에서 호압사를 내려다보며 이렇게 말한다. "저곳은 본래 절이 들어설만한 자리穴가 아닙니다. 별개의 목적을 가지고 지은 비보사찰임에 틀림없습니다."

호압사虎壓寺는 이름 그대로 호암산의 호랑이 기운을 제압하기 위하여 세운 절이다. 이성계의 꿈속에 호랑이가 등장하여 자꾸만 경복궁을 때려 부수기에 그를 제압하기 위하여 산 아래 있던 절을 산 중턱으로 끌어올려 중창한 것이다. 호압사의 특이한 벽화는 이 절의 창건신화를 노골적으로 표현하고 있다. 아라한 혹은 금강역사가 호랑이를 제압한 채 타고 앉아

호암산 호압사의 창건신화를 표현한 벽화. 원래는 이 산 아래에 있던 자그마한 절이었으나, 조선을 개국한 후 경복궁을 지을 때 태조의 꿈속에 자주 호랑이가 나타나 괴롭히므로, 무학대사로 하여금 이 산 위에 호압사를 지어 호랑이를 제압하게 하였다는 설화가 전해진다.

아가리를 찢고 있는 역동적인 모습이다. 어르고 달래고 막고 제압하고…호암산의 풍수를 비보하려는 선조들의 노력이 참으로 눈물겹다 할 만하다.

호압사 앞 산비탈 쉼터에서 짧은 강의가 이어진다. 이왕 풍수지리를 논하는 자리이니 우리 산수의 제대로 된 골격을 알아보자는 취지로 마련한 신경수 회원의 산경표 강의다. 쌀쌀한 날씨에도 불구하고 깊은 애정과 관심을 가지고 강의를 경청해준 참가자들이 참으로 고맙다. 이제 다시 일어나 길을 떠나야 한다.

만장봉은 높고 연단굴은 깊네

도봉산의 바위글씨를 찾아서

올해의 마지막 인문산행 대상지는 도봉산이다. 산행을 공지할 때 집결 장소를 '도봉산역 1번 출구 횡단보도 건너편 우측 공터'라고 썼다. 정확하게 표현하자면 '다락원 터樓院店址'라고 해야 옳고, 현재 그 자리에 작은 표지석도 남아 있지만, 참가자들이 찾지 못할까 봐 그리 쓴 것이다. 일찍 도착한 참가자 한 분이 다락원 터에 대하여 묻는다. 마침 오늘의 답사 동선과도 연관되는 개념이니 조금 깊숙이 들어가본다.

원院이란 일종의 국립여관이다. 예전에는 전국의 교통 요지마다 원이 설립되어 있었다. 현재 우리가 서 있는 이곳은 한양과 함경도 경흥을 잇는 '경흥대로' 상에 위치한 중요한 원이었다. 아마도 이 원에 누각이 있었던 모양이다. 그래서 다락원이라고 불렀고 한자로는 누원樓院이라고 표기한다. 다락원은 두 개가 있었는데, 의정부 호원동에 있던 것을 다락원이라고 하고, 현재 우리가 서 있는 이곳을 윗다락원이라고 했다. 《동국여지승람東國輿地勝覽》에는 덕해원德海院이라고 표기되어 있다.

반면 점店이란 사립 상업시설을 뜻한다. 대표적인 시설이 주점酒店이다. 대개 원이 있는 곳에 점이 들어서기 마련이다. 조선 후기에는 이 지역에 거대한 시장이 형성되었다. 다락원 터의 표지석에 "조선시대 사상도고私商都賈들이 북방어물을 매점하는 등 상업 활동을 하던 곳"이라 쓰여 있는 것은 그 때문이다. 이제 누원점지樓院店址(다락원 터)에 모두 집결한 일행은 도봉산을 향하여 발걸음을 떼어놓기 시작한다.

도봉서원 계곡의 숨은 주인 유희경

일행의 발걸음을 제일 먼저 멈추게 한 것은 유희경과 매창의 시비詩碑다. 아마도 조선시대를 통틀어 천민 출신 중 가장 높게 출세하고 가장 크게 존경받았던 이를 한 사람만 꼽으라면 단연 촌은 유희경村隱 劉希慶일 것이다. 빈한한 가정에서 태어난 그는 13세 때 아버지를 여의고 지극정성을 다하여 3년간 시묘살이를 했는데, 그 모습을 갸륵하게 여긴 남언경의 눈에 띄어 세상에 나오게 된다. 15세의 어린 나이로 남언경에게 예

도봉산 등산로 입구에 나란히 다정하게 누워 있는 유희경과 매창의 시비. 조선시대의 천민들이라고 서로 사랑하지 않았을 리 없다. 하지만 사랑의 기록을 남긴 이들은 이들이 거의 유일하다. 두 사람 다 천민 출신이면서도 한시에 능했기 때문이다.

禮를 배우고 박순에게 당시唐詩를 배웠으니 가히 당대 최고의 엘리트 코스를 수료했다고 해도 과언이 아니다.

유희경과 도봉산의 인연은 남언경이 양주목사로 부임하면서 시작된다. 성리학적 이상주의자 조광조가 서거한 지 55년이 되던 해인 1573년(선조 6년), 남언경은 현재의 도봉서원 터에 도봉서원을 설립하는데, 이때 그의 오른팔이자 실무책임자가 되어 현장을 총지휘한 사람이 바로 유희경이었다. 이후 임진왜란으로 불탈 때까지 도봉서원의 터줏대감으로 지내왔으니 도봉산의 계곡과 능선은 온통 그의 앞마당이었으리라.

임진왜란 당시 의병활동을 펼친 유희경은 그 공로를 인정받아 면천免賤하고 이후 비교적 여유로운 생활을 즐긴다. 57세 때는 정업원 하류(현재는 창덕궁 안)에 침류대를 지었는데 당대의 선비들이 모두 가보고 싶어 하던 명소였다. 그도 역시 침류대를 못 잊었는지 71세 때는 도봉서원 옆에 집을 짓고 당호를 침류당枕流堂이라 하였는데 현재에도 그 표지석이 남아 있다. 79세 때는 아예 거처 자체를 도봉서원 옆으로 옮기고 그곳에서 92세까지 살다가 갔다. 이쯤 되면 가히 도봉계곡의 숨은 주인이라 할 만하다.

유희경이 부안의 명기 매창梅窓을 만난 것은 임진왜란 직전인 1590년 즈음의 일이다. 당시 유희경은 46세였고 매창은 18세였다. 두 사람은 나이 차이를 뛰어넘어 불같은 사랑을 나누었다. 하지만 이후 17년 동안 만나지 못하다가 1607년에야 재회하여 잠시 즐거운 시간을 보냈을 뿐이다. 현재 도봉산 입구에 나란히 누워 있는 두 사람의 시비에는 이들의 애절한 연애시가 아프고 아름답게 새겨져 있다

만장굴은 높고 연단굴은 깊으니

이번 인문산행의 대상은 '도봉산의 바위글씨들'이다. 그 답사길의 출발점을 알리는 바위글씨가 자못 웅혼하다. 바로 우암 송시열의 친필로 전해지는 '도봉동문道峯洞門'이다. 자신

감과 힘이 넘치는 행서체의 이 글씨는 아마도 그가 도봉서원을 방문했던 1668년(현종 9년)에 남긴 것일 터이다. 그에게 도봉이란 곧 도봉서원이 있는 곳이요 정암 조광조靜菴 趙光祖의 넋이 살아 있는 곳이었으리라.

국립공원관리공단에서 지은 국립공원생태탐방연수원 안으로 들어간다. 예전에는 음식점들이 즐비하여 선인봉 등반을 마친 후 파김치가 된 몸을 끌고 와서 고기를 구워 먹던 곳이다. 먼저 연수원 오른편의 자그마한 건물 안에 위치한 국립공원산악박물관에 들른다. 이곳에 상근 중인 국립공원등산

우암의 친필로 알려진 '도봉동문' 바위글씨. 도봉산에 유교의 색깔을 입힌 것은 정암 조광조와 우암 송시열이었다. 두 사람 다 도봉서원에 배향되었다. 정암 당시만 해도 신진사대부가 있었을 뿐 분당은 없었다. 우암의 시대에는 동인과 서인이 갈라섰고, 서인은 또 다시 노론과 소론으로 갈라섰다.

학교의 김은아 강사가 일행을 반갑게 맞아준다. 그녀의 해박한 지식과 친절한 설명에 참가자들이 적지 않은 감동을 받은 듯하다.

이제 연수원 안의 계곡 쪽으로 진입한다. 이 지역은 국립공원관리공단에 사전 예약을 하고 허가를 얻어야 들어갈 수 있는 곳이다. 제일 먼저 눈에 띄는 것은 가학루駕鶴樓라고 하는 아담한 정자다. 제대로 된 편액 하나 없지만, 주춧돌의 모양새가 남다른데, 왕실의 기품이 느껴진다. 신정왕후神貞王后 혹은 흥선대원군興宣大院君과 관련이 있는 유적이다.

신정왕후는 누구인가? 풍양 조씨 조만영의 딸로서 익종(효명세자)의 세자빈이었고 헌종의 어머니다. 헌종이 즉위하자 왕대비가 되었고 철종이 즉위하자 대왕대비가 되었다. 흔히 '조대비'라고 부른다. 이하응의 둘째 아들을 고종으로 만들어 대원군의 섭정시대를 열게 한 조선 후기의 최고 권력자였다. 현재 연수원 바로 앞에 있는 절 광륜사는 본래 풍양 조씨의 원찰이었고 신정왕후의 별서別墅였다. 대원군 역시 그곳에서 국정을 논하였는데 이 가학루는 그 당시에 지어진 정자로 보인다. 실제로 흥선대원군이 가학루의 편액을 썼다는 기록이 남아 있다.

대원군은 왜 이곳에 정자를 지었을까? 현장을 답사한 참가자들은 그 이유가 너무도 자명함을 본능적으로 알게 된다. 아

도봉산 도봉 계곡의 가학루. '용주담', '필동암', '제일동천', '연단굴' 등의 바위글씨는 이 가학루 주변에 산재해 있다. 가학루는 조대비 및 대원군과 관련이 있는 정자다. 현재 국립공원 생태탐방연수원 맞은편에 있는 광륜사는 원래 풍양 조씨 가문의 원찰이었으며 조대비의 별서였다.

름답기 때문이다. 단언컨대 도봉산의 모든 계곡 중 이보다 더 훌륭한 승경은 없다. 계곡 아래로 내려가 그곳에 새겨진 바위 글씨들을 살펴본다. '용주담舂珠潭.' 한자를 잘 모르면 '찧을 용舂'을 '봄 춘春'으로 읽기 쉽다. 폭포에서 연못으로 떨어지는 물이 구슬을 찧는 것 같다는 뜻이다. '필동암必東岩.' 황하의 물은 만 번 꺾어져도 결국 동쪽으로 흐른다는 뜻으로 당시 유학자들의 숭명반청 사상을 표현한 것이다.

다시 계곡 위로 올라와 상류 쪽으로 거슬러 오른다. '제일동천第一洞天'이라고 새겨진 바위의 옆면에는 멋들어진 한시

한 편이 전문 새겨져 있다. 동천이란 물론 도교적 개념이다. 그 동천들 중에서도 최고第一라니 이 계곡의 아름다움을 능히 넘겨 짐작할 수 있다. 멋진 초서로 새겨진 시는 고종 때의 문신이었던 김용관金容觀이 85세 때 지은 작품이다. 다행히 그가 남긴 문집《도봉초수유고道峰樵叟遺稿》에 이 〈제일동천〉 시가 실려 있어 고증이 수월하였다. 그 시가 이 계곡의 승경을 잘 표현하고 있어 전문을 감상해본다.

煙霞籠處洞門開 연하농처동문개
地向雲山物外闢 지향운산물외벽
萬丈峰高丹窟深 만장봉고단굴심
化翁慳秘玆泉石 화옹간비자천석
丁丑九月道峰樵叟 정축구월도봉초수

안개구름 자욱한 곳에 계곡이 열리니
그곳은 구름 낀 산을 향하여 속세 밖에 있네
만장봉은 높고 연단굴은 깊으니
조화옹이 이 좋은 계곡과 돌을 아껴서 감추었네
정축년(1937) 9월 도봉산의 나무하는 늙은이

연단굴鍊丹窟은 계곡 건너편 잡목들 속에 숨어 있다. 겉보기

도봉산 도봉 계곡의 연단굴. 여름이 되면 잡목에 가려져 그 입구를 찾기조차 쉽지 않다. 고종 때의 문신 김용관이 지은 〈제일동천〉이라는 시에 이 굴이 등장하는데, 도교 혹은 신선사상의 영향을 받아 단약을 만들던 수도 터로 알려져 있다.

에는 사람 하나 겨우 들어갈 곳처럼 보이나 실제로 안에 들어가 보면 어른 대여섯 명이 충분히 운신할 수 있는 크기의 동굴이다. 동굴 한편에는 석간수를 받아 두는 작은 우물도 만들어져 있어 이곳이 실제로 단약丹藥을 만들던 곳임을 알 수 있다. 참가자들은 연단굴의 존재를 알게 되고 그 안에 들어와 본 것만으로도 오늘의 인문산행은 제 몫을 다했다며 연신 찬탄을 금치 못한다.

이번 답사에서 매우 흥미로운 바위글씨를 하나 발견했다. 연단굴에서 멀지 않은 곳에 새겨진 '옥화담玉華潭'이라는 글씨다. 서울시에서 발간한《서울 금석문대관金石文大觀》이나 서울역사박물관에서 펴낸《바위글씨전: 한양사람들의 멋과 풍류》도록에도 누락된 작품이어서 혹시 우리 인문산행팀이 처음 발견한 것이 아닌가 하고 매우 흥분했지만 몇몇 개인 블로거들은 이미 알고 있던 것으로 판명되었다. 다만 이 글씨가 언제 누구에 의해서 새겨졌는지를 밝히는 것이 차후의 과제가 될 것이다.

도봉산은 과연 조선왕조와 유학자들의 산인가

의외로 따사로웠던 겨울 햇살 아래 가학루 근처에서 점심 식사를 한 일행은 이제 도봉서원을 향하여 나아간다. 이쯤에서 도봉산이라는 산명 그리고 도봉서원에 대하여 몇 가지 짚고 넘어갈 것들이 있다. 도봉서원은 조선시대 전체를 통틀어 가장 강력한 유학자 두 분을 모시고 있다. 바로 조선 전기의 정암 조광조와 조선 후기의 우암 송시열이다. 두 분 다 문묘에 모셔졌을 정도로 막강한 후광과 영향력을 지닌 인물들이다. 사정이 이렇다 보니 도봉산과 도봉서원은 유교의 메카이자 유학자들의 성지처럼 인식되고 있다. 과연 그런가?

도봉산이라는 산명 자체부터 시빗거리가 된다. 도봉산이라는 이름에는 "조선왕조를 여는 길을 닦았다"라는 뜻과 "지사(유학자)들이 그 뜻을 키우고자 학문을 연마하고 도를 닦았다"는 뜻이 있다거나(《서울지명사전》), "조선왕조 창업의 길을 닦았기에 붙여진 이름"이며, 그 이름은 "조선 중기의 《신증동국여지승람》(1530)에 처음 나타난다"(《향토문화대백과사전》)는 따위의 주장들이 그러한데, 이는 모두 사실과 다르다. 결론부터 말하자. 도봉산이라는 산명은 조선왕조의 창업이나 유학자들의 득세 훨씬 이전부터 존재해왔다.

1573년 남언경이 도봉서원을 세운 곳은 과거의 영국사寧國寺 터였다. 본래 절이 있던 곳을 밀어내고 서원을 세우는 것은 불교 대신 유교를 국가의 지도이념으로 선택한 조선시대 내내 흔히 볼 수 있는 풍경이다. 1623년 유희경이 도봉서원 옆으로 거처를 옮길 때 그곳의 이름은 영국동이었다. 영국사가 그곳에 있었기 때문이다.

하지만 영국사 역시 나중에 바뀐 이름이고 원래의 이름은 도봉사였다. 꽤 규모가 큰 절이었을 것으로 추정한다. 고려시대에는 지방에 위치한 규모가 큰 절에 원院(국립여관)의 기능을 병행하도록 했다. 그래서 도봉사는 도봉원이라는 이름으로 알려졌다. 중원의 미륵사가 미륵대원, 여주의 고달사가 고달원, 문경의 희양사가 희양원으로 불린 것과 같은 맥락이다. 고려의 광종은 971년, 주목할만한 어명을 내린다. 즉 "국내의 사원 중 오직 도봉원, 고달원, 희양원 세 곳만은 현 주지의 제자들이 대대로 상속하라"고 하여 이른바 부동사찰不動寺刹

로 지정했던 것이다. 그만큼 중요시되었던 고려시대의 사찰 겸 역원이 도봉사였고 도봉원이었다.

최근 도봉서원 터의 발굴이 이루어졌다. 그 결과 반박 불가능한 유적이 발견되었다. 바로 '영국사 혜거국사비'의 비편碑片인데, '견주도봉산영국사見州道峯山寧國寺'라는 글씨를 판독할 수 있다. 여기서 견주란 양주의 옛 이름이다. 이 유물이 증언하는 바는 이렇다. 이 산은 혜거국사가 활동하던 10세기, 즉 고려 초기부터 도봉산으로 불려왔다는 것이다.

이제 종합정리를 해보자. 도봉산이라는 산명은 조선왕조의 창업과는 무관하다. 그 산명은 고려 초기 이전부터 존재해왔다. 도봉서원이 도봉산을 대표하는 것도 아니다. 도봉서원 터는 과거의 영국사 자리이고, 영국사의 원래 이름은 도봉사였는데, 도봉사는 원院의 기능을 함께하여 도봉원이라 불렀다. 그러므로 도봉산의 도道는 유교의 도보다는 불교의 도에 가깝다.

도봉서원 앞 계곡에는 유학자들의 바위글씨들이 그득

도봉서원은 조선시대 유생들의 성지순례 코스였다. 이곳을 방문한 기록을 남긴 이들 중 유명한 자들의 이름만 열거해보아도 김수온, 서거정, 이정귀, 송시열, 이민구, 성여학, 김창협, 이안눌, 정약용, 어유봉, 김상헌 등등 한도 끝도 없다. 이들이 남긴 기록 모두가 인문산행의 소중한 자산들이다. 그들 중 일부는 도봉서원 앞 계곡의 멋진 바위들 위에 글씨를 남겼다. 현재 서울특별시 기념물 제28호로 지정되어 있으며 공식 명칭은 '도봉서원과 각석군刻石群'이다.

그런데 안타까운 것은 국립공원관리공단에서 계곡에 펜스를 설치하고 출입금지 조치를 내려 이 각석군들의 상당수를 볼 수 없다는 사실이다. 필자는 물론 아주 오래전에 이 각석군들을 모두 답사하여 사진과 기록으로 남겨놓은 바 있다. 하지만 사진으로 보는 것과 두 눈으로 보는 것 그리고 두 손으로 만져보는 것 사이에는 천양지차가 있다. 이번 인문산행의 참가자들에게 유학자들(주로 17세기 서인 노론)이 남긴 각석군을 직접 보여줄 수 없어서 매우 송구스러웠다. 지금이라도 국립공원관리공단이 정책을 바꾸어 이 각석군들을 자유롭게 탐방할 수 있도록 조치해주기를 바란다.

아쉬운 마음에 각석들의 작가와 내용을 밝혀두자면 다음과 같다. 한수재 권상하寒水齋 權尙夏의 '무우대舞雩臺', 우암 송시열의 '제월광풍갱별전霽月光風更別傳 료장현송답잔원聊將絃誦答潺湲', 동춘당 송준길同春堂 宋浚吉의 '염락정파濂洛正派 수사진원洙泗眞源', 곡운 김수증谷雲 金壽增의 '고산앙지高山仰止', 한천 이재寒泉 李縡의 '광풍제월光風霽月' 등이다. 이들 중 '고산앙지'와 '광풍제월'은 정규 등산로에서 먼발치에서나마 어

도봉산 바위글씨군의 백미로 손꼽히는 용어천 계곡 입구의 바위글씨 '문사동.' 스승께 예를 갖추어 이곳까지 왕림하게 하였다는 뜻이다. 문사동 바위글씨 주변은 수석과 풍광이 뛰어나 여름철 수량이 많을 때는 탁족을 즐기는 산객들로 늘 붐빈다.

렴풋이 바라볼 수 있다.

이제 도봉서원 앞 계곡을 떠나 우이암 방향으로 오른다. 용어천 계곡이 끝나는 곳에 문사동 계곡이 있고, 문사동 계곡은 지금의 도봉 계곡으로 이어지는데, 그 역방향으로 오르는 것이다. 서원교를 지나면 만나게 되는 것이 복호동천伏虎洞天이다. 웅크린 호랑이의 계곡이라, 자신의 뜻을 펼치기 위하여 몸과 마음을 추스르며 학문에 전념하고 있는 유생들을 가리키는 말이렷다. 대덕교 부근에서 만나게 되는 것이 '대덕교大德橋 서광폭西光瀑 화락정和樂亭'이라는 바위글씨다. 조악한

글씨이기는 하나 조선시대 선비들 풍류의 현장을 보는 것 같아 마음이 즐겁다.

도봉산 바위글씨군의 마지막 답사대상지는 문사동問師洞이다. 용어천 계곡이 문사동 계곡과 합쳐지는 곳 부근인데 버젓한 안내판이 서 있어서 찾기가 쉽다. 멋들어진 초서로 휘갈겨 쓴 글씨는 필자의 전각 선생님조차 감탄을 표했을 정도로 걸작임이 분명하다. 《주례周禮》(예법을 다룬 유교의 경전)에 따르면 '물을 문問'은 '예를 갖추어 불러들인다'는 뜻이다. 그렇다면 문사동이란 '스승께 예를 갖추어 이곳으로 모셔온 계곡'이라는 뜻이겠다. 맑은 물과 멋진 바위가 어우러진 이곳에 스승을 모시고 학문을 논하던 옛사람들의 그윽한 모습이 눈앞에 선하다.

우리 놀던 그곳이 대군의 별업이었네

인평대군의 송계별업을 찾아서

올해 첫 인문산행의 집결지는 수유리 아카데미하우스 앞이다. 일찌감치 집결지에 모여든 참가자들은 쇠락한 아카데미하우스를 보며 탄식을 금치 못했다. 이곳은 일찍이 1970년대 개신교 계통 민주화운동의 베이스캠프였다. 1990년대까지도 북한산 자락의 소박한 결혼식 장소로 애용되었으며, 2000년대에는 국제청소년음악회 참가자들의 아름다운 연습장이자 숙소로 널리 알려져 있었다. 그러나 현재에는 '유치권 행사 중'이라는 섬뜩한 경고문이 출입문을 가로막고 있는 버려진 건물들만 즐비할 뿐이다.

오늘 우리는 북한산성을 중심에 놓고 볼 때 동쪽 계곡으로 올라 잠시 대동문에서 쉬고 동북쪽 능선으로 내려간다. 동쪽 계곡은 구천 계곡이고 동북쪽 능선은 진달래능선이다. 구천 계곡은 엄밀히 따지자면 신조어에 불과하다. 그저 구천은폭이 있는 계곡이라 하여 구천 계곡이라 부르는 것이다. 이곳의 본래 이름은 조계동曹溪洞이다. 계곡 중상단에 위치했던 고려시대의 사찰 조계사에서 유래한 이름인데, 실제로 대부분의 고지도에는 조계동이라 표기되어 있다. 동洞이라는 표현은 대개 계곡이라는 의미를 내포한다.

부석금표와 분청사기 가마터

오늘의 참가자들이 속속 집결한다. 애초부터 1월과 2월에는 인문산행을 진행하지 않기로 하였다. 겨울 산행에 익숙하지 않은 참가자들과 얼음과 눈으로 뒤덮인 산을 오르내리다가 자칫 안전사고라도 날까 염려한 까닭이다. 덕분에 혹한의 겨울을 피해 오랜만에 만난 사람들은 즐겁게 서로의 안부를 물으며 봄 인사와 덕담을 나눈다. 익숙한 얼굴은 익숙해서 반갑고, 처음 보는 얼굴은 처음이라 반갑다.

분청사기 가마터 옆의 너른 공터에서 올해 인문산행의 이야기를 시작한다. 첫 번째 주제는 부석금표浮石禁標다. 부석浮石이란 오늘날 통용되는 채석採石의 예스러운 표현이다. 《조선왕조실록》의 정조 12년(1788) 8월 20일의 기사는 다음과 같다.

삼각산 밑 조계동 위에 석재 채취를 금지하는 푯말을 세웠다. 도성의 주맥인데도 관민이 대부분 이곳에서 석재를 채취하기 때문이다. 호조판서 서유린이 이것을 아뢰자 총융청에 명하여 경계에 푯말을 세워 금지하게 한 것이다.

총융청은 1788년 8월 22일 모두 6개의 금표를 설치했다고 보고했다. 한국산서회 인문산행팀은 그것들 중 4개를 발견하였는데, 오늘의 산행에서는 코스의 형편상 그중 2개를 참가자들에게 공개했다. 첫 번째 것은 분청사기 가마터와 공터

조계동 계곡 입구에서 발견할 수 있는 금표들. 이곳 일대의 화강암이 매우 아름답고 단단하기 때문에 조정 이외의 일반인들에게 채석(부석)을 금지한다는 내용의 푯말이다. 정조 12년에 총융청이 새겼는데, 왼쪽 것은 분청사기 가마터 가기 전에, 오른쪽 것은 분청사기 가마터를 지나서 발견할 수 있다.

사이에 있는데 단순히 '금표'라고 새겨져 있다. 두 번째 것은 가마터를 벗어나 등산로 초입의 왼쪽 기슭에 있는데 '부석금표'라고 새겨져 있다. 참가자들은 이토록 익숙한 길가에 저런 것이 새겨져 있었다니 하면서 저마다 카메라 셔터를 눌러대기에 바쁘다.

분청사기란 조선 초기에 잠깐 유행했던 도자기의 한 형식이다. 간단히 말해서 고려청자가 스러지고 조선백자가 완성되기 전에 과도기적으로 통용되었던 도자기인 것이다. 도성에서 멀지 않은 이곳 조계동 자락에 이 정도 규모의 가마터가 운영되고 있었다니 놀라울 따름이다. 조선시대 관요官窯의 성립 이전 서울지역 도자 수급체계 추적의 단서를 엿볼 수 있어 2011년에 서울특별시 기념물로 지정된 바 있다.

인조의 아들이자 효종의 동생이었던 인평대군

등산로를 따라 약 200미터쯤 오르다 보면 왼편의 나직한 축대 위에 제법 너른 배드민턴장이 나온다. 약수터도 겸하고 있어 '영비천靈秘泉'이라는 그럴듯한 입간판까지 달아놓은 이곳에서 동네 주민들은 시름을 잊고 여가를 즐길 뿐이다. 나 역시도 얼마 전까지 그들과 마찬가지로 전혀 몰랐었다. 바로 이곳이 안평대군과 더불어 '시서화에 가장 뛰어났던 조선의 대군'으로 손꼽히며 '대청외교의 전문가'로 칭송받았던 인평대군의 송계별업 터라는 사실을.

인평대군麟坪大君은 누구인가? 인조의 셋째 아들 이요李㴭인데, 호는 송계松溪이며, 효종의 동생이다. 그는 특히 아버지와 형이 차례로 왕좌에 있는 동안 무려 11번이나 청나라에 외교사절로 다녀온 일로 유명하다. 사실 '외교사절'이라는 표현은 듣기 좋으라고 한 말이다. 적나라하게 표현하면 청나라를 어르고 달래고, 청나라에 아부하고 빌기 위하여 다녀온 것이다. 능히 짐작할 수 있다시피 모두 다 인조 재위 기간의 병자호란과 효종 재위 기간의 (터무니없는) 북벌론 때문이었다.

당시 그가 다녀온 대청사행길을 살펴보면 한양에서 베이징까지 오직 육로로만 다녔는데 총 3,100리에 약 40일이 소요되었으니, 베이징에서의 체류 기간까지 합치면 한 번 갈 때마다 거의 반년 가까이 머물렀던 셈이다. 이 같은 고행을 무려 11번이나 되풀이하였으니 그가 불과 37세의 젊은 나이에 요절한 것도 이해가 간다. 한마디로 사고는 아버지와 형이 쳤는데 수습은 그가 도맡아 '죽을 고생'만 했던 것이다.

그렇게 고단한 삶을 살았던 인평대군에게도 그러나 짧은 봄날과 숨 쉴 틈은 있었다. 25세가 되던 해인 1646년, 삼각산 조계동에 아름다운 별업別業을 짓게 되니 그곳이 곧 지금 우리가 서 있는 이곳 송계별업이다. 그가 남긴 〈제조계보허각

암벽상題槽溪步虛閣巖壁上〉에는 저간의 사정이 상세하게 기록되어 있다.

삼각은폭이 여산에 뒤지지 않는다는 말을 익히 들었으나 가보지 못하다가 병술년(1646) 3월, 우연히 조계동을 유람하던 중 마침내 그 빼어난 경치를 보게 되었다. 한 가닥 물줄기가 나는 듯 흘러내리니 이름과 실제가 다르지 않았다. 이에 구덩이를 파고 골짜기를 메워 누대와 정자를 지으니 더없이 맑고 깨끗하였다. 때때로 거문고와 술병을 들고 바람과 달을 노래하며 맑은 물에 목욕하고 아름다운 골짜기를 소요하였다. 각은 보허라 하고 당은 영휴라 이름하였다. 아, 천년 후에 아름다운 기둥과 서까래는 비록 무너지고 없을 것이나 끝내 사라지지 않는 것은 돌다리와 은폭이 아니겠는가? (국역 현해당)

영휴당과 보허각과 구천은폭 그리고 송계별업 바위글씨

송계별업은 단일건물이 아니다. 그는 이곳 조계동 일대를 온통 자신의 별장과 정원으로 만들었다. 그가 세운 건축물은 두 개로 보인다. 하나는 영휴당永休堂이다. 그 터가 바로 지금 이곳 우리가 서 있는 배드민턴장이다. 다른 하나는 보허각步虛閣이다. 우리는 그 터를 구천은폭 바로 아래로 비정한다. 영휴당(터)에서 보허각(터)은 빤히 올려다보인다.

이제 보허각이 있었던 구천은폭으로 이동한다. 뜻밖에도 하얀 얼음이 꽝꽝하게 얼어 있다. 3월 초가 되면 얼음이 녹아

한겨울에 찾은 조계동 송계별업 구천은폭. 전체 3단으로 이루어져 있는데 매우 아름답다. 1970~80년대에는 수락산 은류폭포와 더불어 서울 근교 최고의 빙벽등반 연습장으로 인기가 높았다. 이 폭포 일대가 인평대군의 별서였다는 물증을 찾아낸 것은 한국산서회 인문산행팀의 개가凱歌다.

폭포수가 콸콸 쏟아지리라 예상했던 우리의 불찰이다. 참가자들을 이끌고 폭포 옆의 벼랑으로 조심스럽게 접근한다. 멋진 바위글씨와 힘찬 폭포수를 보여주기는 글렀다. 하지만 잃는 것이 있으면 얻는 것도 있다. 꽝꽝 얼어붙은 얼음 더미들 덕분에 폭포의 모습이 더욱 확연하게 눈에 들어오는 것이다.

"아, 예전에 여기서 아이젠과 피켈을 갖추고 빙벽연습을 했었는데."

참가자 한 분이 옛 추억을 되새긴다. 그렇다. 이곳은 서울 시내에서 가장 이름난 빙벽연습장이었다. 나 역시 산선배를 따라와 어설픈 동작을 연출하며 땀에 흠뻑 젖었던 기억이 생생하다. 그뿐인가. 한여름이면 늘 이곳에 탁족을 하러 왔었다. 북한산 자체가 물을 잘 머금지 못하는 산이라 언제나 부족한 수량 때문에 갈증을 느끼다가 비가 장대같이 쏟아붓는 날이면 옳다구나 하고 달려왔던 곳도 여기였다.

기록에 따르면 이곳에 비홍지교飛虹之橋(무지개 모양의 돌다리)를 놓고 그 건너편에 작은 정자를 지어 보허각이라 불렀다. 보허步虛란 '허공을 걷는다'는 뜻의 도교적 용어이니 홍예虹霓 형식과 잘 어울리는 이름이다. 아마도 보허각이 있었을 법한 얼음폭포 위에서 다 같이 기념촬영을 한다. 넉넉한 마음씨의 참가자들은 '구천은폭' 바위글씨가 얼음 속에 숨어 있다고 우리를 타박하지 않는다. 대신 "우리가 맨날 와서 놀던

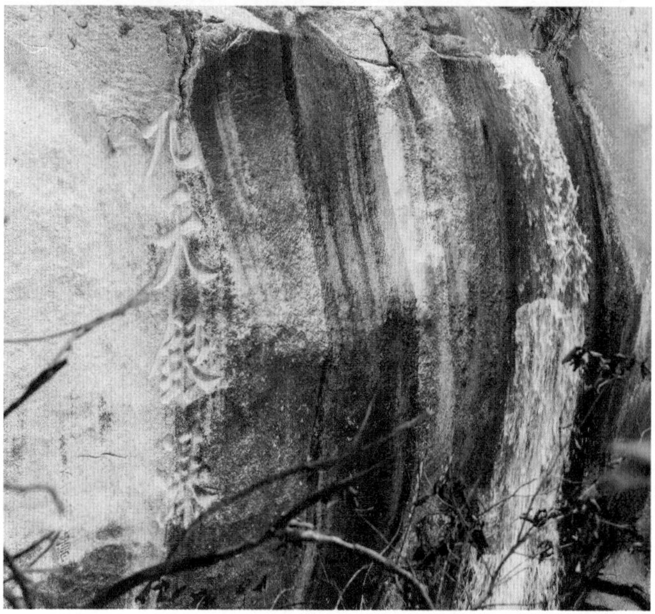

오랜 세월 동안 구천은폭 주변을 맴돌다가 기어코 찾아낸 바위글씨 '송계별업'(위). 사진의 오른쪽에 '구천은폭' 바위글씨가 보인다. 한국산서회 인문산행팀의 송석호 연구원이 찾아냈다. 이곳이 인평대군 송계별업 터라는 사실을 객관적으로 웅변하는 결정적인 물증이다. 구천은폭 바위글씨는 인평대군과 함께 청나라에 다녀온 서예가 이신이 썼다.

이곳이 인평대군의 별업이었다니!" 하며 너털웃음을 터뜨릴 뿐이다.

'구천은폭'이라는 바위글씨는 누가 봐도 명필이다. 나는 서울 시내와 근교에서 이보다 멋진 바위글씨를 본 적이 없다. 한 글자 당 가로세로 70센티미터 크기인데 아래로 내려 써서 전체 3미터 규모의 대작이다. 그 옆에 작은 글씨로 '이신 서李伸書'라고 새겨 스스로 서예가를 밝혔다. 이신은 당대의 명필로 인평대군과 함께 청나라에 다녀온 적이 있는 인물이다.

지난해 여름, 한국산서회 인문산행팀은 이곳 조계동을 그야말로 이 잡듯이 샅샅이 뒤졌다. 기록에 남아 있는 '창벽蒼壁'과 '한담寒潭'이라는 바위글씨를 찾기 위해서였다. 제풀에 지쳐 나가떨어질 즈음 뜻밖의 수확을 얻었다. 바로 '송계별업松溪別業'이라는 바위글씨를 찾아낸 것이다. 이 일대가 송계별업이라는 확신은 가졌지만 물증을 댈 수 없었던 차에 그 모든 추론이 진실임이 판명(!)된 획기적 쾌거였다. 다만 접근로가 조금 험하고 아직도 눈과 얼음이 군데군데 남아 있어 이번 산행의 참가자들에게는 먼발치에서 바라보는 것만으로 만족해 주십사 부탁드리는 수밖에 없었다.

조선왕릉 으뜸의 채석장이었던 조계동 일대

구천은폭을 정면으로 바라볼 때 상단부 왼쪽 바위벽에서는

한국산서회 인문산행팀의 조장빈 이사가 발견한 바위글씨 '사릉부석감역필기.' 숙종 재위기간인 1698년, 단종의 비 정순왕후를 모시는 사릉을 조성하기 위하여 이곳에서 석재를 채취하였다는 기록이다. 구천은폭을 맞바라볼 때 왼편 바위벽에 희미한 글씨로 새겨져 있다.

또 다른 바위글씨를 확인할 수 있다. 역시 조장빈 이사가 찾아낸 것으로 '사릉부석감역필기思陵浮石監役筆記'라고 한다. 사릉思陵이란 무엇인가? 비운의 왕이었던 단종의 비 정순왕후를 모신 왕릉이다. 현재 남양주시 진건읍에 있다. 그 사릉을 건설할 때 필요했던 바위들을 이곳에서 채석(부석)했고, 이 공사에 참여했던 인물들의 이름을 써놓은 것이 바로 '사릉부석감역필기'다. 요즘 식으로 표현하자면 일종의 '공사실명제' 겸 '감리확인서'의 표지판인 셈이다.

이 바위글씨를 읽어보면 공사에 참여했던 사람들의 이름

과 시공 일자까지 정확하게 알 수 있다. 조선왕릉 전체가 유네스코 세계문화유산으로 등재되었으니 이 기록 역시 거기에 포함되는 것이 옳다. 이곳에서 부석하여 사릉을 건설한 해는 1698년이었다. 왜 사릉은 장릉(단종의 왕릉)과 더불어 그때 만들어졌는가? 경신대기근(1670~1671)과 을병대기근(1695~1699)은 끔찍한 재앙이었다. 그 기간 동안 조선 인구의 4분의 1에 해당하는 400만 명이 굶어 죽었다. 민심이 흉흉해지고 당장 폭동이 일어나도 전혀 이상하지 않을 국가적 위기가 닥친 것이다.

숙종은 민심을 달래기 위하여 단종을 복위시켰다. 당시 단종은 이미 민간과 무속에서 일종의 신으로 떠받드는 존재였다. 그러니 '너희 백성들이 떠받드는 신(단종)을 내가 어명으로서 복권시키노라'하는 뜻으로 장릉과 사릉을 건설한 것이다. 장릉은 영월에 있으니 한양 부근에서 부석할 수는 없다. 그렇다면 사릉은? 당연히 한양도성 인근의 이곳 조계동에서 부석했다. 왜? 이유는 간명하다. 이곳의 화강암 바위 질이 단단하고 아름답기로는 당대 최고였기 때문이다. 이런 맥락을 이해하고 나면 왜 하필이면 이 조계동 자락에 부석금표들을 설치했는지가 분명해진다.

대동문에서 진달래능선을 따라 우이동으로

송계별업을 떠나 대동문으로 오르는 길은 조금 당황스러웠다. 곳곳에 눈과 얼음이 남아 참가자들의 발걸음을 긴장시켰던 것이다. 점심 식사는 조계사 터에서 했다. 고려시대의 고찰이라는 명성에 걸맞지 않게 그 터가 매우 협소하여 고개를 조금 갸웃거리게 하는 장소다. 참가자 중의 한 분은 '혹시 송계별업의 영휴당 터(배드민턴장)가 조계사 터가 아닐까'하고 의문을 제시한다. 흥미로운 관점이다. 하지만 우리가 연구한 고문서들을 토대로 고증해보면 이곳을 조계사 터로 비정하는 것이 옳다고 생각한다.

하산길은 진달래능선으로 잡았다. 아시다시피 능선 내내 만경대와 인수봉을 조망할 수 있는 멋진 길이다. 나는 참가자들에게 사죄의 말씀을 건넨다. "이름이 진달래능선인데 진달래 필 때 올 걸 그랬어요. 구천은폭도 제대로 못 보여드려서 죄송하고." 참가자들은 오히려 우리를 달랜다. "덕분에 겨울산으로 올라 봄 산으로 내려가는 기분이에요." 하산길에 왼편으로 내려다보이는 계곡이 곧 '우이구곡'이다. 잠시 배낭을 내려놓고 쉴 때마다 언급해보지만 그 전모를 보여주고 설명하기란 사실상 불가능하다. 언젠가 따로 시간을 내어 찬찬히 들여다볼 가치가 있는 곳이다.

산행의 종점은 우이동 에코로바 커뮤니티 숍이었다. 한국산서회의 부회장을 역임한 호경필이 운영하는 문화공간이다. 참가자들은 느긋한 마음으로 이곳에서 커피며 우롱차를 홀짝거리며 오늘의 산행에 대한 감회와 평가 등을 이야기한다. 다양한 의견들이 나왔지만 대세는 이런 것이다. 우리가 무심히 밟았던 산길 바로 옆에 그런 유적이 있었다니. 우리가 놀던 그 자리에 그런 역사가 서려 있었다니. 그런 것들을 찾고 밝혀내는 것이 바로 인문산행의 존재 이유이며 묘미다.

물은 맑고 돌은 희어 선경이 완연하니

세검정과 백석동천을 찾아서

오늘의 인문산행 집결지는 세검정洗劍亭이다. 청명도 한식도 모두 지나 절기상으로는 완연한 봄이어야 마땅한데 아직도 아침 바람이 차다. 일찌감치 세검정에 모인 주최 측은 집결지를 코앞에 두고도 못 찾아 전화를 걸어오는 일반 참가자들을 응대하기에 바쁘다. 조선시대에 가장 유명한 유상처遊賞處 중의 하나가 바로 세검정이었다. 하지만 그것도 옛말, 그 위로 다리와 도로가 놓이고 차들이 씽씽 달리니, 승용차나 버스를 타고 지나치기만 했을 뿐 실제로 이곳에 와본 사람들은 의외로 많지 않았던 것이다.

한양도성의 북소문이 창의문이고, 자하문은 창의문의 또 다른 이름인데, 우리는 오늘 자하문 밖의 승경과 유적을 찾아 인문산행을 떠난다. 세속에서는 오랜 세월 동안 '자하문 밖'을 줄여 그냥 '자문 밖'이라 불러왔다. 한양도성의 북쪽이요 북한산성의 남쪽이어서 두 성城 사이에 위치한 공간인 까닭에 산들이 병풍처럼 둘러싸고 맑은 계곡이 휘돌아나가는 천혜의 땅이다. 오늘날 부암동, 신영동, 평창동 등 서울의 대표적인 부촌을 형성하고 있는 이 지역의 역사는 꽤 유구하고 파란만장하다.

그들은 과연 세검정에 모여 칼을 씻었을까

세검정과 관련하여 가장 널리 알려진 속설은 "인조반정의 무리들이 거사를 성공시킨 후 이곳에 모여 칼을 씻었다"는 것이다. 하지만 이는 당대의 기록이 아니라 후대의 기록이다. 인조반정의 성공은 곧 노론의 장기집권이 시작되었음을 뜻한다. 그로부터 오랜 세월이 흐른 다음, 후대의 자손들이 선대의 반정을 정당화하고 미화하기 위하여 덧붙인, 일종의 '수사학적 표현'일 가능성이 짙다.

현재의 세검정이 들어선 지역은 인조반정 훨씬 이전부터 명승지로 이름을 떨쳤다. 조선 초기의 문신 성현成俔은 자신의 문집《용재총화慵齋叢話》에 이렇게 썼다. "성 밖의 놀만한 곳으로 장의사 앞 시내가 가장 아름답다. 물은 맑고 돌은 희어 선경이 완연하니, 와서 노니는 양반들이 끊이지 않는다."

종로구 신영동의 세검정. 북한산과 백악 그리고 인왕산 사이에 위치해 있다. 인조반정의 무리들이 거사 성공 후 이곳에 모여 칼을 씻었다는 속설이 전해져 오지만 믿기 힘들다. 홍제천이 물도리동을 이루며 크게 휘어지는 곳에 있어 풍광이 매우 수려하다.

장의사藏義寺란 무엇이고 어디에 있었는가? 장의사란 7세기 중엽 삼국통일전쟁이 한창일 때 신라의 태종무열왕이 전사한 군인들의 영혼을 달래기 위해 지은 절인데, 현재의 세검정초등학교 운동장 한편에 당간지주幢竿支柱 한 쌍만을 달랑 남겨놓고 있을 뿐이다. 그러므로 '장의사 앞 시내'란 바로 현재의 세검정이 들어서 있는 계곡을 뜻한다. 장의사는 조선 초기 왕실의 기도처였고, 사가독서賜暇讀書(왕이 젊은 문신에게 휴가를 주어 글공부에 전념토록 한 제도)의 현장이기도 했다.

장의사와 그 앞의 계곡에 일대 풍파를 몰고 온 사람은 다름 아닌 연산군이다. 그는 장의사를 폐사시켜 중들을 쫓아내고, 그 아래에 있었던 조지서造紙署(종이 만드는 곳)는 홍제원 위로 옮기도록 했으며, 현재의 세검정이 있는 계곡과 그 위의 둔덕에 "봄에는 질탕하게 놀자"는 뜻의 탕춘대蕩春臺를 세웠다. 그가 왜 하필이면 이곳을 자신만을 위한 '질탕한 놀이터'로 만들었는지는 자명하다. 이곳의 산수가 그만큼 아름다웠기 때문이다.

"비가 오면 말을 달려 세검정으로 놀러가자"

《조선왕조실록》에서 확인할 수 있는 탕춘대의 규모와 화려함은 실로 혀를 내두를 만하다. 현재 세검정이 있는 지역 일대를 항공사진으로 내려다보면 북한산의 문수봉과 보현봉 사이에서 발원한 홍제천이 크게 물굽이를 이루며 휘돌아나간다. 이른바 '물도리동'인 것이다. 연산군의 탕춘대 중 일부인 탕춘정은 이 물도리동 위의 제법 높은 언덕 위에 세워진 듯하다. 현재는 월드캐슬 빌라 정문 초입의 암벽 밑에 '탕춘대 터'라는 표석이 남아 있다.

연산군이 중종반정(1506)으로 폐위된 이후 한동안 '잊힌 땅'으로 남아 있던 이곳이 다시 세간의 주목을 받게 된 것은 숙종 때의 일이다. 북한산성을 완성한 숙종은 이 지역이 전략적 요충지임을 깨닫고 다시 서성西城을 쌓기 시작한다. 한양도성과 북한산성을 잇는 성이다. 이 지역에 오래전에 탕춘대가 있었기에 흔히들 '탕춘대성'이라 부른다. 현재에도 향로봉 하단에서 인왕산까지 연결된 탕춘대성이 남아 있다. 이 성과 홍제천이 만나는 지역에 홍지문과 오간수문이 세워져 있다. 민간인들이 이 지역에 들어와 살기 시작한 것은 이즈음부터다.

한양도성의 북방 경계를 맡고 있던 군대 총융청을 이곳으로 옮겨온 것은 영조다. 현재의 동명 신영동新營洞은 바로 '군부대가 새롭게 주둔하였다'는 뜻을 담고 있다. 영조는 1754년 가을에 "탕춘대라는 이름은 어감이 좋지 않으니 이 지역을 연융대鍊戎臺라고 고쳐 부르라"면서 당시 소공동에 살던 홍상서洪上書에게 글을 써서 바위에 새겨놓으라 했다. 이 '홍상서'라는 인물이 구체적으로 누구인지는 오랫동안 베일에 싸여 있었다. 그를 특정할 수 있게 된 것이 이번 인문산행에서 거둔 중요한 성과 중의 하나다.

홍상서는 홍상한洪象漢이다. 풍산 홍씨 가문의 일원이며 어유봉의 문인이자 사위였던 그는 1754년 당시 예조판서로 재직 중이었다. 그에게 내려진 시호가 정혜靖惠였던 까닭에《정혜공유고靖惠公遺稿》라는 저서를 남겼다. 홍상한의 증손자인 홍석주의 문집《연천집淵泉集》에는 저간의 사정이 상세하게 기술되어 있다. 즉 '홍상한이 연융대 세 글자를 크게 써서 바위에 새겨놓았다靖惠公善大書 今龍㕏營門額及鍊戎臺石刻三字 皆公筆也'는 것이다. 겸재 정선의 〈계상아회도溪上雅會圖〉를 보면 연융대 바위글씨가 어디쯤 새겨져 있었으리라 어렵지 않게 짐작할 수 있다.

영·정조 시대를 통과하면서 이곳 세검정 일대는 한양도성 안 사람들에게 최고의 유상처로 떠오른다. 정조 역시 신하들을 이끌고 연융대에 올라 활쏘기 시범을 보인 후 세검정에 들러 영조의 어제시 현판을 보고 이를 차운次韻해 시를 짓기도 했다. 송상기宋相琦의 〈유북한기遊北漢記〉나 이덕무李德懋의 〈기유북한記遊北漢〉 등 조선 후기의 북한산 유산기들을 보면 세검정이 출발지 혹은 필수 경유 코스로 빈번히 언급되는 것을 확인할 수 있다.

세검정 혹은 탕춘대 일대를 대상으로 하는 온갖 산수유기山水遊記들 중 내가 가장 좋아하는 것은 다산 정약용茶山 丁若鏞의 〈유세검정기遊洗劍亭記〉다. 그가 서른 살이 되던 해에 세검정으로 물놀이를 하러 갔던 기록인데 읽는 내내 절로 웃음이 터져 나온다.

> 신해년(1791) 어느 여름날, (중략) 술잔이 돌고 있는데 갑자기 하늘이 먹구름으로 까맣게 변하더니 천둥과 번개가 우르르 울

리기 시작했다. 내가 술병을 차고 벌떡 일어나 말했다. "폭우가 쏟아질 징조일세. 자네들 세검정에 가보지 않겠나?"

현재의 세검정 일대는 온갖 도로들과 터널들이 난무하는 도심의 공간이다. 하지만 예전의 이곳은 도성 밖의 한갓진 곳이요 외따로 떨어진 막다른 계곡이었다. 북한산과 백악으로 떨어진 빗줄기는 고스란히 이곳 홍제천을 따라 세찬 물줄기를 이룰 수밖에 없다. 《동국여지비고東國輿地備考》는 "장마가 지면 해마다 도성 사람들이 이곳에 와서 물구경을 했다"고 전한다. 정약용 역시 이러한 사정을 훤히 꿰고 있었기에 천둥번개가 울리자마자 술친구들을 이끌고 세검정으로 달려갔던 것이다.

말을 달려 세검정에 이르니 수문 좌우 계곡에서는 암고래, 수고래가 물을 뿜어내는 듯했고, 옷소매 역시 빗방울로 얼룩덜룩해졌다. 정자에 올라 자리를 펴고 앉으니 난간 앞의 나무들은 이미 미친 듯 나부끼고 빗방울로 한기가 뼈에 스몄다. (중략) 대동한 하인들에게 술과 음식을 내오게 하니 농지거리가 질탕하게 일어났다. (중략) 저녁 해가 나무 사이에 걸려 울긋불긋 온갖 광경을 연출했다.

내가 웃은 것은 '비가 오니까 술 마시다 말고 물 구경 하러 간다'는 대목에서였다. 여기서 물 구경이란 비 구경, 계곡 구경, 폭포 구경 등을 뜻한다. 나 역시 폭우가 예보되거나 실제로 폭우가 쏟아지는 날이면 산친구들에게 전화를 한다. 평소 서울 시내나 인근에는 볼만한 폭포가 없다. 하지만 비가 내리는 날이나 그다음 날이면 근사한 장관을 선사해준다. 내가 즐겨 찾는 물 구경 명소는 북한산 구천은폭, 관악산 문원폭포, 그리고 수락산의 은류폭포나 문암폭포다. 제주도에 산다면 당연히 엉또폭포를 보러 갈 것이다. 예나 지금이나 '놀기 좋아하는 사람들이 하는 짓'이란 별반 다르지 않다.

노무현 탄핵 사건이 준 뜻밖의 선물

노무현 탄핵결의안이 국회를 통과한 것은 2004년 3월 12일의 일이다. 이때부터 5월 14일, 헌법재판소가 탄핵소추안 기각 결정을 내릴 때까지, 대통령 노무현은 '개점휴업' 상태였다. 아무 일도 할 수 없었던 그는 울적한 심사를 달래려 매일 백악 기슭을 쏘다녔다. 어느 날 그는 백악의 한양도성을 넘어 지금의 신영동 부근에 이르렀는데 뜻밖에도 매우 아름다운 유적지와 마주친다. 그때까지도 '청와대 경호구역'으로 지정되어 있어 민간인들의 출입이 통제되던 지역이었다. 바로 오늘 우리가 돌아보게 될 백석동천이다.

장의사, 조지서, 세검정, 탕춘대, 석경루 등에 대하여 하염없이 수다를 떨고 갑론을박하던 일행들은 이제 백석동천을 향하여 발걸음을 떼어놓기 시작한다. 최근에 지은 신영정新營亭에서 현통사를 거쳐 백악의 북쪽 산자락으로 붙는 길이다. 조금만 고도를 높여도 자문 밖의 승경이 한눈에 들어온다. 북한산 향로봉에서 흘러내린 탕춘대성과 건너편의 인왕산이 손에 잡힐 듯하다. 이윽고 호젓한 산길을 한 굽이 돌아들면 이내 넓디넓은 별서정원 터가 거짓말처럼 펼쳐진다. 흡

백사실 계곡을 대표하는 바위글씨 '백석동천.' 오랜 세월 동안 청와대 경호구역으로 지정되어 일반인의 출입이 통제되던 이곳을 국민들에게 돌려준 사람은 '탄핵 심사 중의 대통령' 노무현이었다. 당시 문화재청장이었던 유홍준은 이 일대의 유적들을 깊이 연구하게 하여 새로운 사실들을 여럿 밝혀냈다.

사 남도 어느 깊은 산속의 그윽하고 쓸쓸한 폐사지에 와 있는 느낌이다.

이곳을 처음 알게 된 탄핵 심사 중의 대통령 노무현은 당시의 문화재청장 유홍준을 불러 말한다. “내 이곳을 청와대 경호구역에서 해제하여 문화재청에 넘겨줄 터이니, 당신은 이곳의 연원과 문화유적을 잘 연구하여 서울시민들에게 개방하시오.” 덕분에 이곳은 서울시민, 아니 대한민국 국민의 새로운 향유지가 되었다. 노무현의 업적 중 우리 ‘산에 다니는 사람들’에게 준 최고의 선물은 다음의 세 가지다. 백악의 한양도성 구간 개방, 인왕산 자락의 수성동 개방, 백악 자락의 백석동천 개방.

아무리 청와대 경호구역 안에 있었다 할지라도 ‘없던 곳’이 새로 생겨난 것은 아니다. 오래전부터 이곳 동네 사람들은 이곳을 ‘백사실 계곡’이라고 불러왔다. 그리고 잘못된 구전이 널리 퍼져 있었다. 바로 “백사 이항복이 주로 이곳에 와서 노닐었기 때문에 그의 호를 따서 백사실 계곡이라 부른다”는 것이다. 그러나 문화재청의 의뢰를 받아 이곳을 연구·조사한 학자들은 아무도 예상치 못했던 뜻밖의 사실을 세상에 내놓는다. 바로 이곳이 추사 김정희의 별서였다는 것이다.

이 아름다운 백석동천의 주인은 누구인가

현재 백석동천을 구성하고 있는 유물들은 그다지 많이 남아 있지 않다. 일단 별서 터를 중심으로 보면 크게 보아 두 개의 초석군礎石群이 있다. 하나는 'ㄱ'자 모양의 사랑채와 그 북쪽의 안채 그리고 주변 부속시설로 이루어진 초석군이고, 다른 하나는 그 남쪽에 있는 타원형의 연못과 육각정자(일명 백석정)로 이루어진 초석군이다. 여기에 덧붙여 '백석동천'과 '월암'이라는 바위글씨가 이 주변에 흩어져 있다.

매우 아늑하고 고즈넉한 공간이라는 데에는 동의하지만, 막상 전망은 그다지 훌륭하지 못하다. 보다 정확히 표현하자면 전망 따위는 아예 존재하지 않는다고 해야 옳을 듯하다. 그만큼 백악의 북쪽 기슭에 마치 어머니의 자궁처럼 폭 싸여 있는 숨은 공간인 것이다. 하지만 초석군의 규모와 분포로 볼 때 매우 웅장하고 품위 있는 별서가 존재했었다는 사실에는 의문의 여지가 없다. 한양도성을 살짝 벗어난 이 비밀의 공간에 이 정도 규모의 별서를 짓고 소유했던 인물은 과연 누구일까?

일단 백사 이항복은 이 공간과 어떠한 관계도 없다는 것은 이미 확인된 사실이다. 대부분의 백석동천 관련 논문에서는 허필許佖을 한때의 주인으로 본다. 그는 숙종 때부터 영조 때까지 살았던 문인이자 서화가로서 강세황姜世晃의 절친한 벗

백석동천의 별서 터. 한양도성과 매우 가까운 이곳에 이만한 크기의 별서를 소유할 수 있었던 사람은 누구였을까. 여러 차례 주인이 바뀌었지만 가장 확실한 근거를 확인할 수 있는 사람은 추사 김정희의 부친 김노경이었다. 한국산서회 인문산행팀은 추사 이후의 주인이 애사 홍우길이었음을 밝혔다.

으로 알려져 있다. 하지만 우리는 이러한 주장의 논거가 매우 빈약하다고 생각한다. 우리는 이광려李匡呂와 박규수朴珪壽의 시에서 이곳의 주인인 듯 묘사한 '허씨' 혹은 '허진인'이 혹시 미수 허목眉叟 許穆이 아닐까 추정하고 있지만, 이 역시 명확한 논거를 대기 힘들다. 이 문제에 관한 한 더 깊은 연구와 고증이 필요할 듯하다.

추사 김정희가 한때 이곳의 주인이었다는 사실은 2012년 문화재청 소속 국립문화재연구소가 공식 발표한 내용이다.

추사가 북서北墅라고 표현한 이곳을 우리는 실제로 그의 부친 김노경金魯敬이 소유했을 것으로 본다. 물론 추사도 자주 드나들었을 것이다. 더 나아가 우리는, 현재 과천의 추사박물관 앞에 재현해놓은 '과지초당'이 어쩌면 이곳 백석정을 일컫는 것이 아니었을까 의심하기도 한다. 추사의 시 〈가을날 과지초당에 거듭 이르다〉 중에서 제3행 "삼봉 빛은 반가이 맞이해주고款款三峯色"의 삼봉이 혹시 삼각산(북한산)을 가리키는 표현이 아닌가 추정하는 것이다. 이 역시 보다 깊은 연구와 고증이 필요하다.

추사 이후 이곳의 주인은 애사 홍우길靄士 洪祐吉이었다는 것이 우리의 새로운 주장이다. 조면호가 당대의 예조판서 홍우길이 백석실에 머물고 있다는 이야기를 듣고 백석동천을 방문하여 쓴 시를 보면 이 사실은 명확해 보인다. 백석동천 혹은 백석실은 그렇게 유구한 세월을 돌고 돌아 현재 우리 앞에 제 모습을 드러낸 것이다. 참가자들은 백석동천의 초석군 및 그 주변 공터에 옹기종기 모여 앉아 봄날의 햇볕을 만끽하며 조촐하고 소박한 점심 식사를 한다. 시간이 제법 흘렀건만 아무도 먼저 일어날 생각을 하지 않는다. 그만큼 아름다운 봄날의 소풍이다.

자하문을 통과하여 인왕산 청풍계를 향하여

세검정과 백석동천에서 너무 오래 지체한 탓에 점심을 마치고 일어서니 오후도 많이 기울었다. 능금마을을 지나 북악스카이웨이 아랫길을 따라 자하문 쪽으로 나아간다. 예로부터 서울의 봄을 알리는 전령으로는 두 가지를 손꼽았다. 하나는 홍릉수목원의 복수초요 다른 하나는 백석동천의 도롱뇽이다. 과연 능금마을 아래 계곡에는 이제 막 알을 깨고 나온 도롱뇽들이 부산하게 움직이고 있다. 분명히 봄이 오긴 온 것이다.

능금마을의 유래를 알리는 표지판이 눈에 띈다. 조선 후기에 중국으로부터 들여온 능금을 심기 시작한 데서 마을의 이름이 유래하였다는 해설이다. 그런데 과연 누가 능금을 들여왔을까? 바로 지난번 인문산행 송계별업의 주인공 인평대군이다. 물론 그 이전에도 조선에는 토종 사과가 있었다. 인평대군은 중국산 능금의 씨를 가져와 이곳에 심었다. 하지만 현재에는 마을 이름이 무색하게 능금나무 한 그루 발견하기가 쉽지 않다.

흙길을 벗어나 아스팔트길로 접할 즈음 어디선가 눈에 익은 멋진 양옥 별장이 눈에 들어온다. 바로 박범신 원작의 장편소설을 정지우가 각색하여 영화로 만든 〈은교〉(2012)의 촬영지다. 홍상한이니 홍우길이니 낯선 인명들(?)에 치여 조용했던 참가자들이 돌연 눈빛을 빛내며 카메라 셔터 누르기에 여념이 없다. 바야흐로 영상의 시대가 도래한 것이다. 이곳에서부터 자하문까지는 백악의 소문난 능선이다. 걷는 내내 오른쪽으로는 북한산이, 저 건너편으로는 인왕산이, 바로 왼쪽 머리 위로는 백악이 그 멋진 산세를 뽐내며 도열한다.

자하문은 백악과 인왕의 경계선이다. 인조반정의 무리들이 홍제원에서 모여 한양도성으로 쳐들어갈 때 통과한 문이 바로 이 자하문이다. 자하문을 통과하여 인왕산으로 붙자 제일 먼저 일행들을 반기는 것은 '윤동주문학관'이다. 바로 위에는 '윤동주 영혼의 터'와 '윤동주 시인의 언덕'이 있다. 일행들은 모처럼 윤동주의 시를 읊조리고, 발아래 펼쳐진 서울 시내를 내려다보며, 새삼 우리에게 산이란 무엇인가를 되짚어본다.

잠시 숨을 고른 일행은 이제 인왕산의 심장이자 가장 깊숙한 계곡인 '청풍계'의 상단을 향하여 성큼성큼 걸어 들어간다. 단언컨대 청풍계야말로 조선시대를 대표하는 '정치사상과 문학예술의 진원지'다. 이 놀랍고도 기념비적인 장소에 그를 기리는 팻말 하나 없다는 것은 우리 시대의 무지요 치욕이라 아니할 수 없다.

우리에게는 갈 길이 멀다. 한국산서회와 함께하는 인문산행은 계속 앞으로 나아갈 것이다.

비 오는 날에는 바위글씨를 보러 가자

귀록의 도봉산행과 겸재의 묘소를 찾아서

새벽부터 비가 내렸다. 한국산서회의 인문산행은 본래 매월 첫째 주 토요일에 진행한다. 하지만 5월의 첫 번째 토요일이 어린이날이었던 관계로 한 주 늦췄는데 하루 종일 비가 온다니 난감하다. 신설동과 우이동을 연결하는 우이동 경전철 종점에 집결한 주최 측은 참가자들이 산행을 포기하고 불참할까 봐 전전긍긍이다. 하지만 참가자들은 의연했다. 쉬지도 않고 쏟아지는 빗속을 뚫고 도착한 참가자들은 우회로를 운운하는 주최 측의 제안을 마다하고 어서 산에 오르자며 발길을 재촉한다.

돌이켜 보니 우리가 오늘의 코스를 미리 다녀왔던 지난 사전답사 때에도 비가 왔다. 그날도 고어텍스 재킷만으로는 모자라 종일 우산을 쓰고 돌아다녔던 기억이 선명하다. 이럴 경우에는 꿈보다 해몽이 중요한 법. 우리는 대책 없는 낙천주의자처럼 오늘의 우중산행에 제멋대로 의미를 부여한다. 아마도 귀록과 겸재가 잊혔던 자신들의 별서와 묘소를 찾아준 우리 후손들이 고마워 기쁨의 눈물을 흩뿌려주고 계신 것이 아닐까?

우중산행만이 가져다주는 분명한 특혜도 있다. 맑은 날에도 우리는 바위글씨를 보러갈 때면 수통에 물을 넉넉히 채워간다. 희미한 바위글씨 위로 물을 뿌려야 그 획들을 선명하게 감상할 수 있기 때문이다. 하지만 오늘은 그럴 필요가 없다. 우리는 도봉산 남쪽 자락의 이 계곡과 저 능선에 숨겨진 바위글씨들을 보러 간다. 빗물을 머금은 채 확연하게 자신을 드러낼 아름다운 바위글씨들을 만나기 위하여 빗줄기 속으로 힘차게 발걸음을 내딛는다.

원통사의 '상공암'은 누구와 연관된 바위글씨인가

오늘 감상할 가장 웅혼한 바위글씨는 오늘의 산행코스 중 가장 높은 곳에 위치해 있다. 바로 암벽등반 대상지로 유명한 우이암 아래, 탁 트인 전망을 가진 명당에 자리 잡은 원통사圓通寺다. 우이암牛耳巖(542미터)은 도봉주능선상에 우뚝 솟아 있는데, 이 바위로부터 우이동이라는 동명洞名이 유래했다고 전해지지만, 아무리 사방팔방에서 뜯어보고 심지어 기어 올라가서 살펴보아도 도무지 소의 귀牛耳처럼 생겼다고는 보기 힘들다. 우리는 우이암의 봉명峯名에 대하여 이견을 가지고 있지만 상세한 논증은 다음 기회로 미룬다.

우이암에서 경전철 북한산우이역쪽(남쪽)을 향하여 완만하게 흘러내리는 능선을 우이남능선이라 부른다. 오늘 우리는 우이남능선을 따라 원통사에 오른다. 오월의 신록에 맑은 빗방울들이 흩뿌려지며 신비한 운무들이 시야를 감싸니 선경 속을 헤매는 느낌이다. 반 시간 정도 걸으니 벌써 고어텍스 재킷이나 우비 아래로 땀이 차고 흘러내려 더울 지경이다. 겉옷을 재정비하고 내처 걸으니 한 시간 남짓 지나서 원통사에 도착한다.

원통사로 들어서는 길목에는 아름드리 소나무들이 도열해 있어 언제 가봐도 장관이다. 본래 이곳에서 내려다보는 서울 시내의 모습이 또한 장관인데 오늘은 운무가 끼어 보이지 않는다. 원통사 경내의 약사전이 올라서 있는 바위가 거북바위다. 그 바위에 굵고 힘찬 필치로 뚜렷이 새겨져 있는 '상공암相公岩' 바위글씨를 보러 간다. 태조 이성계가 조선을 건국할 즈음 이곳에서 산신께 백일기도를 올렸는데, 기도를 마치던 날 "천상의 상공(정승)이 되어 옥황상제를 배알하는 꿈을 꾸었다"고 하여 새긴 글씨라고 전한다. 약사전에서 조금 더 위

도봉산 원통사 거북바위에 새겨져 있는 바위글씨 '상공암.' 조선의 태조 이성계가 이곳의 산신께 백일기도를 올린 후 새겼다는 이야기가 전한다. 실제로는 조선 영조 재위 기간에 서명균, 조현명, 정이검 등이 이곳을 자주 찾아왔기에 새겨진 것으로 본다.

로 올라가면 이성계가 기도를 올렸던 석굴이라는 나한전도 만날 수 있다.

이런 종류의 속전俗傳을 어떻게 받아들여야 할까? 역사

학자 이이화는 그의 역저《역사 속의 한국불교》(역사비평사, 2002)에서 이런 종류의 스토리텔링을 '상징조작'이라고 명명했다. 즉 권력의 필요에 따라 민중들을 설득하고자 만들어낸 일종의 여론조작이라는 것이다. 더 나아가 권력이 아니라 민중이 스스로 만들어내는 경우도 있고, 특정 종파 혹은 특정 정파가 만들어내는 경우도 있다. 나는 이런 종류의 스토리텔링을 '불교마케팅'이라고 부른다. 그리고 이 홍보전략(마케팅)의 단골 출연자들은 널리 알려진 대로 원효, 의상, 도선, 왕건, 이성계 등이다.

오해 없기 바란다. 나는 이런 종류의 '상징조작' 혹은 '마케팅'을 폄하하거나 무시할 생각이 전혀 없다. 스토리텔링은 스토리텔링일 뿐이며, 그 자체로서 나름의 존재의의를 가진다. 다만 그것을 '역사적 사실'로 받아들이거나 논쟁의 대상으로 삼는 것은 무리라고 생각할 뿐. 그런 맥락에서 상공암 바위글씨를 이성계가 썼다는 저간의 스토리텔링은 잠시 잊자. 우리는 보다 명확한 근거를 가지고 이 바위글씨를 논하고 싶다. 그것이 우리가 이렇게 쏟아지는 빗속에서도 인문산행을 계속하는 이유다.

영조 탕평책의 집행자 조현명이 남긴 자취들

관암 홍경모冠巖 洪敬謨는 그의 조부인 홍양호와 더불어 '우이구곡'을 경영하고 찬미한 것으로 유명한데, 그가 남긴 〈상공암부相公巖賦〉에는 이 바위글씨에 대한 상세한 기록이 전한다.

> 도봉산 원통사에 있는 바위인데, 천길의 높이로 우뚝 서 있다. 수많은 골짜기들을 굽어보며, 위로는 가히 십여 명이 앉아, 술잔을 기울이고 읊조리면서 멀리 바라볼 수 있다. 대개 서명균, 조현명, 정이검이 여기에 놀러 왔기에 그렇게 이름 지었다. (국역 이수인)

이 세 명의 인물 중에서도 우리가 특히 주목하는 것은 귀록 조현명歸鹿 趙顯命이다. 그는 지난해의 인왕산 인문산행에서도 이춘제李春躋의 〈서원아회기西園雅會記〉 및 겸재 정선의 〈옥동척강玉洞陟崗〉 속 주인공으로 한참 화제가 되었던 인물인데, 오늘 이렇게 또다시 마주치게 되어 새삼 반갑다. 우리가 '상공암 바위글씨는 조현명과 연관된 것'이라 여기는 근거는 다음과 같다. 첫째, 위에 인용한 홍경모의 〈상공암부〉. 둘째, 조현명의 거주지가 이 산자락 아래 동네인 양주목 해등촌海等村(현재의 도봉구 방학동 일대)이었다는 것. 셋째, 이곳에서 멀지 않은 곳에 그의 정자인 명오정(귀록정)이 있었다는 것.

조현명에 대한 이야기를 좀 더 깊이 있게 풀어놓으려 할 즈음 배에서 꼬르륵 소리가 난다. 점심 먹을 때가 된 것이다. 비를 피하여 법당 처마 아래 궁색하게 선 채로 도시락을 꺼내려는데 뜻밖에도 원통사 측에서 너그러운 제안을 해온다. 마침 요사채가 비어 있으니 모두 그 안으로 들어와 식사를 하도록 허락해준 것이다. 따끈한 온돌방에 들어가 앉으니 비에 젖은 옷들이 금세 말라간다. 요사채 처마에 듣는 빗방울 소리가 소박한 식사에 그윽한 정취를 더해준다. 식사를 끝내니 원통사 측에서 따뜻한 보이차까지 아낌없이 내준다. 일행들은 빗길을 헤치고 올라온 덕에 부처님의 자비를 몸소 체험하게 되었다며 해맑게 웃는다.

조현명의 귀록정 터에 남겨진 바위글씨들

엉덩이는 온돌에 달구어져 따뜻하고 배 속은 보이차에 데워져 따뜻하니 도무지 일어날 엄두가 나지 않는다. 부슬부슬 하염없이 내리는 봄비를 바라보며 그렇게 한동안 원통사에 머물던 일행은 이내 배낭을 지고 일어나 하산길에 접어든다. 조현명이 54세가 되던 해인 1744년(영조 20년)에 지었다는 명오정名吾亭 터를 둘러보기 위해서다. 조현명의 호가 '돌아온 사슴'을 뜻하는 귀록이고, 명오란 '나 자신을 이름한다'는 뜻이니, 명오정을 때때로 귀록정이라 지칭한 것은 이상한 일이 아니다.

우이남능선을 따라 내려오다 보면 왼쪽의 방학동으로 빠지는 지능支陵이 있다. 동네 사람들은 이것을 방학능선이라 부른다. 우이남능선과 방학능선 사이에 도톰하게 솟아 있는 둔덕이 시루봉(122미터)이다. 귀록정 터는 바로 이 시루봉의 동남계곡에 있다. 하지만 아마도 초행자들은 이 자리를 찾아내지 못할 것이다. 조현명이 자신의 시문에서 그토록 멋진 표현으로 노래했지만, 실제의 계곡은 초라하다 못해 너무 하찮아 보일 지경이어서 그 곁을 지나간다 해도 눈길 한번 주기가 어렵다.

귀록정 터에는 주춧돌 하나 남아 있지 않다. 그저 계곡 옆에 자그마한 정자 하나 들어설만한 공터가 보일 뿐이다. 그럼에도 우리가 이곳을 귀록정 터로 비정하는 이유는 전적으로 바위글씨들 덕분이다. 공터 주변의 계곡을 이루고 있는 바위들 위에 '귀록계산歸鹿溪山'과 '와운폭臥雲瀑'이라는 바위글씨가 선명하다. 우중산행 덕분에 계곡물은 제법 콸콸 소리를 내며 힘차게 흐르고, 바위글씨는 이제 막 인쇄라도 끝낸 듯 더없이 또렷하게 드러난다. 참가자들은 이 멋진 야외예술작품들을 정성스럽게 카메라에 담느라 여념이 없다.

조현명은 영조 시대 최고의 권력자요 정치인이었다. 그와 영조의 인연은 일찍이 경종 1년(1621)에 시작된다. 연잉군(훗날의 영조)이 왕세제로 책봉되었을 때 그를 가장 열성적으로

도봉산 시루봉 기슭의 작은 계곡에 남아 있는 바위글씨 '귀록계산.' 영조 시대의 영의정으로 강력한 탕평책을 집행했던 조현명의 호가 귀록이다. 이 '귀록계산' 바위글씨가 새겨진 일대에 그의 작은 정자 명오정(귀록정)이 들어서 있었다. 그의 거주지도 바로 이곳 시루봉 아래에 펼쳐져 있던 양주목 해등촌이다.

보호했던 인물이 바로 조현명이다. 영조는 즉위하자마자 조현명 형제를 요직에 발탁한 뒤 즉각 탕평책을 시행한다. 조현명은 소론 집안 출신이었지만 노론계 인사들과도 깊은 교분을 나누고 있었기에 이러한 특명을 집행하기에는 적격인 인물이었다. 조선 후기에 정치가 가장 안정되고 문화예술이 꽃피었다고 평가되는 영·정조 시대가 열린 데에는 탕평책의 역할이 컸다. 그리고 그 탕평책의 가장 강력한 집행자가 당시의 영의정 조현명이었던 것이다.

이토록 한 시대를 호령했던 인물이건만 그의 내면은 의외로 맑고 소박했다. 그러니까 이 볼품없는 계곡에 작은 정자를 짓고 온 세상을 다 얻은 듯 기뻐했으며, 틈만 나면 인왕산이며 도봉산의 바위에 올라 시를 짓고 풍류를 즐겼던 것이다. 그가 자호自號한 '귀록' 자체가 그의 성품을 그대로 드러낸다. 사슴이란 신선이 타고 다니는 동물이다. 그는 속세에서는 정쟁에 몰두했으나 산속에 들면 신선이 되고자 했다. 그 간절함이 오죽했으면 '사슴이 돌아오는 계곡과 산歸鹿溪山'이라는 글씨를 써서 바위에 저리 깊이 새겼겠는가.

시루봉 기슭의 바위글씨들과 동악의 별서 터

비는 그칠 기색을 내비치지 않는다. 일행들 역시 날이 갤 것이란 기대 따위는 접어둔 지 오래다. 형형색색의 우비를 걸치고 우산을 든 일행들이 시루봉 자락의 산허리를 휘감아 도는 모습이 그 또한 장관이다. 산모롱이를 돌아드니 묘지들이 산재해 있다. 대개 십자가가 그려져 있고 성聖 아무개라고 새겨진 묘비석들이 세워져 있다. 이곳의 공식명칭은 '천주교 혜화동성당 방학동묘원'인데 흔히들 줄여서 '천주교 묘지'라고 부른다.

앞서 걷던 조장빈이 돌연 멈추어 서더니 이 근처에서 바위글씨를 찾아보라 한다. 조금 전에 살펴보았던 귀록정 터만큼

도봉산 기슭에 자리 잡은 천주교 혜화동성당 방학동묘원 안에서 찾아볼 수 있는 바위글씨 세 개. 맨 위는 '달맞이 놀이를 하는 바위에서 흐르는 세 줄기 폭포'라는 뜻의 '연월암삼폭', 가운데는 '비스듬히 누운 폭포'라는 뜻의 '와폭', 아래는 '계곡의 물과 바위'라는 뜻의 '계수석.' 누가 언제 조성한 바위글씨인지는 확인할 수 없다.

이나 작은 물줄기가 졸졸 흘러내리는 곳이다. 독립된 계곡이라 부르기엔 규모가 너무 작다. 사방을 두리번거리던 일행들이 포기를 선언할 즈음 조장빈이 한 바위를 가리킨다. 거기 거짓말처럼 바위글씨가 새겨져 있다. 단아한 예서체가 빛을 발하는 '연월암삼폭延月巖三瀑'이다.

'연월암'이란 '달맞이 놀이를 하는 바위'라는 뜻이고 '삼폭'이란 물론 '세 줄기의 폭포'를 뜻한다. 이 바위글씨 아래로 작은 낙폭의 물줄기가 흐른다. 폭포라고 하기엔 너무 초라하다. 나머지 두 줄기의 폭포도 위아래에 산재해 있다. 언제 누가 새긴 것인지는 확인할 수 없다. 이곳에서 조금 더 발품을 팔면 두 개의 바위글씨를 더 볼 수 있다. 바로 '와폭臥瀑'과 '계수석溪水石'인데, 계수석의 '계溪 자' 부근 바위가 조금 부서져 있다. 역시 그 유래는 확인할 수 없다.

이곳 천주교 묘지 일대의 너른 땅은 본래 능성 구씨의 소유였다. 양모養母를 여의고 난 다음 이곳에서 3년 동안 시묘살이를 했던 동악 이안눌東岳 李安訥이 이 땅을 유산으로 물려받았다. 그의 양모가 능성 구씨 출신이었던 것이다. 훗날 정조 시대의 문신 서명응徐命膺에 의하여 시신詩神이라고까지 칭송받았던 동악은 성당풍盛唐風의 기조를 띤다는 평가를 받는 시인이자 문신이었다. 저 유명한 남산의 '동악시단'을 이끌었던 바로 그 동악이다.

우리는 천주교 묘지의 한 귀퉁이에서 동악 이안눌의 별서가 있었다고 추정되는 곳을 찾는다. 현재에는 일반 천주교신자였던 조요셉 님의 묘소가 들어서 있는 곳이다. 동악의 별서터임을 증명할만한 유물들은 남아 있지 않다. 다만 제작연대를 가늠할 수 없는 바위 바둑판만이 묘소의 한편에 박혀 있을 뿐이다. 바둑판에 새겨진 19칸의 금마다 종일 내리는 빗물이 그득하다. 옛사람들의 풍류와 세월의 무상함이 가슴에 저며 든다.

이제 천주교 묘지를 벗어나 우향우를 한 다음 마지막 바위글씨를 감상하려 발길을 옮긴다. 바로 풍천장어로 유명한 '장어명가'와 '카페 306' 아래의 자그마한 바위에 새겨진 '명월동문明月洞門'이다. 이 역시 누가 언제 새겼는지는 알 수 없다. 다만 조금 전에 감상한 '연월암삼폭'과 연결하여 상상해 볼 때 이 일대가 달맞이 명소로서 매우 유명했음을 짐작할 수 있을 뿐이다. 멋진 해서체로 휘갈겨 쓴 글씨는 누가 보아도 명필의 작품이다.

겸재 정선은 어디에 누워 있는가

이번 인문산행의 단초를 제공해준 것은 손암 정황巽菴 鄭榥의 그림 〈양주송추楊洲松楸〉(겸재정선미술관 소장)다. 손암은 누구인가? 바로 조선 후기 진경산수화의 대가로 알려진 겸재 정

겸재 정선의 손자인 손암 정황의 진경산수화 〈양주송추〉(겸재정선미술관 소장). 송추란 '조상의 선영이 있는 곳'을 뜻한다. 손암이 자신의 조부인 겸재의 묘소가 있는 곳을 그림으로 그려 후세에 전한 것이다. 한국산서회 인문산행팀은 이 그림을 근거로 하여 실제로 겸재의 묘소가 있었던 곳이 어디인지를 찾아낼 수 있었다.

선의 손자다. 오래전의 한 미술평론가는 이 그림을 두고 "경기도 양주의 송추에서 바라본 도봉산과 북한산을 그린 것"이라고 해설했다. 그리고 이 잘못된 견해는 끝없이 확대 재생산되어 정설처럼 굳어져왔다.

하지만 도봉산과 북한산의 지형지세에 익숙한 사람이라면 이 그림을 들여다보며 고개를 갸웃거리게 된다. 그림의 왼편에 묘사된 것이 북한산이고, 그림의 오른편에 묘사된 것이 도봉산이다. 인수봉의 귀바위는 북한산을 묘사할 때 자주 등장하는 형상이다. 그림의 왼편 바위 위에 그 귀바위의 모습이 뚜렷하다. 만약 이 그림이 '송추 쪽에서 바라본 도봉산과 북한산'이라면 귀바위가 그려진 북한산은 오른쪽에 묘사되어 있어야 한다. 이게 도대체 어찌된 일인가?

그림과 같은 구도로 도봉산과 북한산을 바라보려면, 우리는 경기도 송추가 아니라 서울시 도봉구에 있어야 한다. 현재 덕성여대 캠퍼스가 들어서 있는 쌍문동 즈음이다. 그렇다면 널리 퍼져 있는 잘못된 견해의 오류는 무엇인가? 첫째, 양주를 너무 좁게 해석했다. 예전에는 양주의 범위가 넓었다. 현재의 도봉구도 대부분 양주에 속해 있었다. 둘째, 송추란 현재의 경기도 양주시 장흥면 일대를 뜻하는 고유명사가 아니다. 그것은 일반명사로서 '조상의 선영先塋이 있는 곳'을 뜻한다.

송추松楸의 '송松'은 소나무이고 '추楸'는 개암나무 혹은 가래나무인데, 본래 묘지 부근에는 이 두 종류의 나무를 심는 것이 정석이다. 따라서 〈양주송추〉란 '양주에 있는 선영의 묘지'를 그린 것이다. 이 사실을 처음 깨달았을 때 우리는 전율했다. 이 그림은 바로 손자인 손암이 조부인 겸재의 묘소가 어디에 있는지를 그려놓은 것이다! 그림을 자세히 들여다보면 4개의 묘소와 성묘를 마치고 돌아가는 일행의 모습도 보인다. 게다가 이 그림은 진경산수화이니 이제 겸재의 묘소를 찾는 것은 시간문제다!

지난해 한국산서회의 월례회의에서 조장빈이 이 주제에 대한 연구를 발표한 이후 우리는 뻔질나게 도봉산 일대를 뒤졌다. 겸재의 사후 무려 250여 년이 지난 다음, 그의 손자인 손암이 그린 〈양주송추〉의 진경산수화를 마치 보물지도처럼 손에 들고서. 그의 그림이 워낙 사실적이어서 묘소의 위치를 비정하는 것은 어렵지 않았다. 그리고 오늘, 우리는 자부심에 가득 차서, 참가자들에게 겸재가 마지막으로 누운 곳을 처음으로 공개한다.

그곳은 북한산둘레길의 왕실묘역 구간과 가깝다. 현재의 우이그린빌라 위쪽의 작은 능선에 있다. 행정구역상으로는 도봉구 쌍문동에 속한다. 우리가 비정한 묘소의 위치에서 조금 떨어진 곳에 멋진 소나무가 한 그루 서 있다. 동네 사람들의 휴식처가 된 듯 허름한 의자들도 네댓 개 널려 있는 아늑한 공간이며, 북한산을 바라보는 전망이 탁 트인 멋진 곳이다. 아마도 겸재 역시 살아생전에 자신의 유택幽宅을 이곳으로 정한 다음 흐뭇해했을 것이다. 오늘은 하루 종일 내리는 비로 시야가 흐리다.

사전답사를 왔을 때 우리는 이곳에서 겸재에게 술을 한잔 올렸다. 그의 묘소를 찾게 해준 손자 손암에게도 연거푸 술을 올렸다. 언젠가는 이곳에 겸재를 위한 기념관이나 박물관이 들어섰으면 좋겠다는 단꿈도 꾸었다. 참가자들에게 우리의 포부를 전하자 모두 묵묵히 고개를 끄덕거렸다. 이렇게 많은 사람이 찾아와준 것에 대하여 겸재가 표하는 기쁨의 눈물인 양 빗줄기는 여전히 잦을 줄을 모른다.

안양의 이름이 여기에서 비롯되다

삼성산의 안양사지와 삼막사를 찾아서

인문산행 날 아침, '관악역'에 모인 참가자들 중 많은 사람이 역명驛名에 대하여 고개를 갸웃거렸다. 처음 그 이름을 듣고는 서울의 관악산 아래에 새로 생긴 역인가 보다 했다는 것이다. 나 역시 이 역명은 오해를 불러일으킬 소지가 있다고 생각한다. 물론 관악산冠岳山(629미터)은 서울시의 관악구·금천구와 경기도 안양시·과천시에 걸쳐 있는 산이며, 이곳이 안양시에 속하므로 '범凡관악산 자락'이라 불러도 무방하지만, 그리고 심지어 '관악산 둘레길'이 통과하는 구간이기도 하지만, 아무래도 통념상의 관악산과는 너무 멀리 떨어져 있다. 관악역 측은 스스로도 그것이 약간 민망했던지 괄호 안에 수줍게 이명異名을 부기하였는데 바로 '안양예술공원'이다.

안양예술공원? 이 역시도 대부분의 참가자에게 생소한 이름이다. 내가 “예전의 안양유원지”라고 부연하자 비로소 고개를 끄덕인다. 오늘 우리가 찾아갈 삼성천 변에 ‘안양풀장’이 문을 연 것은 1930년대의 일이다. 이후 1960년대의 휴가철이면 하루 4만 명 이상의 피서객들이 찾아오곤 하던 곳이 바로 안양유원지였다. 서울 근교에서 가장 유명했던 유원지 중의 하나다. 50대 이상의 참가자들이 저마다 ‘어린 시절 부모님의 손을 잡고 놀러 왔었던 기억’들을 떠올리며 추억담을 늘어놓으니 때 아닌 웃음꽃이 피어난다.

신라 말기의 중초사와 고려 건국 직전의 안양사

관악역에서 오늘의 첫 번째 답사지인 ‘안양사지’까지는 1킬로미터가 조금 넘는다. 한여름 오전의 뙤약볕을 담뿍 맞으며 한참을 걸으니 이내 ‘안양박물관’의 대문이 나타난다. 이 지역의 문화유적들은 최근 수년간 급격한 변명變名과 변화를 이루어 차분히 설명하기가 매우 어렵다. 아무래도 가장 오래된 유적부터 시작하여 연대순으로 짚어나가는 것이 가장 이해하기 쉬울 듯하다.

대문을 통과하자마자 맨 먼저 왼편에 등장하는 것이 중초사지 당간지주다. 당간지주란 널리 알려져 있다시피 절의 입구에 불교용구인 당幢(주로 깃발이나 탱화의 형태를 가진다)을 걸기 위해 만들어놓은 지주대를 뜻한다. 이곳 중초사지 당간지주는 특이하게도 명문銘文이 새겨져 있어 제작연대와 제작자 등을 분명히 알 수 있는데 이는 국내에서 유일한 사례다. 명문에 따르면, 신라 흥덕왕 1년(826) 8월에 공사를 시작하여 이듬해(827) 2월에 완성했다고 하며, 공사의 지휘자와 석공들의 이름까지 상세하게 적혀 있다. 즉 이곳은 통일신라 말기에 중초사가 들어서 있던 곳이다.

중초사가 이후 어떻게 쇠락하였는가에 대한 기록은 찾을 수 없다. 하지만 나말여초에 해당하는 900년경, 매우 중요한 사건이 벌어진다. 통일신라의 국운이 쇠하고 후백제와 후고구려가 난립하여 이른바 '후삼국시대'에 접어들던 그즈음, 궁예의 부하로서 남쪽 지방 정벌에 나섰던 왕건이 이곳 삼성산 자락을 지나올 때, 산모롱이에 오색구름이 영롱한 것을 보고 기이하게 여겨 말을 멈춘다. 그 오색구름이 피어나던 곳에서 만난 승려가 능정이다. 능정은 왕건에게 "이곳에 절을 세우면 백성들의 마음이 편안해지고 몸이 건강해질 것이다"라고 제안하고, 왕건은 쾌히 이를 받아들인다. 그런 연기설화를 바탕으로 세워졌다고 여겨지는 절이 바로 안양사다.

'안양安養'이란 불교적 개념의 용어다. 마음이 편안安하고 몸이 건강養하다면 그곳이 곧 서방세계, 즉 극락정토가 아니겠는가. 고려 건국 이전의 왕건이 변방의 승려(능정)를 만나의기투합한 결과 나라의 안녕을 기원하는 절을 세웠다는 이야기 역시 의미심장하다. 실제로 왕건은 900년에 안양사를 세운 이후 18년만인 918년에 고려를 건국하고 태조에 오른다. 하지만 여기까지는 아직도 '이야기'에 불과하다. 그 물증을 찾을 수 없었던 것이다.

고려 태조 왕건이 세웠다는 안양사의 존재 자체에 대해서는 의심의 여지가 없다. 고려시대를 다루는《도은집陶隱集》, 《대각국사문집大覺國師文集》,《대동금석서大東金石書》,《고려

안양박물관 정문으로 들어서자마자 만나는 중초사지 당간지주. 제작연대와 제작자 등이 명기된 국내 유일의 당간지주다. 신라 말기의 중초사가 들어서 있던 이곳에 고려 건국 직전의 왕건이 안양사를 세웠다.

사》는 물론이거니와《조선왕조실록》과《신증동국여지승람》에도 안양사와 관련된 기록이 대거 수록되어 있다. 문제는 안양사의 실제 위치가 어디인가에 대한 고증이다. 일부 향토사학자들은 오늘 우리가 방문할 '절터골'이 원래 안양사가 있던 곳이라고 주장하기도 한다. 하지만 물증을 제시할 수 없는 한 그 모든 주장은 가설일 뿐이다

유특한과 김중업 그리고 안양사 명문 기와

이후 현재의 안양사지는 단지 문헌상에만 존재할 뿐 세인의 관심에서 잊혀갔다. 이곳에 극적인 변화가 찾아온 것은 1959년의 일이다. 유한양행을 설립한 유일한의 동생 유특한이 형의 사업체로부터 독립하여 유한산업주식회사를 설립한 것은 1953년의 일이다. 이후 그는 1957년에 회사 이름을 '유유산업'으로 개칭하고 신사옥에 해당하는 안양공장의 설계를 당대 최고의 건축가였던 김중업에게 맡긴다. 김중업의 설계에 따라 건축된 유유산업 안양공장이 안양사지에 들어선 것이 1959년이다.

유특한과 김중업은 이렇게 간략하게 짚고 넘어가기에는 너무 훌륭한 인물들이다. 유특한은 그의 형 유일한과 더불어 한국에서는 예외적으로 '존경받는 기업인'이다. 제약회사였던 유유산업은 유비타, 비타엠, 비나폴로 등의 스테디셀러를

내놓으며 크게 성공하였고, 종업원지주제, 우리사주조합, 노동조합 등을 누구보다도 빨리 도입하여 이른바 '노사상생'의 모범을 일찌감치 선보였던 앞선 기업이다.

김중업은 한국 근현대 건축사의 산증인이다. 일찍이 프랑스로 유학을 떠나 세계적인 거장 르코르뷔지에Le Corbusier의 문하에서 공부하였던 그는 귀국 후 삼일빌딩, 주한 프랑스대사관, 88올림픽 평화의 문 등의 걸작을 남겼으며 후학 양성에도 많은 힘을 기울인 인물이다. 다만 박정희 정권 말기에 새마을운동이나 와우아파트 붕괴사건 등에 대하여 고언苦言을 내뱉은 업보로 추방당하여 거의 망명 생활을 했던 까닭에 뼈아픈 공백기를 가질 수밖에 없었다. 그의 공백기를 틈타 전면으로 떠오른 건축가가 바로 김수근이다. 그래서 이후 한국의 건축계는 김중업계와 김수근계로 크게 양분되어 오늘날에 이른다.

유특한의 유유산업은 이곳에서 거의 50년 가까운 세월을 보낸다. 그리고 2006년, 공장을 충북 제천으로 이전할 계획을 세운다. 이 폐공장 부지를 구입한 것이 안양시다. 본래는 몇몇 건물들을 철거하고 간략한 리모델링을 한 후 시민공원으로 만들 계획이었다. 그런데 철거 도중 본의 아닌 발굴과정에서 놀라운 유물들과 마주친다. 바로 '안양사'라는 한문이 명확하게 새겨진 명문 기와가 출토된 것이다. 문헌상에만 존

김중업이 설계하고 유특한이 건립한 유유산업이 이전한 뒤 폐공장 부지 리모델링 사업을 진행하던 중 발견된 안양사 명문 기와. 문헌 속에만 존재하던 안양사의 실제 위치를 확정할 수 있게 해준 귀중한 증거다. 이후 이 일대에 안양박물관과 김중업건축박물관이 들어섰다.

재하던 안양사가 우리들의 눈앞에 현존하게 된 역사적인 순간이었다.

이후 유유산업 폐공장 부지는 놀라운 변화를 겪는다. 유유산업의 사무동이었던 건물은 '김중업건축박물관'이 되었다. 유유산업의 생산동이었던 건물은 '안양박물관'이 되었다. 안양박물관이 개관한 것은 2017년 9월의 일이다. 공장 부지에서는 발굴을 계속한 결과 금당지, 강당지, 설법당 등 옛 안양사의 속살들이 그대로 드러났다. 이 모두가 '안양사 명문 기와'가 출토된 덕에 가능해진 일이다. 왕건이 안양사를 세운

900년 이전에는 '안양'이라는 지명이 발견되지 않는다. 그렇다면 현재의 안양이라는 지명은 안양사에서 유래된 것임에 틀림없다. 바로 이곳 안양사지에서 안양이 비롯된 것이다.

울리지 않는 마애종과 사라진 귀부

안양박물관에서 멀지 않은 곳, 삼성산으로 올라붙는 등산로가 나 있는 곳에 마애종이 있다. 현재 널찍한 주차장이 들어선 곳의 뒤편으로, 중초사지 당간지주와는 약 200미터 정도 떨어져 있다. 이 마애종을 볼 때마다 가슴 한편에 청아한 종소리가 울린다. 마애불을 찾아 전국의 산천을 헤집고 다닌 지가 벌써 수년째인데, 부처나 승려가 아니라 종鐘을 새긴 마애 작품은 이것이 유일하다. 고려 전기에 제작된 작품으로 아마도 안양사에 실존하였던 종을 바위에 새긴 것이 아닌가 한다.

방향을 틀어 현존하는 안양사를 향하여 올라간다. 이 역시 고려시대의 안양사(현재의 안양박물관 자리)에서 그다지 멀지 않은 곳에 위치한다. 대웅전에서 어떤 스님이 불교도들을 배석한 채 독경 중인데, 경내 스피커의 음량을 너무 크게 설정해놓아 참가자들 모두가 미간을 찌푸린다. 이 소음에도 불구하고 이곳을 찾은 이유는 단 하나다. 안양사가 남긴 몇 안 되는 유물 중의 하나, 안양사 귀부龜趺(거북 모양으로 만든 비석의 받침돌)를 보기 위해서다.

안양사지에서 가까운 삼성산 기슭의 바위에 새겨져 있는 석수동 마애종. 부처나 승려가 아니라 종과 그것을 치려는 승려가 새겨진 마애 작품은 이것이 유일하다. 조성 시기를 나말여초로 보고 있어 왕건의 안양사 창립 시기와도 맞아떨어진다. 경기도 유형문화재 제92호.

기록에 의하면 본래 이 귀부 위에는 고려의 파워엘리트 김부식金富軾이 짓고 당대의 명필로 손꼽혔던 이원부李元符가 비문을 쓴 비석이 올려져 있었다고 한다. 그것이 언제 도난 내지 파괴되었는지 알 수 없다. 우리는 그저 등 위의 비석을 잃고 쓸쓸히 남아 있는 거북의 등딱지를 어루만져볼 뿐이다. 본래의 안양사가 저 아래 그 본진本陣을 펼쳐놓고 있었음을 염두에 둘 때, 현존하는 이곳 안양사 자리에는 아마도 그 부속 건물 중 하나가 자리를 잡고 있었을 가능성이 크다. 어찌되었건 독경 소리가 너무 시끄러워 우리는 바삐 발걸음을 옮긴다.

과거의 안양유원지가 현재의 안양예술공원으로 탈바꿈한 계기는 2005년에 개최된 제1회 안양공공예술프로젝트다. 그 이후 안양시는 유원지에 난립하던 음식점들을 하나둘씩 철거하는 대신 국내외 젊은 예술가들의 설치작품들을 늘어놓기 시작하였다. 대부분 현대 작가들의 작품이라 일반인들에게는 조금 낯설 수도 있겠지만, 그 작품들 사이를 소요하며 삼성산으로 오르는 등산객들에게는 즐거운 체험을 선사한다. 최근에 세워진 안양정에서 잠시 숨을 고르며 오늘의 강사인 이수인 회원의 설명에 귀를 기울인다. 한문에 능한 그는 미발굴자료의 국역에 커다란 힘을 보태고 있는, 인문산행팀의 보배다.

상불암과 영랑산성 그리고 아이스크림

현지 사람들이 '절터골'이라 부르는 계곡에서 점심 식사를 마친 일행은 이제 상불암을 향하여 나아간다. 상불암은 별다른 연혁을 찾을 수 없을뿐더러 일반 사찰과는 사뭇 다른 외형을 지닌 특이한 암자다. 그동안 여러 번 탐방했지만, 매번 이곳을 지키는 스님을 만날 수 없었다. 그럼에도 굳이 이곳을 답사 동선에 넣은 것은 영랑산성을 설명하기 위해서다. 상불암 앞에서 이수인의 짤막한 설명이 이어진다.

영랑산성은 고려시대에 축성된 대피용 입보入保산성으로

파악된다. 현재 우리가 흔히 '삼막사 위의 국기봉'이라 부르는 암봉 근처에 형성되어 있다. 사실 삼성산을 포함한 범관악산 지역에는 '국기봉'이라고 부르는 봉우리들이 너무 많다. 예전에 이 지역에 군부대들이 다수 주둔하였고, 덕분에 실제로 국기봉들이 존재했었지만, 그렇다고 하여 그 모든 봉우리를 다 국기봉이라 부르는 것은 지나치게 편의적인 발상이다. 이 봉우리들마다 그에 걸맞은 문헌상의 이름을 찾아주는 것도 인문산행팀이 해내야 할 일이라고 생각한다. 이 봉우리에 어울리는 이름은 그러므로 '영랑봉'이다.

이수인은 상불암에 대하여 매우 독창적이며 설득력 있는 견해를 제출하였다. 바로 '영랑산성에 부속된 건물' 즉 일종의 성랑城廊이 아닐까 한다는 것이다.

이곳에서 국기봉으로 오르는 등산로는 매우 가파른 대신 호쾌한 전망을 보장한다. 오늘의 인문산행에서 가장 멋진 전망이다. 국기봉 정상(477미터)에 오르니 뜻밖에도 아이스크림 장수가 있다. 아이스크림으로 땀을 식히며 내려다보니 저 아래 삼막사가 들어앉은 자태가 더없이 포근하고도 아름답다.

삼성산 삼막사에 남은 민간신앙의 흔적들

삼막사는 삼성산을 대표하는 사찰이다. 예로부터 한양 외곽의 4대 사찰을 꼽으라면 '동쪽의 불암사, 서쪽의 진관사, 남쪽의 삼막사, 북쪽의 승가사(동불암·서진관·남삼막·북승가)'라고 했다. 그 연원을 찾아보면 저 아래의 안양사보다 훨씬 더 위로 올라간다. 영조 47년(1771)에 작성된 사적기事蹟記에 따르면 "신라 때 원효, 의상, 윤필에 의해 창건된 절이며, 삼성산이라는 산명 역시 여기에서 기원하였다"는 것이다.

솔직히 18세기 후반에 쓰인 '사적기'라는 것을 어디까지 믿어야 할지는 의문이다. 하지만 삼성산이 범관악산에서도 비교적 유서 깊은 산이라는 것은 명확한 사실이다. 오죽하면 김장호가《한국명산기》에서 '관악산'을 언급할 때 "역시 이 산은 삼성산 쪽에 더욱 그 깊이가 느껴진다"고 말했겠는가. 그리고 삼성산을 대표하는 사찰이 바로 여기 삼막사다. 사정이 그러한 만큼 삼막사에는 볼 것도 많다.

국기봉에서 내려와 삼막사로 접어들 때 제일 처음 만나는 것은 칠보전이다. 산 능선의 바위에 덧대어 지은 이 보호각 안에는 서울 근교에서 보기 드문 마애삼존이 새겨져 있다. 본존은 치성광여래고, 삼산관을 쓴 채 좌우로 협시한 것은 일광보살과 월광보살이니, 정통 불교 신앙보다는 토속 칠성 신앙에 가까운 조형물이라 할 수 있다. 실제로 동네 사람들은 이곳을 '칠성각'이라 부른다. 마애상 하단에 조성연대가 분명하게 새겨져 있다. 건륭 28년이니, 영조 39년, 즉 1763년에 새긴 작품이다.

칠보전에서 살짝 비껴난 곳에 저 유명한 '삼막사 남녀근석'이 있다. 두말할 나위도 없이 민간 기자신앙의 증거물이다. 당연히 칠보전 안의 마애상들보다 훨씬 이전부터 민초들의 사랑과 염원을 듬뿍 받았을 터이다. 여성 참가자는 그 모습이 너무 적나라해 민망하다며 얼굴을 붉히면서도 기념사진을 찍느라 여념이 없다. 어쩌면 삼막사 경내에 남아 있는 그 숱한 문화유적 중 가장 오래된 것은 바로 이 남녀근석일 것이다.

뜨거운 한여름의 태양이 머리 위에서 이글거리는데도 참가자들은 삼막사를 떠날 줄 모른다. 지운영池雲英이 머물렀던 백련암지와 그가 쓴 전서 삼귀자三龜字, 등곡대사가 머물렀던 등곡대, 이곳 출신의 승려 김윤후가 몽골의 살리타이를 죽인 것을 기념하여 세웠다는 삼층석탑, 맑은 날 인천 쪽으로 지는 해를 바라보기에 가장 아름답다는 망해루 등 저마다 그윽한 사연을 한 아름씩 안고 있는 유적들이 우리의 발길을 사로잡는다.

하산길에 들린 염불암에서는 송영철 회원과 류백현 회원이 꽃과 나무에 대한 짤막한 강의를 펼친다. 인생도처유상수人生到處有上手, 정말 가는 곳마다 고수들을 만난다는 옛말이 무색하다. 이 하산길의 끝은 다시 안양예술공원, 곧 예전의

삼막사 칠보전 앞의 남녀근석. 위의 사진이 남근석인데 바위 아래로 내려가 올려다 보면 매우 강건한 기상을 느낄 수 있다. 아래의 사진이 여근석인데 마치 일부러 조각이라도 한 듯 매우 정교하다. 남근석과 여근석은 지척의 거리에 있다. 이곳이 오랜 옛날부터 기자신앙의 기도터였음을 잘 보여준다.

안양유원지다. 명칭이야 어찌 변하든 이 골짜기를 흐르는 물은 예전과 다르지 않다. 삼성산과 관악산 사이에서 발원한 삼성천이 삼막천을 합류시킨 다음 안양천으로 흘러든다. 안양천은 성산대교 서쪽에서 한강으로 합류한다. 이제 저 맑고 시원한 계곡물에 풍덩 뛰어들어 발을 담가야 할 때다.

미수의 발자취와 추사의 글씨

노고산 삼하리와 독재동의 바위글씨를 찾아서

노고산老姑山은 우리나라에서 가장 흔한 산 이름 중의 하나다. 전국에 산재해 있는 노고산들은 대개 그다지 높지 않고 산세가 부드러우며, 바위보다는 흙이 주종을 이루는 육산肉山이라는 공통점을 가진다. 한마디로 할머니의 젖무덤처럼 나지막하되 포근하고 아늑한 산이다. 그래서 나는 전국의 모든 노고산은 그 본명이 '할미산'이었으리라 추정한다. 노고老姑란 우리말 할머니의 한자식 표기에 불과한 것이다.

경기도의 양주시 장흥면과 고양시 효자동의 경계를 이루고 있는 노고산(487미터)은 때때로 '한미산'이라는 이명으로도 불린다. 이때의 한미산에는 두 가지의 한자 표기가 병존하는데, 하나는 '漢美山'이고 다른 하나는 '漢尾山'이다. 《여주도서》와《파주읍지》 등에는 '漢美山'이라고 표기되어 있고, 《해동지도海東地圖》와《광여도廣輿圖》 등에는 '漢尾山'이라고 표기되어 있다.

북한산을 가장 멋지게 조망할 수 있는 산

한미산漢尾山이라는 산명을 놓고 흥미로운 해석이 있다. 이 산이 '북한산의 꼬리漢尾에 해당하므로' 그렇게 부른다는 것이다. 지도를 펼쳐놓고 산세를 짚어보거나, 실제로 노고산 정상에 올라 탁 트인 조망을 둘러보면, 어느 정도 수긍이 가는 해석이기도 하다.

산사람들에게 이 산은 무엇보다도 '북한산을 가장 멋지게 조망할 수 있는 산'으로 손꼽힌다. 실제 정상에는 군부대가 주둔하고 있어 그 바로 아래의 헬기장을 정상으로 간주하는데, 이곳에서 바라보는 파노라마야말로 '북한산의 진면목'이라 해도 좋을 만큼 최고의 절경이다. 서울 인근에서는 드물게 백패킹이 허용된 곳이어서 주말마다 온통 울긋불긋한 텐트들로 불야성을 이룬다.

하지만 '漢尾'를 '북한산의 꼬리'라고 해석하는 데에는 무리가 따른다. 현재 이 글을 쓰고 있는 나의 집필실 창문 바로 앞에 보이는 자그마한 야산의 이름도 노고산(106미터)이다. 마포구에 속해 있으며 흔히 '서강대 뒷산'이라 불리는데, 이

산의 이명 또한 한미산漢尾山이다. 역시 견강부회식의 해석이 따라붙는데 '한양의 서쪽 끝에 있어서' 그렇게 부른다고 한다. 나의 견해는 보다 직관적이며 단순하다. 그저 '할미산'을 한자로 표기할 때 의역한 것이 '노고산'이요 음역한 것이 '한미산'이라는 것이다.

오늘 우리가 찾을 노고산은 오랫동안 도외시되었던 산이다. 단지 '북한산의 조망처'로 인식되거나 '백패커들의 야영 천국'으로 활용되었을 뿐, 그 산 자체가 지닌 또 다른 의미에 대해서는 별다른 조명이 이루어지지 않았던 것이다. 오늘 우리는 이 산이 남몰래 품고 있던 선조의 문화유산들을 찾아내고 그것들이 갖는 의미에 대하여 깊이 천착해볼 것이다.

낙산에서 사전을 만들고 노고산에 잠들다

구파발역 앞의 광장으로 하나둘씩 모여들기 시작한 참가자들은 저마다 머쓱한 웃음을 지었다. 한마디로 이 땡볕 더위를 무릅쓰고 기어이 산에 오르겠다고 여기까지 나온 스스로가 민망했던 것이다. 정말 올여름은 더워도 너무 덥다. 주최 측 역시 이 더위에 산에 가자고 하기가 민망하여 산행 공지를 알리는 데 의식적으로 태업을 했다. 그럼에도 불구하고 열다섯 명 가까운 인원이 모였다. 그저 감사할 따름이다.

구파발역에서 버스를 탄 일행들은 삼하리 비석거리 정류

경기도 양주시 장흥면 삼하리 비석거리에 있는 지봉 이수광 묘역. 삼대를 위아래로 모셨는데 맨 위에 지봉이 들어선 역장의 형태를 취하고 있다. 오른쪽에 보이는 비각에는 세 사람의 행적을 각각 담은 비문들을 모아놓았다. 《지봉유설》을 남긴 이수광은 실학의 선구자로 평가받는다.

장에서 내린다. 본격적인 산행에 앞서 노고산 자락에 있는 지봉 이수광芝峯 李睟光의 묘역을 둘러보기 위해서다. 단순히 오늘의 답사코스 주변에 있기 때문에 들른 것은 아니다. 그의 삶 자체가 오늘의 주제와 깊은 관련이 있다. 묘역 옆에 독립된 건물로 비각碑閣이 있는데, 지봉 삼대三代의 삶을 각각 새겨놓은 비들이 나란히 서 있다.

묘역은 삼단으로 이루어져 있는데, 맨 아래는 지봉의 아들 이성구, 가운데는 지봉의 아버지 이희검, 그리고 맨 위에 지봉이 모셔진 역장逆葬의 형식을 취하고 있다. 지봉의 묘 뒤쪽으로 올라 풍수를 살핀다. 노고산에 등을 기대고 앞으로 흐르는 공릉천 너머 경기도의 나지막한 산들을 편안하게 굽어보는 형상이다. 지봉 삼대의 묘역이 어떤 연유로 이곳 노고산 자락에 자리 잡게 되었는지에 대해서는 관련 기록을 찾을 수 없다. 그가 가장 밀접한 관계를 맺었던 산은 한양의 좌청룡이자 서울 종로구와 성북구의 경계를 이루고 있는 낙산駱山(125미터)이다.

이수광이 자신의 호로 삼은 '지봉'은 낙산에 실재하는 한 봉우리의 이름이다. 그가 유년시절을 보냈으며 훗날 말년에 이르러 저 유명한《지봉유설芝峰類說》을 집필한 곳이 바로 낙산의 비우당庇雨堂이다. 비우당에서 빤히 올려다보이는 작은 봉우리가 바로 지봉인데, 지초芝草가 많이 자라서 붙여진 이름이다. 지초는 약재로도 쓰이고 염색용 물감으로도 쓰인다. 비우당 바로 뒤에는 '자지동천紫芝洞泉'이라는 바위글씨와 샘이 남아 있는데, 바로 정순왕후(단종비)가 궁에서 쫓겨난 뒤 빨래와 염색으로 모진 목숨을 이어가던 현장이기도 하다.

이수광의《지봉유설》은 조선 최초의 백과사전이라 할만한 역작이다. 그는 시대를 앞서간 코즈모폴리턴cosmopolitan이었다. 청나라의 문물을 높이 평가하고, 그들을 통하여 전해진 서양문명 역시 과감하고 개방적으로 받아들였다. 예수회 선교사인 마테오 리치와 천주교의 교리서인《천주실의天主實

義》를 최초로 국내에 소개한 것이 바로 이 책이다. 이러한 지적 활동은 무엇을 뜻하는가? 시대의 변화에 눈감은 채 여전히 명나라만을 떠받들고 청나라의 존재조차 무시하려 했던 '조선성리학적 세계관'에 정면으로 도전했다는 뜻이다. 후대에 이르러 그를 '실학의 선구자'로 떠받들게 된 것은 이 때문이다.

삼하리 바위글씨를 초탁하는 즐거움

지봉 이수광의 묘역을 떠나 삼하리의 마을길로 접어든다. 한국 TV 역사상 최장수 드라마 프로그램으로 유명한 〈전원일기〉의 상당 부분을 이 마을에서 촬영했다. 그래서 마을의 애칭이 '전원일기 마을'이다. 양촌리 김 회장(최불암 분)이니 일용 엄니(김수미 분)니 하는 낯익고 정겨운 캐릭터들의 모습이 마을 담장에 그려져 있다. '전원일기 전시관'을 지나치자마자 왼쪽으로 난 샛길로 접어든다. 이정표는커녕 그 어떤 표식도 없어 초행자라면 절대 찾아갈 수 없는 길이다. 공릉천으로 흘러드는 작은 개울 하나가 졸졸 흐르는 보잘것없는 계곡이다. 이곳에 숨겨진 바위글씨들이 산재해 있다.

한국산서회 인문산행팀의 조장빈 이사가 이곳의 바위글씨들을 발견한 것은 무려 5년 전의 일이다. 그는 즉시 문화재 지정을 신청했으나 해당 관공서에서는 아직까지 묵묵부답이다. 덕분에 이곳에는 공식명칭이 없다. 우리는 편의상 이곳을 '삼하리 바위글씨(군)'이라 부른다. 계곡의 위쪽에서부터 아래쪽으로 순서대로 나열해보면 다음과 같다. '여사천如斯川(흐르는 물과 같이) 임술壬戌', '승상금강만이봉勝賞金剛萬二峰(금강산 만이천 봉을 감상하다)', '백발산청白髮山靑(내 머리는 희어졌는데 산은 여전히 푸르구나)', '경사독만천經史讀滿天(경전과 사서 읽기를 하늘에 가득 차도록)', '고송高松(높은 소나무).'

이들 글씨 중 '여사천 임술'은 송월재 이시선松月齋 李時善이 썼음이 확실하나 나머지 글씨들은 그 유래를 알 수 없다. 송월재는 잠시 후 우리가 답사할 '추사필적암각문秋史筆蹟岩刻文'과도 관련이 있으니 그에 대한 설명은 뒤로 미룬다. 삼하리 바위글씨들을 바라보는 심정은 착잡하다. 글씨들 자체가 빼어나다고는 할 수 없지만, 그 제작 연도나 의미로 보아 문화재로 대우받는 것이 마땅해 보이는데, 이렇듯 마구잡이로 방치되어 있는 모습이 안쓰럽다. 작고 보잘것없는 계곡이긴 하지만 예전에는 나름 아름다웠을 듯도 한데, 누군가 수로 공사를 한답시고 막무가내로 돌을 쌓고 시멘트로 발라버린 모습 또한 흉측하기 이를 데 없다.

이곳의 바위글씨들은 아직 탁본조차 되어있지 않다. 우리는 참가자들에게 초탁初拓의 즐거움을 선사해드리기로 했다. 탁본에는 습탁濕拓과 건탁乾拓이 있다. 습탁은 젖은 솜에 먹

삼하리 바위글씨군을 초탁하는 인문산행 참가자들. 이 계곡에는 '여사천 임술', '승상금강만이봉', '백발산청', '경사독만천', '고송' 등 바위글씨들이 즐비하나 아직 문화재로 지정되지 않은 채 방치되어 있다. 이 글씨들 중 '여사천 임술'은 송월재 이시선이 쓴 것이다.

을 묻혀 탁본하는 것인데 상당한 전문적 기량을 필요로 하고 시간도 많이 걸린다. 건탁이란 이를테면 초등학생들이 우툴두툴한 표면에 종이를 대고 크레용 따위로 문지르는 행위와 비슷한 것으로 일종의 약식탁본이다. 비록 건탁이지만 초탁을 해본 참가자들이 웃옷이 흠뻑 젖도록 땀을 흘리면서도 즐거워하는 것을 보니 기쁘고 고맙다. 언젠가 따로 시간을 내어 이곳의 바위글씨들을 모두 습탁해놓을 계획이다.

미수가 다녀가고 추사의 글씨가 새겨진 계곡

삼하리에서 독재동을 향하여 노고산 산허리를 에둘러 돌아간다. 독재동 바위글씨군은 문화재로 지정되어 있는데 그 공식명칭이 '노고산 독재동 추사필적암각문(경기도 기념물 제97호)'이다. 이곳에 남겨져 있는 추사필적이란 '몽재夢齋'라고 쓴 바위글씨인데, 그 왼쪽 아래에 추사秋史라고 병기되어 있다. 이곳 노고산에 새겨진 모든 바위글씨 중 단연 군계일학의 명필이어서 "과연 추사로구나!" 하는 찬탄이 절로 나온다.

그런데 추사가 과연 이곳 노고산 독재동을 방문해서 저 글씨를 써주었는지는 분명치 않다. 그가 자주 방문했던 북한산

독재동 바위글씨군 중 군계일학의 명품으로 평가받는 추사의 글씨 '몽재.' 몽재가 누구인지는 분명치 않으나 이곳 노고산의 독재동에 집을 짓고 살았으며 미수 허목을 사모했다는 기록이 남아 있다. 독재동 바위글씨군은 경기도 기념물 제97호로 지정되어 있다.

이 지척이니 이곳도 다녀갔을 개연성은 있으나 해당 기록을 찾을 수 없다. 심지어 몽재가 누구인지조차 확인하기 힘들다. 이 문제에 대한 거의 유일한 문헌은 성재 허전性齋 許傳이 자신의 문집에 남긴 〈몽재집서〉인데, 몽재의 문집에 서문으로 써준 글이다. 이 글 중 몽재를 설명한 대목에 이런 구절이 있다. "서산西山의 독재동篤才洞에 집을 짓고 미옹眉翁의 구지舊址를 삼았으니, 선생을 사모한 풍화다."

여기서 서산이란 물론 노고산을 가리킨다. 그렇다면 미옹은? 바로 미수 허목眉叟 許穆이다. 우리는 미수야말로 노고산에 의미를 부여한 가장 중요한 인물이라고 생각한다. 노고산 독재동에 대한 가장 오래된 유산기는 미수가 자신의 문집인 《미수기언眉叟記言》에 남긴 〈고양산수기高陽山水記〉다. 이 기록에 따르면 그는 64세가 되던 무술년(1658), 독재동에 집을 짓고 살던 누군가와 더불어 이곳에서 노닐며 "저곳에는 집을 지을 만하고, 저곳에는 밭을 일굴 만하며, 저곳은 탁족을 할 만하고, 저곳은 놀 만하다"고 하였다.

현재 독재동에는 미수의 발자취가 다수의 바위글씨로 남아 있다. 제일 먼저 '미수선생장구지소眉叟先生杖屨之所(미수선생이 지팡이를 짚고 다녀간 곳).' 어떤 이는 이것을 미수의 글씨라고 말하나 당치 않다. 미수는 '동양 제일의 전서대가'로 손꼽혔던 대서예가였다. 이 글씨들은 평범하다 못해 졸렬하다. 미수를 흠모하고 따르던 그의 후학들이 새겼을 것이다. 그 이외의 바위글씨들 즉 '가탁천可濯泉', '만의와萬懿窩', '충서근忠恕勤', '유마폭流磨瀑' 등은 모두 위에 언급한 미수의 〈고양산수기〉에서 그 이름을 따온 것들이다.

독재동 바위글씨군의 대부분은 미수 허목의 〈고양산수기〉에서 따온 것이다. 미수는 64세가 되던 해 이곳 독재동에 살고 있던 누군가를 방문하여 계곡의 곳곳에 그에 걸맞은 이름을 지어주었다. 사진 위 왼쪽부터 시계방향으로 '가탁천', '만의와', '충서근', '유마폭.'

그렇다면 이 바위글씨들은 누가 언제 새긴 것일까? '미수선생장구지소' 글씨의 왼쪽에는 '독재동'과 '임술'이 새겨져 있고, 오른쪽에는 '이시선'이라고 새겨져 있다. 독재동의 입구에 마치 문패처럼 새겨진 '독재동' 바위글씨 옆에도 '임술'이 새겨져 있다. 독재동에서 제일 커다란 바위(세칭 지붕바위라고 한다)에 새긴 글씨는 상당히 긴 내용인데 그 글의 말미에 새긴 사람의 서명이 들어 있다. 역시 이시선이다. 우리가 올라올 때 들렀던 삼하리 바위글씨군 중 '여사천'을 비롯하여 이 글씨들은 모두 송월재가 임술년에 새긴 것이 분명하다.

송월재는 누구이고 임술년은 어떤 해인가? 송월재는 두말할 나위도 없이 미수를 흠모하고 따르던 사람이다. 그렇다면 임술년은? 바로 미수가 졸卒한 해(1682)다. 즉 송월재는 1682년에 미수가 졸했다는 비보를 듣고, 그를 애도하고 기리고 싶은 마음에 이곳에 찾아와 바위글씨를 남겼던 것이다.

이상의 사실들을 간략히 정리해보면 다음과 같다. 노고산에는 삼하리 바위글씨군과 독재동 바위글씨군이 있다. 이 글씨들을 쓴 사람 중 필자가 분명히 밝혀진 사람은 송월재와 추사다. 송월재는 '여사천(삼하리)', '독재동', '지붕바위글씨', '미수선생장구지소(독재동)' 등을 썼다. 추사는 '몽재(독재동)'를 썼다. 나머지 글씨들은 누가 썼는지 알 수 없다. 독재동에 있는 나머지 글씨들은 미수의 〈고양산수기〉에 나온 내용들을 바위에 새긴 것이다. 몽재와 성재를 동일인물로 보는 논문도 있으나 우리는 동의하지 않는다. 몽재는 미수를 사모하여 독재동에 자리를 잡았던 사람이다.

독재동의 바위글씨 '미수선생장구지소.' 송월재 이시선은 1682년 남인의 영수였던 미수가 졸하였다는 비보를 듣고 이곳 독재동에 찾아와 이 바위글씨를 새겨 그를 추모하였다. 독재동 바위글씨군은 이곳 노고산 일대가 근기남인들의 근거지 중 하나였음을 증언한다.

근기남인들의 근거지였던 노고산

이제 오늘 답사하고 공부한 내용을 정리할 시간이다. 추사 김정희를 제외한 모든 등장인물 즉 지봉 이수광, 미수 허목, 송월재 이시선, 성재 허전 등을 하나로 꿸 수 있는 키워드가 있을까? 있다. 바로 이들 모두는 근기남인近畿南人들이다. 추사가 글씨를 써준 몽재는 미수의 추종자였다. 지봉은 훗날 남인들에 의하여 '실학의 선구자'로 추앙되었다. 미수는 두말할 나위도 없이 '남인의 영수'다. 송월재는 주요 활동지가 안동이었으므로 영남남인嶺南南人에 속하지만 미수를 흠모하여 이곳 노고산에 바위글씨를 새겼다. 성재는 근기남인을 대표하는 당대 최고의 유림종장儒林宗匠이었다.

나는 초야에 묻혀 지내던 66세의 미수가 감히(?) 송시열에 정면으로 반기를 들고 기해예송己亥禮訟을 시작하던 바로 그 순간(1660)을 한국사 최고의 명장면 중 하나로 본다. 이한우는 구봉 송익필龜峯 宋翼弼을 가리켜 '조선의 숨은 왕'이라고 했다. 그렇다면 우암 송시열은 '조선의 진짜 왕'이다.《조선왕조실록》을 통틀어 그 이름이 3,000번 이상 거론된 유일한 인물이 바로 우암이다. 구봉이 기획하고 우암이 지배한 서인의 '노론천하'에 가장 강력한 타격을 가한 인물이 미수다. 그리고 그가 이끌었던 남인들을 '근기남인'이라 부른다.

근기남인의 세계관은 서인노론의 세계관과 확연히 달랐

다. 서인노론이 여전히 고리타분한 주자학에 얽매여 있는 동안, 근기남인들은 여타의 최신 학문을 기꺼이 받아들였다. 그 물꼬를 튼 것이 지봉 이수광이다. 서인노론이 관념론에 머물렀다면, 근기남인들은 실재론으로 나아갔다. 이들이 조선 후기에 실학을 꽃피운 장본인들이다. 하지만 당쟁 최후의 승자는 여전히 노론이었다. 그것이 우리 역사 최악의 비극이다. 그리고 노고산은 한양을 장악한 '노론천하'에 맞서 경기지역에 포진했던 '근기남인 근거지' 중의 하나였다. 그것이 우리가 찾은 노고산의 인문학적 의미다. 지봉이 굳이 이 산기슭에 묻히기를 선택한 것도 혹시 이런 맥락 때문은 아니었을까.

'미수선생장구지소'에서 노고산 정상을 향하여 조금 더 계곡을 거슬러 올라가면 입산석入山石이라고 새겨진 바위가 있다. 열댓 명의 인원들이 둘러앉아 음식을 나누기에는 여기만한 장소가 없다. 태양은 여전히 이글거리고 있지만, 나무 그늘아래로 들어가 앉으니 제법 선선하다. 계곡물 역시 가물었으나 발목을 담글 정도는 된다. 일행들은 입산석 위의 공터에 둘러앉아 마른 목을 축이고 주린 배를 채우며 저마다 덕담을 건넨다. 이 더운 날씨에 여기까지 찾아와 탁본도 하고 탁족도 하니 선인들의 유산행각遊山行脚이 바로 이와 같았을 것이다. 한국산서회의 인문산행은 그렇게 한여름을 통과한다.

동봉의 달이 서계의 물을 비추네

수락산 서계 고택과 매월정을 찾아서

콩레이가 한반도에 상륙한 날이 하필이면 한국산서회의 제8회 인문산행이 예정된 날이었다. 이미 한 달 전에 공지한 행사인지라 섣불리 취소도 못 한 채 집결 장소인 장암역으로 향하는 발걸음은 가볍지 못했다. 아무리 참가 예약을 했다지만 이런 날씨에 산에 오를 사람들이 과연 몇 명이나 될까 의구심이 들었던 것도 사실이다.

그런데 뜻밖이었다. 당일 아침에 문자로 예약을 취소한 사람들은 서너 명에 불과했을 뿐 실제 참가자 수가 무려 25명을 웃돌았던 것이다. 각종 우천대비 복장으로 단단히 무장을 하고 삼삼오오 모여든 참가자들은 저마다 남녘의 태풍 피해를 걱정하면서도 오늘의 답사 산행에 잔뜩 기대를 걸고 있는 눈치였다. 결론부터 말하자면 이날의 산행은 대성공이었다. 오후에 접어들자 거짓말처럼 비가 그치어 범람하는 수락산 계곡과 탄성이 터져 나올 만큼 깨끗하게 갠 하늘을 마음껏 만끽할 수 있었던 것이다.

만장봉을 가득 품은 서계 고택의 사랑채

남들보다 수락산을 조금 더 안다는 이유로 오늘의 강사로 나선 내가 일행의 발걸음을 제일 먼저 멈추게 한 곳은 엉뚱하게도 음식점인 밤나무집 앞이다. 수락산을 그린 지도들은 많다. 내가 보유한 지도만도 열댓 개를 훌쩍 넘는다. 그런데 그 지도 중에서 가장 뛰어난 것이 바로 이 '밤나무집에서 자체 제작'한 수락산 지도다. 장암역 쪽에서 바라본 수락산의 모습이 매우 사실적이면서도 직관적인 형태로 잘 표현되어 있다. 지도를 짚으며 오늘의 산행코스를 대략 설명한다. 우리는 오늘 석천동 계곡을 따라 오르다 깔딱고개의 옆구리를 치고 올라가 매월정에 이른 다음 벽운동 계곡으로 내려올 것이다.

서계 고택의 대문 안으로 진입하자마자 참가자들의 입이 쩍 벌어진다. 제일 먼저 드넓은 마당과 수령 500년을 바라보는 은행나무가 시야를 압도하는 것이다. 그 멋진 은행나무를 마주보는 사랑채 마루에서는 벌써부터 서계의 12대 종부宗婦 님과 의정부시 소속의 문화해설사 정효윤 님의 손님맞이 준

수락산의 서쪽 자락인 의정부시 장암동의 서계 고택. 경기도 문화재자료 제93호로 지정되어 있으며 공식명칭은 '서계 박세당 사랑채'다. 서계가 정계에서 물러난 후 1668년에 세웠으며 그의 5대손이 1800년대 초반에 증축했다. 사랑채 앞의 은행나무는 수령 500년을 넘기며 이곳을 지켜왔는데 가을마다 장관을 연출한다.

비가 한창이다. 종부님은 고맙게도 사랑채의 모든 문을 개방하고 참가자들에게 어서 올라오시라 친절하게 권한다. 등산화를 벗고 사랑채로 올라가 '누산樓山'이라는 편액이 걸린 누각의 넓은 창밖을 내다보니 탄성이 절로 나온다. 마주 보이는 선인봉의 늠름한 자태가 그야말로 액자에 꽉 찬 형태로 눈앞에 펼쳐져 있는 것이 아닌가.

인수봉과 더불어 현대 한국 암벽등반의 양대 메카로 불리는 선인봉仙人峰이 이름을 얻게 된 것은 최근의 일이다. 현재 우리가 선인봉·만장봉萬丈峰·자운봉紫雲峰이라 나누어 부르는 바위군群을 예전에는 그냥 뭉뚱그려 만장봉이라 불렀다. 그것이 세분화된 것은 20세기에 들어와 암벽등반이 유행하면서부터다. 운무에 휩싸인 채 빗줄기 사이로 언뜻언뜻 그 고고한 자태를 드러내는 만장봉(과거의 통칭)을 보니 저 바위에 선인봉(현재의 이름)이라는 이름도 제법 잘 어울리는구나 싶다. 서계는 저 영험한 바위 전체를 사랑채 누각의 방 안에 앉아서 만끽하기 위하여 이 고택을 굳이 서향西向으로 지었던 것이다.

정효윤 문화해설사에 이어 12대 종부님께서 마이크를 잡는다. 과연 기품 있는 종가의 대를 이어온 맏며느리답게 선조들에 대한 해박한 지식과 자부심 넘치는 해설이 좌중을 휘어잡는다. 서계 박세당이 이곳 수락산 서쪽 자락에 자리를 잡고 집을 지은 것은 1668년의 일이다. 효종이 졸하고 현종이 즉위하던 해(1660), 남들보다 다소 늦은 32세의 나이로 조정에 나아갔던 그는 불과 8년 만에 정계에서 완전히 은퇴해버린다. 당시 달아오르기 시작했던 당쟁의 소용돌이에 넌덜머리를 냈던 까닭이다. 현재의 이 집은 그의 5대손이 1800년대 초반에 다시 증축한 것이다. 하지만 한국전쟁 당시 대부분이 소실되었고, 최근(약 10여 년 전)에 다시 일부가 불에 타서, 현재 온전한 형태로 남아 있는 건물은 이 사랑채뿐이다.

인조반정의 공신 박정과 그의 아들 박세당의 초상

서계가 남긴 방대한 분량의 글들은 모두《서계집西溪集》에 고스란히 남아 있어 나 같은 후학에게 커다란 도움이 된다. 사랑채의 기둥에 걸려 있는 12개의 주련柱聯들은 실은 6개의 대련對聯으로 이루어져 있는데, 그 전문들을 모두《서계집》에 실려 있는 〈석천록石泉錄〉(시집)에서 확인할 수 있다. 각기 다른 4편의 시에서 따온 12행의 시구들은 그야말로 절창이다. 그중에서도 내가 특히 좋아하는 것은 '우뚝 선 봉우리는 집을 둘러싼 그림이요, 졸졸 흐르는 샘물은 상에 퍼지는 거문고라擁户畫圖千嶂立 繞床琴筑一泉鳴'라는 대목이다. 종부님은 조심스럽게 "본래 서계 선생의 글씨인데 후대에 그것을 모사模寫하여 걸어놓은 것이 아닌가 한다"라는 견해를 개진하였다.

서계 고택의 사랑채와 담장을 맞대고 있는 것이 '서계박선생영진각'인데, 서계와 그의 부친인 하석 박정霞石 朴炡의 진영眞影을 모셔놓은 집이다. 역시 종부님의 특별한 배려로 이 두 분의 초상화를 직접 눈으로 확인할 기회를 얻었다. 한 분의 초상은 청년의 모습이고 다른 한 분의 초상은 노인의 모습인데, 청년이 아버지 박정이고 노인이 아들 박세당이다. 박정은 인조반정(1623)에 참여한 공로를 인정받아 3등 공신에 녹훈되었는데, 당시 그의 나이가 불과 28세의 청년이었다. 이 초상은 당시에 그린 것이며, 현재 우리가 돌아보고 있는 수락

서계 고택 안 서계박선생영진각에 모셔져 있는 서계 부자의 초상. 왼편의 청년이 서계의 부친인 하석 박정의 진영인데, 인조반정의 3등 공신으로 녹훈된 28세 무렵의 모습이다. 오른편의 노인이 서계의 진영인데, 숙종 당시 최고의 화가로 손꼽혔던 조세걸이 그린 작품이다.

산의 서쪽 계곡 일대는 당시에 받은 사패지賜牌地였다. 박세당의 초상은 그의 노년기에 조세걸曺世傑이 그린 것이다. 조세걸은 숙종의 어진을 그렸을 만큼 당대에 첫손가락으로 꼽히던 최고의 화가였다.

이제 영진각을 떠나 서계를 포함한 반남 박씨 일가의 가족 묘역을 돌아보기 위하여 야트막한 산등성이를 오른다. 수락산의 안부사거리 부근에서 구불구불 내려오던 용맥龍脈이 서서히 잦아드는 나지막한 능선이다. 서계는 이 능선을 사랑하여 동강東岡이라 이름 지었고, 자신의 아내를 묻은 다음에는 낙구樂丘라 불렀다. 안락한 언덕이라는 뜻이다. 묘역의 아래쪽부터 위쪽으로 찬찬히 들여다본다. 제일 아래쪽은 '청주목사 박필모'의 묘다. 서계의 첫째 아들이 박태유인데, 박필모는 박태유의 아들이므로, 서계의 손자가 된다. 그 위의 묘는 '처사 박세후'의 것이다. 박세후는 벼슬을 할 겨를도 없이 23세의 어린 나이에 졸하였다. 박정은 4남 1녀를 두었는데, 박세당이 막내인 넷째아들이고, 박세후가 바로 손위의 형인 셋째아들이었다. 여기서 주목할 것은 박세후와 합장된 그의 아내 '파평 윤씨'다.

소론少論의 역사에서 1629년은 특기할만한 해였다. 소론을 대표한다고 할만한 이론가와 정치가 세 사람이 공교롭게도 그해에 동갑내기로 태어난다. 바로 서계 박세당과 약천 남구만藥泉 南九萬 그리고 명재 윤증明齋 尹拯이다. 나는 이들을 '동갑내기 소론 삼총사'라고 부른다. 이들은 송시열로 대표되는 노론에 가장 집요하고도 강력하게 맞섰다. 학문적으로 정치적으로 거의 '한 몸'과도 같았던 이들은 심지어 혼맥婚脈으로도 서로 얽혀 있다. 박세당의 형인 박세후는 윤증의 누이인 '파평 윤씨'와 결혼했고, 박세당 자신은 남구만의 누이인 '의령 남씨'와 결혼했다. 결국 반남 박씨와 파평 윤씨와 의령 남씨는 '소론'이라는 깃발 아래 모여 단일 대오를 형성하는 '운명공동체'가 될 수밖에 없었던 것이다.

박세후의 묘 위에 있는 것이 잠시 후 우리가 돌아볼 노강서원의 주인 박태보의 묘다. 박태보의 묘에서 바라보는 경관이 가장 좋다. 인수봉과 선인봉이 좌우로 도열해 머리를 조아리고 있는 형국이니 자못 황홀할 지경이다. 박세당의 묘는 여기에서 더 올라가야 한다. 이른바 동강의 용맥을 조금 더 타고 오르니 이윽고 거대한 묘소가 시야를 가로막는다. 좌우에 첫째 부인과 둘째 부인을 거느리고 세 사람이 함께 누운 삼인합장묘인데, 거대한 봉분의 아래쪽에 사각형의 낮은 돌담을 두른 것이 매우 이채롭다.

석천동의 바위글씨와 서계의 동봉 선양사업

서계 고택을 휘감고 도는 석천동 계곡에는 멋진 바위글씨들이 여럿 새겨져 있다. 서계가 후학들과 더불어 학문을 논하던 궤산정簣山亭은 불과 10여 년 전까지만 해도 그 모습을 볼 수 있었는데 현재에는 여섯 개의 기둥들이 들어섰던 바위의 흔적으로만 남아 있다. '석천동石泉洞', '서계유거西溪幽居', '취승대聚勝臺'라고 새겨진 바위글씨들은 바로 이 궤산정 터에 바투 붙어 있다. 어젯밤부터 퍼부어댄 빗줄기 덕분에 계곡물이 엄청나게 불어 '서계가 이곳에 그윽하게 숨어 산다'는 뜻의 '서계유거' 바위글씨 위로 세찬 급류가 쏜살같이 흘러가는 모습이 세월의 무상함을 말해주는 듯하다.

이 계곡에서 가장 멋진 바위글씨는 큼지막한 초서체로 유장하게 휘갈겨 쓴 '수락동천水落洞天'이다. 위의 바위글씨들과는 도보로 10여 분 이상 떨어진 계곡 상단에 있다. 수량이 너무 많아 접근할 수가 없었던 탓에 참가자들은 멀찌감치 떨어진 곳에서 망원렌즈로 당겨 찍는다. 예전에는 이것이 김시습의 글씨라고 전해져 왔는데 요즘에는 남구만의 작품이라고 추정하고 있다. 김시습이 썼다는 확증도 없지만 남구만이 썼다는 확증도 없다. 다만 서계의 처남인 남구만이 자주 이곳

서계 고택을 옆으로 끼고 흐르는 석천동 계곡에는 서계 생존 당시 조성된 바위글씨들이 즐비하다. 사진의 정면으로 보이는 바위에는 '석천동'이라고 새겨져 있고, 그 앞의 누운 바위에는 '서계유거'라고 새겨져 있다. 태풍의 영향으로 폭우가 쏟아진 다음이라 계곡의 물줄기가 거세다.

서계가 동봉선양사업의 일환으로 세웠던 청풍정의 옛터. 현재의 노강서원은 본래 동봉을 모신 청절사였는데, 청풍정은 청절사 바로 앞에 세워져 있었다. 청풍정 아래의 계곡 하단에 큼지막한 초서체로 유장하게 휘갈겨 쓴 '수락동천' 바위글씨가 있다. 한때는 김시습의 글씨라고 알려져 있었으나 요즘은 남구만의 글씨로 인정하는 추세다.

에 와서 놀았고, 그가 남달리 초서에 능했다는 이유로 그리 짐작할 뿐이다.

이 일대는 서계가 동봉(김시습의 호)의 선양사업에 힘썼던 성역聖域이다. 서계가 김시습의 초상을 모시고 그를 제향하기 위하여 청절사淸節祠를 세운 것은 1686년의 일이다. 당시의 사람들은 이 청절사를 '동봉사우' 혹은 '동봉서원'이라고도 불렀다. 청절사 앞에 세운 작은 정자가 청풍정淸風亭이다. 역시 김시습을 기린다는 뜻을 담고 있다. 현재는 주춧돌만 남아 있는 이 청풍정 터 바로 아래쪽의 계곡 저편에 수락동천 바위글씨가 새겨져 있다.

지금은 석림사로 불리는 석림암을 세운 것도 이즈음이 아닌가 한다. 애초에 석림암을 지을 때 그 건립비용의 대부분을 서계의 시주에 기댔다고 한다. 일종의 집안 사찰과도 같은 곳이어서 당시의 사람들은 이 암자를 '박씨 절집'이라 불렀다. 석림암의 주요 역할은 청절사를 잘 돌보는 것이었다. 이 모두가 동봉에 대한 서계의 존경 혹은 흠모의 표현이다.

서계의 사후 방치되어 있다시피 했던 청절사 터에 새롭게 들어선 것이 현재의 노강서원이다. 서계의 둘째 아들 박태보는 인현왕후의 폐위에 반대하는 상소를 올렸다가 곤장을 맞고 유배를 가던 중 노량진에서 죽었다. 그를 기리기 위하여 세운 것이 노강서원이다. 본래는 노량진에 있었지만 한국전쟁 당시 소실된 것을 1969년 이곳으로 옮겨 세웠다. 그러니까 김시습을 기리던 곳에서 박태보를 기리게 된 셈이다.

일행들은 노강서원 맞은편에 있는 노강산장이라는 음식점에서 비를 피하며 점심 식사를 하였다. 본래 외부에서 가져온 음식을 들여올 수 없는 곳이나 역시 서계 집안의 배려로 편안한 식사를 하며 즐겁게 이야기꽃을 피울 수 있었다. 이번 인문산행에서는 여러모로 이 집안에 큰 신세를 졌다. 이 자리를 빌려 다시 한번 감사의 말씀을 올린다.

다시 배낭을 들쳐 메고 본격적인 산행에 나설 즈음 거짓말처럼 빗줄기가 잦아들었다. 태풍이 밀려오고 있다는데도 기어코 산행에 나선 미련한 자들만이 누릴 수 있는 뜻밖의 축복이 시작되는 순간이다. 수락산이 수락산인 것은 이 산이 그 아담한 규모에 비하여 유달리 많은 폭포를 품고 있기 때문이다. 수락산에는 볼만한 폭포들이 모두 일곱 개 있는데, 남양주시에 속하는 것이 옥류폭포·은류폭포·금류폭포 등 세 개고, 이곳 의정부시에 속하는 것이 문암폭포·동막폭포·수락폭포·숨은폭포 등 네 개다. 석림사에서 깔딱고개로 비껴 올라가는 오늘의 산행코스를 따라 걷노라면 그중의 두 개인 수락폭포와 숨은폭포를 만나게 된다.

수락폭포로 접어들기도 전에 등산로 자체가 이미 폭포를 방불케 한다. 참가자들은 모두 수락산에 이런 코스가 숨어 있었느냐며 카메라 셔터를 누르기에 바쁘다. 태풍이 몰고 온 빗줄기들은 가파른 바윗길과 너른 암반들 사이로 힘차게 요동치며 천상의 풍경을 연출해낸다. 동봉과 서계도 이 계곡의 선경에 취해 술잔을 기울이고 한시를 휘갈겨 쓰며 놀았으리라. 등산로에서 살짝 비껴난 숨은폭포에 이르자 일행들은 발길을 떼어놓지 못한다. 나 역시 그토록 오랜 세월을 이곳 수락산 자락에서 놀았으면서도 삼단으로 이루어진 이 폭포에 이

김시습이 수락산에서 보낸 10여 년의 세월을 기리기 위하여 노원구청이 2008년에 건립한 매월정. 정자 안에는 현대의 서예가들이 김시습의 시구를 쓰고 새긴 편액들이 다수 걸려 있고, 정자 주변에는 그의 대표적인 한시 8편이 나무 안내판에 새겨져 있다. 건너편에 펼쳐진 도봉산과 북한산의 멋진 능선들을 조망하기에 좋은 장소다.

처럼 많은 수량의 물줄기가 힘차게 떨어지는 광경은 미처 보지 못했다.

깔딱고개 기점에서 방향을 틀어 매월정으로 오른다. 오늘 산행의 최고점에 도달한 것이다. 매월정은 이곳 수락산 자락에서 10여 년의 세월을 보낸 매월당 김시습을 기념하기 위하여 노원구청이 2008년에 세운 아름다운 정자다. 정자 안에는 우리 시대의 명필들이 김시습의 시에서 따온 문구들을 쓰고 새긴 편액들이 다수 걸려 있고, 정자 주변에는 김시습이 남긴 한시 8수가 나무로 만든 안내판 위에 새겨져 있다. 매월정 아래 지척의 거리에는 맞은편에 펼쳐진 도봉산과 북한산 연봉들을 가슴 벅차게 조망할 수 있는 너럭바위 전망대가 있다. 일행들은 김시습이 남긴 그윽한 한시에 취하고 태풍에 씻겨 새롭게 태어난 산의 풍광에 취해 시간 가는 줄을 모른다.

이곳에 서서 우리는 서계가 동봉에 대하여 남긴 산문과 운문을 한 편씩 감상한다. 먼저 〈유수락산시후서遊水落山詩後序〉. 수락산에서 노닌 다음 시를 쓰고 그 후에 서문 삼아 쓴 것인데 1677년 9월에 쓴 글이다. 전문을 인용해도 좋을 만큼 아름다운 산문이지만 여기서는 그 일부만 옮긴다.

삼각산과 도봉산은 도성 근교의 우뚝한 산으로 수락산과 더불어 솥발처럼 높이 솟아 있다. 우뚝 솟은 형세로는 삼각산과 도봉산이 갑을甲乙을 다투고, 유심幽深하고 기이奇異함으로는 동봉東峯이 으뜸이다.

여기서 우리는 '동봉 = 수락산 = 김시습'임을 알 수 있다. 즉 김시습은 수락산 전체를 동봉이라 불렀고 그것을 그대로 자신의 호로 삼았던 것이다.

서계는 이날 수락산의 정상에 올랐고 그 부근에 남아 있던 김시습의 옛터를 둘러본다.

청한자淸寒子(김시습의 또 다른 호)의 구서舊棲에는 등나무가 늙고 수목이 시들며 사람은 가서 자취가 없는데 (중략) 밤에 선원禪院에서 묵은 다음 아침에 부지鳧池에서 물을 마시고…

여기서 우리는 1677년까지도 김시습이 살던 곳의 흔적이 남아 있었음을 확인할 수 있다. 나는 그곳이 현재의 수락산장 일대이리라고 추정한다. 위에서 언급한 '선원'이란 현재의 내원암 혹은 수락산장 부근에 자리 잡고 있던 작은 암자일 것이다.

'부지'라는 샘물에 주목할 필요가 있다. 수락산 정상을 예로부터 부봉鳧峰이라 불렀다. 오리 부鳧를 썼으니 오리를 닮았다는 뜻일 텐데 어느 방향에서 보아야 오리처럼 보이는지는 알 수 없다. 어찌되었건 정상 아래에 있는 샘물이 부지다. 이곳에서 흘러내리는 계곡물을 부지천이라 부르는데 바로 금류폭포의 원류가 된다. 나는 이 부지를 수락산장에 있는 샘물로 본다. 어쩌면 정허거사가 〈수락팔경〉에서 읊은 "불로정 맑은 약수 감로수가 이 아닌가"라는 구절의 불로정 역시 바로 이 부지를 지칭하는 것이 아닐까 싶다.

그다음에 감상한 시는 제목 자체가 〈동봉東峯〉이다. 이 시에서 서계는 동봉에 대한 존경과 사랑을 고백할 뿐 아니라 더 나아가 자신을 동봉과 동일시한다. 하긴 200년 가까운 시차를 두고 각기 다른 시대를 살아갔지만 동봉과 서계는 서로 닮은 점이 많다. 동봉은 조정에 등을 돌렸고 서계 역시 그러했다. 동봉은 유불선儒佛仙을 넘나들었고 서계 역시 그러했다. 서계가 훗날 송시열이 이끌었던 노론들에 의해 사문난적斯文亂賊으로 몰렸던 빌미가 바로 여기에 있다.

〈동봉〉은 매우 아름다운 시일뿐더러 오늘의 산행을 요약하는 의미도 담긴 듯하여 그 전문을 인용하는 것으로 후기를 갈음한다.

東峯已無舊精舍 동봉이무구정사
道人風流誰繼者 도인풍류수계자
西溪老翁住溪畔 서계노옹주계반

獨愛東峯行坐看 독애동봉행좌간
東峯高入星漢邊 동봉고입성한변
道人道超隨夷前 도인도초수이전
凡僧俗士不好事 범승속사불호사
道人遺蹤今莫記 도인유종금막기
寂寞空巖吟久倚 적막공암음구의
東峯月照西溪水 동봉월조서계수

동봉에 이미 옛 정사 없어졌으니
도인의 풍류 이을 이 그 누구인가
서계의 노옹 시냇가 언덕에 살면서
유독 동봉 사랑해 언제나 바라보네
동봉은 은하수가에 높이 솟았고
도인의 도 수이보다 뛰어났네
범속한 승려와 선비 일을 좋아하지 않아
도인이 남긴 자취 이제 기억하지 못하지
적막한 바위에 오래도록 기대어 읊조리니
동봉의 달이 서계의 물을 비추네

만산홍엽의 비봉을 넘다

북한산 승가사-비봉-진관사를 찾아서

11월 첫 토요일 아침, 구기탐방지원센터에 모인 참가자들은 많지 않았다. 고작해야 열 명을 조금 넘어섰을 뿐이다. 다들 막바지에 이른 가을 단풍을 만끽하려 전국각지 산지사방으로 흩어진 모양이다. 어쩌면 북한산이 너무 대중적인 산이어서 그럴지도 모른다. 오늘 우리는 승가사를 거쳐서 비봉에 오른 다음 진관사 쪽으로 하산할 예정이다. 북한산에 다녀간 사람들이라면 빼놓았을 리가 없는 사찰들이요 봉우리다. 이 익숙한 산행대상지에서 우리는 또 무엇을 찾으려고 이 가을날 아침에 여기에 모였는가.

신라의 수태가 조성했다는 승가굴과 승가대사좌상

승가사로 오르는 산행길에 만산홍엽이 가득하다. 추위에 대비하여 잔뜩 껴입고 출발한 일행들은 10여 분도 오르지 않아 웃옷들을 벗어 배낭에 쑤셔 넣기 시작한다. 아마도 오늘이 늦가을의 양광陽光을 만끽할 수 있는 올해의 마지막 산행이 되지 않을까 싶다. 그렇게 약 700미터를 오르니 대남문 방향과 승가사 방향으로 길이 갈리는 구기삼거리다. 우리는 당연히 왼쪽으로 방향을 틀어 승가사에서 기원하는 작고 맑은 계곡을 거슬러 올라간다.

승가사의 연원은 길고도 깊다. 이 절집에 관한 가장 오래된 기록은 고려시대 이예李預가 인용한 최치원 문집에서 처음 확인된다.

> 신라 때 삼각산에 있었던 낭적사狼迹寺의 승려 수태秀台가 승가대사의 행적을 듣고는 삼각산 남쪽에 바위를 뚫어 굴을 만들고 승가대사의 모습을 조각했는데, 국가에 물난리나 가뭄 등의 천재지변이 있을 때 기도하면 그 자리에서 응답이 있어 봄·가을로 3일씩 재를 지내고 연말에는 임금이 옷을 바치는 것을 상례로 했다.

대부분의 절집들이 그러하듯 승가사의 모태 역시 '굴'이었

북한산 승가사 약사전에 모셔져 있는 보물 제1000호 석조승가대사좌상. 신라의 승려 수태가 삼각산 남쪽에 굴을 파고 만들었다고 한다. 석상 뒤의 광배는 그 이후에 만들어졌는데 1024년에 조성되었다는 명문이 남아 있다. 최근 종로구청에서 보존 처리를 하였는데 지나치게 깨끗하여 오히려 옛 정취를 찾아보기 힘들다.

다. 실제로 고려시대까지는 승가굴僧伽窟이라는 명칭이 대부분이다. 승가굴이 승가사로 개칭하게 된 것은 조선 건국 직전으로 추정된다. 승가대사는 누구인가? 당나라 고종 때 장안의 천복사에서 대중을 교화하면서 생불生佛로 추앙받았던 인도의 고승이다. 신라 당시 이 승가대사에 대한 대중의 신앙이 대단했던 모양이다. 그는 불교의 영역을 넘어 민간신앙의 차원으로까지 확대되고 격상된다. 참고로 승가란 범어梵語인 상가Samgha의 음역일 뿐이다. 우리나라에서 승려 혹은 중을 승僧이라 표기하는 것도 여기에서 비롯된다.

그러므로 승가사의 핵심은 승가굴에 있다. 승가굴은 현재의 약사전이다. 지난해 겨울에 들렀을 때는 약사전의 참배가 통제되고 있었다. 종로구청에서 승가사 석조승가대사좌상 보존처리공사를 진행 중이었던 것이다. 이번 인문산행에서는 다행히 굴 안으로 들어가볼 수 있었다. 승가대사좌상은 깨끗하고 아름다웠다. 그러나 그 '보존처리'라는 것이 과했던 것일까. 이것이 무려 신라시대에 수태라는 승려가 조각했다는 바로 그 작품이라는 것을 선뜻 받아들이기가 쉽지 않다.

영천과 가양심신 그리고 마애석가여래좌상

승가대사좌상과 그 뒤에 세워져 있는 광배는 서로 다른 시기에 조성되었다. 다행히 광배의 뒷면에는 그 조성 시기가 명확하게 표기되어 있다. 고려 현종 15년, 즉 1024년이다. 위에 언급한 이예의 또 다른 저술 〈삼각산중수승가굴기三角山重修僧伽窟記〉에 따르면 "고려의 역대 왕들이 직접 승가굴에 와서 예를 올렸다"고 한다. 현재의 서울이 고려시대의 남경이었으므로 충분히 개연성 있는 이야기다. 승가대사좌상이 앉아 있는 이 승가굴의 뒤편에서 영험하다는 석간수가 배어 나오고 있다. 이름하여 영천靈泉이다. 이 샘물은 조선 초기에 왕실의 약수藥水 노릇을 톡톡히 했다.

승가굴(현재의 약사전)의 지붕 역할을 하는 커다란 바위 위

승가사 약사전(본래의 승가굴) 앞마당 한편에서 발견할 수 있는 바위글씨 '가양심신.' 약사전 지붕바위에 새겨진 바위글씨 '영천'과 더불어 '금사'라는 서명이 확인된다. 한동안 추사의 글씨가 아닌가 의심했지만 현재로서는 그렇게 단정할만한 증거를 찾지 못하였다.

에 '영천靈泉'이라는 바위글씨가 새겨져 있다. 승가굴 앞의 계단 부근에는 옆으로 누운 기다란 바위 위에 '가양심신可養心神'이라는 바위글씨가 새겨져 있다. 그리고 이 두 개의 바위글씨의 끝에 그것을 썼거나 새긴 사람의 서명이 남아 있다. 바로 금사錦史다. 우리는 이 금사가 누구인지를 놓고 오랜 세월 동안 골머리를 싸맸다. 민간에 떠도는 소문으로는 이것들이 추사의 글씨라 했다. 추사가 승가사를 자주 찾았고 그와 관련된 시문들도 여럿 남겼다는 것은 주지의 사실이다. 우리도 내심 이것이 추사의 글씨이기를 바랐다.

추사 김정희는 거의 200개에 달하는 호를 사용했다. 그야말로 '자고 나면 호를 하나씩 지었다'고 해도 과언이 아니다. 하지만 추사가 사용했던 모든 호를 다 뒤져봐도 '금사'는 찾을 수 없었다. 최근 추사의 진품을 망라했다고 자부하는 최완수의 《추사명품》(현암사, 2017)에도 이 글씨에 대한 언급은 없다. 우리는 과천의 추사박물관에도 고증을 의뢰했다. 돌아온 답변은 "추사의 필적이라는 증거가 없다"는 것이다. 결국 결론은 누가 쓴 글씨인지 알 수 없다는 말이다. 다만 그 내용이 "마음과 정신을 바르게 키울 수 있다"는 뜻이니, 누군가 요양 삼아 이곳에 머물 때, 맞은편 영천의 약수를 아침저녁으로 음복飮福하며 감사하는 마음으로 이 바위글씨를 남겼으리라 짐작할 뿐이다.

내게 있어 승가사의 백미는 마애석가여래좌상이다. 나는 예전에 "미스터 북한산은 승가사 마애석가여래좌상이고, 미스 북한산은 삼천사 마애여래입상이다"라고 쓴 적이 있는데, 이 생각에는 지금도 변함이 없다. 일행들 모두 배낭을 벗어 내팽개치고 마애불로 오르는 가파른 돌계단을 훠이훠이 오른다. 새파란 가을 하늘을 배경으로 다소 무뚝뚝한 표정을 짓고 있는 마애불의 모습이 장엄하고 아름답다. 맞은편으로 장쾌하게 펼쳐진 보현봉과 그 아래의 사자능선 또한 오늘의 산행을 잊지 못할 가을의 추억으로 만든다.

북한산 승가사 구기동 마애석가여래좌상. 보물 제215호. 승가사 약사전 옆의 가파른 계단 끝에 새겨져 있다. 10세기 내지 11세기의 고려시대에 조성된 것으로 보이며 불상의 높이만 5미터에 이르는 거대한 조형물이다. 최근 석조승가대사좌상과 더불어 보존처리를 하였는데 마치 보톡스라도 맞은 것처럼 지나치게 깔끔하여 조금은 낯설게 느껴진다.

"옛것이 좋아 때때로 부서진 비석을 찾고"

승가사에서 비봉碑峰 혹은 그것을 포함한 비봉능선으로 올라서는 길은 많다. 추사와 함께 비봉에 올라 순수비를 비정한 조인영趙寅永의 〈승가사방비기僧伽寺訪碑記〉를 보면 다음과 같은 대목이 있다.

> 승가사 뒤의 기슭을 경유하여 돌 비탈길 수백 걸음을 돌고 돌아가니 석벽에 새겨진 불상이 있었는데 아주 크고 좁다란 상이었다. 오른쪽으로 고개 등성이를 따라 벼랑을 붙잡고 올라갔다.

즉 추사 시대의 사람들은 마애불 오른쪽의 가파른 길을 따라 올라갔다는 것이다. 마애불 왼편으로도 길이 있었다. 지금은 승가사에서 철책을 둘러 통행을 금지한 길이다. 우리는 잠시 '추사 시대의 옛길'을 따라 비봉능선에 오르고 싶은 욕망에 시달렸으나 이내 깨끗이 포기하였다. 공연히 국립공원관리공단의 직원들과 만나 얼굴을 붉히기 싫었던 것이다.

추사가 비봉에 서 있었던 비석이 진흥왕순수비였음을 고증해나간 과정을 밝힌 〈금석과안록金石過眼錄〉을 뒤적이다 보면 찬탄을 금할 수 없다. 그 집요한 고증과 냉철한 추론이 혀를 내두르게 한다. 그가 비봉에 처음 오른 것은 고증을 위한 것이 아니었다. 1805년 김노경은 아들인 추사와 벗들을 대동하고 진관사에 왔다가 비봉에 올랐는데, 당시의 기행을 〈추사부자삼각산기행시첩秋史三角山紀行詩帖〉에 남겼다. 추사가 스무 살 때의 일이다. 추사가 당시까지 도선비道詵碑니 무학비無學碑니 하는 따위의 잘못된 이름으로 알려져 있던 비봉 위의 비석에 '금석학적 관심'을 가지게 된 것은 그로부터 10여 년 후인 1816년의 일이다. 학자들은 이것이 그에게 금석학의 스승 격이었던 청나라의 옹수곤이 사망한 연도(1815)와 관련이 있을 것으로 본다.

그 고증과 추론의 과정을 상세히 설명하기에는 주어진 지면이 너무도 작다. 어찌되었건 추사는 이것이 진흥왕순수비임을 밝혀냈다. 승가사를 베이스캠프로 삼아 몇 번이고 비봉에 오르내리고, 탁본을 뜨고 사서史書를 뒤지며, 고심에 고심을 거듭한 끝에 밝혀낸 경천동지할 쾌거였다. 실로 조선의 금석학이 처음으로 세상에 모습을 드러내는 역사적 사건이다. 추사가 조선반도를 넘어 청나라에까지 그 문명文名 내지 학명學名을 크게 떨치게 된 결정적 사건이기도 하다. 이것이 얼마나 커다란 학문적 사건이었는지를 뒤늦게나마 밝힌 것은 1972년에 발표된 최완수의 논문 〈김추사의 금석학〉이었다.

문화재청은 2018년 4월 추사의 대련 2점을 보물로 지정하였다. '대팽고회大烹高會'와 '차호호공且呼好共'이다. 이 두 대련의 보물 지정에 대하여 불만은 없다. 매우 고고하고 아름다

북한산 비봉 정상에 서 있는 국보 제3호 진흥왕순수비. 진품은 1972년에 국립중앙박물관으로 옮겨졌고 현재 남아 있는 것 복제품이다. 오랜 세월 동안 도선비니 무학비니 하는 잘못된 이름으로 알려져 왔는데 추사가 진흥왕순수비임을 규명하였다. 추사 금석학 최대의 업적으로 꼽힌다.

운 글씨다. 하지만 '호고연경好古研經'이 제외된 것에 대해서는 이해하기 힘들다. 나는 이 글씨와 그 내용이 추사의 대련 중 최고의 경지에 속한다고 믿고 있다. 우리가 흔히 추사학이라고 할 때 그 내용의 가장 핵심이 되는 부분은 금석학이다. 그리고 추사가 금석학에 미쳐 있던 시절에 쓴 가장 아름다운 대련이 바로 이것이다.

好古有時搜斷碣 호고유시수단갈
研經屢日罷吟詩 연경누일파음시

옛것이 좋아 때때로 부서진 비석을 찾고
경전 연구로 여러 날 시를 읊지 못하네

주말이라 비봉에 오르는 바윗길에 자못 사람들이 붐빈다. 예전에는 비봉에 오르는 길이 제법 위험하였다. 하지만 최근에는 발디딤이 애매한 곳에 닥터링을 해놓아서 그다지 어렵지 않다. 청춘남녀들은 물론이거니와 심지어 중고등학교 학생들까지 비봉에 올라 연신 소리를 질러대는 것을 보니 격세지감이 크다. 내친김에 비봉 정상까지 기어오른다. 북한산의 이쪽과 저쪽 모두가 파노라마처럼 펼쳐진다. 노적봉·만경대·백운대·인수봉은 바위산이라 아름답고, 성냥갑처럼 다닥다닥 붙어 있는 아파트들로 가득 찬 서울 시내는 또 도시라서 아름답다.

진흥왕순수비와 추사에 대한 갑론을박

오늘 산행의 최고점(560미터)이었던 비봉에서 내려와 진관사로 떨어지는 계곡길로 접어든다. 제법 가팔랐던 길인데 이제는 철책이며 데크 따위를 설치해놓아 안전성은 높아진 대신 재미는 떨어진다. 그뿐인가? 계곡의 상류로 내려가는 길은 아예 펜스로 가로막고 과태료 운운하는 협박성 경고문을 걸어놓아 기분을 더럽게 만든다. "국립공원관리공단은 관리를 하라니까 그냥 '통제'만을 일삼고 있다." 참가자 한 분의 볼멘소리에 일행들은 쓴웃음을 짓는다.

하행길의 너럭바위에 앉아 잠시 숨을 고른다. 모처럼 편안한 휴식 시간이 길게 주어지자 참가자들이 저마다 목소리를 내기 시작한다. 내가 말문을 연다. 추사가 19세기 조선을 대표하는 대학자이자 뛰어난 예술가라는 데에는 이견이 없다. 하지만 그렇다고 해서 국보급 문화재(실제로 북한산 진흥왕순수비는 훗날 국보3호로 지정되었다)에 "내가 이것을 고증했다"며 자신의 이름을 새겨 넣는 것이 과연 합당한 일인가? 나는 그렇지 않다고 본다. 더구나 그와 함께 이름을 새겨 넣은 조인영은 저 악명 높은 19세기 세도정치의 본가 풍양 조씨의 일원이다. 나는 이것이 '타고난 금수저'였던 추사의 오만방자함을 방증하는 사례라고 본다.

왜 하필이면 저 봉우리(비봉)에 순수비를 세웠을까? 이것은《바위로 배우는 우리 역사》(무한, 1999)를 쓴 노승대의 질문이다. 진흥왕이 자신의 영토임을 내세우고 싶었다면, 왜 북한산 최고봉인 백운대도 아니고, 이 근처에서 제일 눈에 잘 띄는 보현봉이나 문수봉도 아니고, 저 비봉에 비를 세웠느냐는 본질적인 물음이다. 노승대는 "이 봉우리가 오래전부터 민간신앙의 기도터였기 때문"이라고 답한다. 나는 그의 답변에 대체로 수긍하는 편이다. 하지만 인문산행팀의 조장빈은 반론을 제기한다. 비봉의 거북바위(오늘날 코뿔소바위라고 부르는)에 민간신앙의 흔적(알터)이 남겨진 시기(조선 후기로 추정)는 진흥왕순수비가 세워졌던 시기(신라)와 너무 큰 차이가 난다는 이유에서였다. 이 역시 경청할만한 견해다.

인문산행의 단골 참가자인 한복헌 선생이 돌연 앞으로 나선다. 비봉에 있던 진흥왕순수비가 그 균열 및 훼손 가능성을 빌미로 삼아 국립중앙박물관으로 옮겨진 것은 1972년의 일이다(현재 비봉에 세워져 있는 비석은 복제품이다). 그런데 한 선생이 당시 〈조선일보〉의 문화부 기자 자격으로 그 원본이 비봉에서 분리되어 옮겨지던 바로 그날 현장에 있었다고 한다. 그야말로 대박(!)이 아닐 수 없다. 한 선생의 생생한 구술口述로 전해들은 그날의 이전 현장은 필설로 형용이 불가능할 정도로 그로테스크한 가관(!)이었다. 그 적나라한 무지와 몽매의 현장을 이 글 안에 옹골차게 다 담을 수 없음을 안타깝게 생각한다.

유서 깊은 진관사는 현대적 대찰로 거듭나고

매봉(응봉)능선을 사이에 두고 나란히 흘러내리는 진관사 계곡과 삼천사 계곡은 북한산에서 그나마 제일 오염이 덜한 청정 계곡이었다. 1990년대에 이곳에 와서 뜨거운 여름 한 철을 시원하게 보냈던 기억들은 이제 '돌아갈 수 없는 이상향의 추억'으로 남아 있을 뿐이다. 옛 추억을 곱씹으며 발걸음을 옮기다 보니 어느새 진관사가 눈앞에 펼쳐진다. 제일 먼저 드는 생각은 '진관사가 언제부터 이런 대찰이었던가' 하는 것이다.

물론 아주 오래전의 진관사는 대찰이었다. 예로부터 한양 도성 바깥의 동서남북에 4대 사찰이 있으니 "동은 불암산 불암사, 서는 북한산 진관사, 남은 삼성산 삼막사, 북은 북한산 승가사"라는 말이 전해왔다. 진관사의 연혁을 따지고 들면 고려시대의 신혈사에서부터 시작되니 이 또한 논문 여러 편 분량이 될 터이다. 하지만 수년 전까지 내가 직접 와서 듣고 보고 체험한 진관사는 아담하고 깨끗하게 관리되고 있던 소박한 비구니 절이었을 뿐이다. 그때는 고작해야 대웅전을 중심으로 서너 개의 건물들만이 들어서 있는 소박한 절집이었다.

그런데 이번 인문산행에서 마주친 진관사는 어마무시한 대찰이었다. 그것도 절 입구에 매우 많은 차량을 동시에 주차할 수 있는 거대한 주차장까지 갖추고, 최근 유행이 되다시피 한 '외국인을 위한 템플스테이'를 전문적으로 실행하고 있는, 시대적 요구에 잘 대응하고 있는 현대적 대찰이었다. 그나마 다행이라고 여길만한 것은 매우 넓은 부지에 빼곡히 들어서 있는 건축물들이 제법 품위 있는 모양으로 배치되어 있다는 것이다. "오전에 둘러본 승가사는 너무 '돈 냄새'가 났는데 여기 진관사는 그래도 '절집 향기'가 나네." 참가자 한 분의 말씀에 모두 동의하는 듯 고개를 주억거린다.

뒤풀이는 연신내역 부근의 노포老鋪 목로집에서 이루어졌다. 내가 거의 30년 가까이 찾는 단골집인데, 파 향이 밴 돼지고기가 일품인 서민적 술집이다. 오늘의 강사였던 조장빈이 진관사에서 못다한 '추사의 대웅전 편액 글씨'에 대하여 일장연설을 펼친다. 소주잔을 부딪히던 참가자 한 분이 우스갯소리를 한다. "승가사 바위글씨 '가양심신'은 추사 글씨인지 아닌지도 몰라, 비봉의 원본 진흥왕순수비는 딴 데로 이전됐어, 진관사 대웅전 추사 글씨는 현재 어디 있는지 아무도 몰라, 그럼 우리 오늘 하루 종일 추사의 허깨비만 쫓아다닌 거네?" 이럴 때는 대꾸하거나 변명할 말을 주워섬기기가 버겁다. 그저 속없이 껄껄 웃으며 들고 있던 소주잔이나 함께 힘차게 맞부딪힐 밖에는.

과천노인 추사가 만년을 의탁한 산자락

청계산 추사박물관과 과지초당을 찾아서

올해의 마지막 인문산행이 예정된 날이다. 아침 일찍 집을 나섰던 나는 조금 당황했다. 마포역 부근의 집에서 약속장소인 선바위역까지 불과 40분도 채 걸리지 않았던 것이다. 관악산과 청계산을 구획하는 물줄기가 양재천이다. 선바위역은 양재천에 바투 붙어 있다. 서울과 과천의 경계를 이루고 있는 이 두 명산의 산행기점이 내 집에서 이토록 가까이 있다니 이 또한 축복이라며 내심 쾌재를 부른다. 아직 약속 시간까지 한 시간도 넘게 남아 있으니 이참에 선바위역의 역명 유래가 된 선바위를 찾아 나선다.

복원되고 역명의 유래가 된 선바위

선바위는 선암사거리의 동쪽 방면에 조성되어 있는 자그마한 공원 안에 들어서 있다. 선바위역의 출구 중에서는 4번에 가깝지만, 3번 출구로 나와 차도를 건너는 것이 더 편하다. 그러나 현재 서 있는 것은 오리지널이 아니라 복제품이다. 그나마 플라스틱 따위로 바위 흉내만 낸 것이 아니라 온전한 바위를 옛 모습 그대로 조탁하여 만든 것이라 제법 볼 만하다. 높

선바위역이라는 역명의 유래가 된 과천 선바위. 본래 양재천의 지류 한가운데 솟아 있어 선바위마을과 광창마을의 경계를 이루었는데, 하천정비사업 과정에서 분쇄되었다. 이를 몹시 안타깝게 여긴 마을사람들이 과거의 기억을 되살려 가까운 위치에 복원한 것이다.

이는 3미터에 육박하고 둘레는 2.5미터에 달하여 육중하고 튼실한 느낌을 준다.

원래의 선바위는 현재의 위치에서 조금 더 뒤로 물러난 곳에 흐르는 양재천의 지류 한가운데 솟아 있었다. 맑은 시냇물의 이쪽이 선바위마을이었고, 저쪽이 광창마을이었는데, 선바위는 바로 그 시내의 중심에 우뚝 솟아 양쪽 마을 간의 경계 구실을 했다. 동네 사람들의 추억담에 의하면 아이들이 이 바위 아래서 멱을 감기도 했고, 바위에 기어올랐다가 괴성을 지르며 다이빙을 즐기기도 했으며, 시내를 건너다니던 마을 사람들이 잠시 기대어 쉬어가기도 했다고 한다.

전국 어느 마을에나 선바위는 있다. 선바위는 말 그대로 '세운 바위'였고, 대체로 남근석의 형태를 띠고 있으며, 한자로는 입석立石이라고 표기한다. 마을의 경계를 나타내기도 하고, 액운이 들어오는 것을 막는 역할도 하며, 기자신앙의 대상이 되기도 했던 우리 고유의 바위문화유산이다. 예전에 이곳 마을의 어르신들이 마을에 좋은 일이 있거나 잔치가 열렸을 때 선바위에 먼저 음식을 바치며 "고수레!"를 외쳤다고 하니 이 바위 역시 신성시되었던 것임에 틀림없다.

그랬던 바위가 물줄기를 정비하면서 부서져버렸으니 마을 어른들의 심기가 편했을 리 없다. 현재의 선바위는 양쪽 마을 사람들의 간절한 염원을 담아 원형 그대로 복원한 것이다. 맑은 시냇물 한가운데 우뚝 솟아 있었을 예전의 선바위를 상상해본다. 어른들의 기원터요 아이들의 놀이터였을 영험한 바위다. 관악산과 청계산의 참 경계는 바로 이 선바위가 아니었을까. 이제는 그 바위의 이름이 역명의 유래로나마 오늘날까지 전해진다는 초라한 현실에서 그나마 위안을 찾아야 하는 것인가.

추사의 '문자향 서권기文字香 書卷氣'가 어린 박물관

약속 시간인 10시가 되자 참가자들이 모두 집결했다. 오늘도 스무 명을 훌쩍 넘는 대규모 인원이다. 일행들이 저마다 내놓은 참가의 변辯은 다양했다. 청계산에는 많이 와봤지만 옥녀봉의 북동사면으로 올라본 적은 없어서. 과천에 추사박물관이 있는 줄 이번에 처음 알아서. 올해의 마지막 인문산행이라니 아쉽기도 하고, 그동안 즐거운 산행을 함께했던 분들과 송년 인사라도 나누고 싶어서. 주최 측으로서는 그저 고마워 연신 머리를 숙여 조아릴 뿐이다.

선바위역에서 추사박물관까지는 3킬로미터가 조금 넘는다. 걸어가기에는 다소 부담스러운 거리다. 일행들은 버스를 타고 이동한다. 경마공원(렛츠런파크 서울)의 북쪽 경계를 살짝 에둘러가는 코스다. 15분 남짓 버스를 타고 가니 이내 추사박물관에 닿는다. 추사와 관련된 사료들을 전문적으로 모

과천 추사박물관의 전시물들 중의 하나인 '추사의 서명과 인장.' 추사와 관련된 전문적인 전시공간은 전국에 세 곳이 있다. 충남 예천 추사고택 옆의 추사기념관, 제주 서귀포 추사적거지 근처의 추사관, 경기 과천의 추사박물관. 개인적인 견해로는 과천 추사박물관의 컬렉션이 가장 훌륭하다.

아놓고 전시를 하는 곳은 전국에 세 군데 있다. 충남 예산 추사고택 옆의 추사기념관, 제주 서귀포 추사적거지 근처의 추사관, 그리고 이곳 경기 과천의 추사박물관. 나는 개인적으로 이곳의 추사박물관이 가장 훌륭한 콘텐츠를 제공하고 있다고 생각한다.

내 경험상 박물관이나 미술관에 가면 도슨트docent의 해설을 듣는 것이 가장 효율적이고 경제적이다. 일단 큰 틀에서 공식적인 개관槪觀을 한 다음 따로 개인적으로 깊게 파고드는 것이 좋다는 뜻이다. 추사박물관 소속의 여성 학예사 한 분이 기꺼이 우리의 안내와 해설을 맡아주었다. 2층의 생애 전시실에서 시작하여 1층의 학예전시실을 거쳐 지하 1층의 후지츠카 기증실, 그리고 때마침 개최 중이던 기획전시 '추사서화파'까지 둘러보는 제법 긴 여정이었는데, 학예사의 해박한 지식과 유쾌한 입담에 그야말로 시간 가는 줄 모르고 즐길 수 있었다. 이 자리를 빌려 감사의 말씀을 전한다.

추사의 학문과 예술을 논하기에는 이 지면이 너무 작다. 우리가 관심을 갖는 것은 왜 하필이면 과천의 청계산 밑에 추사박물관이 들어섰느냐는 의문이다. '산山'과 그 '장소성場所性'이야말로 인문산행의 영원한 주제다. 예산은 추사 가문의 고택이 있는 곳이다. 서귀포 대정은 추사가 유배를 갔던 곳이다. 그렇다면 과천의 청계산은? 추사의 선친인 김노경이 이곳 산자락에 과지초당을 지었고, 추사는 만년을 이곳에서 보냈다.

흔히 추사 만년의 걸작으로 문인화 〈불이선란不二禪蘭〉과 봉은사의 현판 '판전板殿'을 꼽는다. 두 작품 모두 추사 과천시대의 유물이다. 유난히도 호號가 많았던 추사가 만년에 즐겨 쓴 것은 과노果老, 즉 '과천의 늙은이'였다. 그가 세상을 떠나기 3일 전에 완성했다는 '판전'에는 '칠십일과병중작七十一果病中作(71세의 과천 노인이 와병 중에 남기다)'이라는 서명을 남겼다. 즉 그는 스스로를 마지막으로 '과천의 늙은이'라 명명했던 것이다. 이로써 과천의 청계산은 '추사 말년의 거처'라는 인문학적 위상을 얻는다.

추사가 만년을 보낸 과지초당을 찾아서

박물관이나 미술관에서의 관람 혹은 백화점에서의 쇼핑은 흔히 사람의 진을 뺀다. 짧은 시간 안에 지나치게 많은 정보가 주입되는 까닭이다. 추사박물관에서 그가 뿜어내는 '문자향 서권기'에 취한 일행들은 산에 오르기도 전에 기진맥진해 버렸다. 진도 빠지고 배도 고팠던 것이다. 추사박물관 뒤편 야산에 보호수로 지정되어도 전혀 어색하지 않을 커다란 나무가 있다. 사전답사를 왔을 때 미리 점지해두었던 점심 식사 자리다. 일행들은 삼삼오오 둘러앉아 주린 배를 채우고 마른 목을 축인다.

추사의 생부 김노경은 그가 한성판윤으로 재직할 당시인 1824년에 이곳 과천의 청계산 자락에 별서를 짓는다. 이 사실은 그가 청나라의 문인 등전밀鄧傳密에게 보낸 편지에 자세히 묘사되어 있다. "요사이 서울 가까운 곳에 집터를 구해서 조그마한 집을 마련했는데 자못 장원의 풍모를 갖추었습니다. 연못을 바라보는 위치에 몇 칸을 지어서 '과지초당瓜地草堂'이라 이름했습니다. 봄이나 가을 휴가가 날 때 적당한 날을 가려 찾아가 지내면 작은 아취雅趣를 느낄 만하여 자못 친구들에게 자랑할 만합니다."

그가 초당의 이름에 과천의 '과果' 자를 쓰지 않고 굳이 '오이 과瓜'자를 쓴 것은 아마도 사마천의 《사기史記》에 나오는 동릉과東陵瓜를 염두에 두었던 까닭이리라. 간단히 말하여 "벼슬에서 물러나 전원의 한가한 삶을 누려보겠다"는 뜻을 내포한 것이다. 당시 과천의 특산물이 오이였기 때문이라는 것은 또 다른 해석이다. 여하튼 김노경은 이 과지초당을 무척 아꼈고, 그의 아들인 추사 역시 자주 찾았다. 그가 남긴 시 〈가을날 과지초당에 거듭 오다秋日重到瓜地草堂〉는 이 별서에 대한 그의 사랑을 여과 없이 드러낸다.

出門秋正好 출문추정호
攜衲更堪憐 휴납갱감연
款款三峯色 관관삼봉색
依依五載前 의의오재전
青苔仍屋老 청태잉옥노
赤葉漸林姸 적엽점림연
飄泊西東久 표박서동구
山中銷暮煙 산중소모연

문을 나서니 가을이 정히 좋은데

중을 끌어 다시금 어여쁘다네
정겨움 내보이는 삼봉의 빛은
가물가물 다섯 해 이전이로세
푸른 이끼 낡은 집에 그대로 있고
붉은 잎은 수풀에 물들어 곱네
동서로 떠돈 적이 하도 오래라
산속에 저문 연기 잠기어 있네

현재의 추사박물관 앞에는 과지초당이 복원되어 있다. 하지만 그 위치며 형태가 정확한 고증을 거쳐서 결정된 것은 아니다. 그저 과천에 과지초당이 있었다는 기록이 있고, 마침 추사박물관이 들어섰으니, 그 앞마당에 상상 속의 건물을 지어놓은 것뿐이다. 우리는 실제의 과지초당이 청계산 옥녀봉 자락에 조금 더 가까이 붙어 있었으리라 여긴다. 옥녀봉 아래 과지초당이 있었고, 그곳과 옥녀봉 사이에 김노경의 (옛) 묘소가 들어섰으리라는 것이다. 단순한 추정이 아니다. 일제강점기를 넘어 근대에 이르기까지 이 지역에 살았던 추사의 후손들로부터 전해 들은 증언이다.

추사는 김노경의 생전에도 과지초당을 여러 번 찾았다. 김노경이 사망한 것은 1837년의 일이다. 추사는 그 후 1840년, 제주로 유배를 떠난다. 그가 제주와 북청에서의 고된 유배 생

과천 추사박물관 앞마당에 복원된 과지초당. 추사의 부친인 김노경은 1824년 이곳 청계산 자락에 별서를 짓고 과지초당이라 명명하였다. 그의 아들 추사 역시 이곳을 사랑하여 자주 찾았다. 하지만 그 정확한 위치가 이곳이라는 증거는 없다. 과지초당이라는 편액의 글씨는 추사가 쓴 것이다.

활을 마치고 이곳으로 돌아온 것은 1852년의 일이다. 그로부터 4년 후인 1856년, 추사는 이곳에서 삶을 마감한다. 추사는 생애 최후의 4년을 이곳 과천 청계산 자락의 과지초당에서 보내며 선친의 묘소를 돌보았던 것이다. 우리는 베일에 가려진 과지초당과 김노경의 묘소를 찾아 청계산의 버려진 옛길을 훠이훠이 톺아 오른다.

김노경의 묘소가 들어섰던 옥녀봉을 넘어

추사박물관 뒤편의 야산에서 희미한 오솔길이 청계산을 향하여 굽이치며 올라간다. 다니는 사람이 많지 않아 인적이 끊어진 지 오랜 길이다. 본래부터 물을 많이 머금어 부드러운 청계산이 초겨울의 낙엽까지 두르고 있으니 더없이 포근하다. 그렇게 몇 구비를 돌아드니 제법 넓은 공터가 나온다. 경사도가 약간 심해지면서 평지에서 산지로 접어드는 느낌이 나는 곳이다. 오늘의 강사인 조장빈이 이곳에서 문득 발길을 멈춘다. 추사박물관과 더불어 청취한 후손들의 증언에 따르면 여기가 바로 과지초당이 들어섰던 장소다. 어떠한 이정표도 없어 그 장소를 적시하는 것이 거의 불가능하다.

김노경의 묘소 터는 이곳에서 더욱 비탈진 길을 거슬러 오른다. 뚜렷한 등산로가 없는 대신 희미한 옛길들이 사방으로 뻗어 있어 길을 잃기 십상이다. 실제로 일행의 후미는 길을 잃어 본대本隊와 합류할 때까지 거의 한 시간이나 헤매었다. 이곳에 누워 아들인 추사의 보살핌을 받던 김노경의 묘소는 이후 고택이 있는 예산으로 이장되었다. 현재는 이곳이 명당임을 알아본 제3자가 묘역 자체를 사들여 자신의 조상을 새로 모신 상황이다.

일행 중 한 분이 우스갯소리를 한다. “아니 도대체 이곳은 어떻게 찾아낸 거야? 정작 추사 집안도 여기를 모를 것 같은데.” 다른 분이 그 농담을 진지하게 받아 되묻는다. “김노경이 예산 땅을 놔두고 굳이 이곳에 묘를 쓴 것은 다 자식들 잘되라고 한 일일 터인데, 정작 아들인 추사는 그 후손을 잇지 못했으니 이게 어찌된 일인가?” 어찌 보면 뼈아픈 지적이다. 한국의 산을 논할 때 풍수지리니 명당이니 하는 개념을 도외시할 수는 없다. 우리의 역사만큼이나 오래되어 거의 한국인의 DNA에 내장되어 있다고 해도 좋을 개념인데, 조금만 생각을 틀어 그 반증의 예를 찾아보면 또 이것처럼 허황된 개념도 없는 것이다.

김노경 묘소 터를 떠나 능선으로 붙으니 이른바 정규등산로가 펼쳐진다. 청계산 특유의 폭신하고 아늑하며 정겨운 오솔길이다. 옥녀봉을 향하여 나아가다 보니 서울의 시계市界를 넘는다. 과천에서 서울시 서초구로 접어든 것이다. 오늘 산행의 최고도달지점인 옥녀봉(375미터)에 왔으니 기념사진

한 장 안 찍을 수 없다. 일행들은 껄껄 웃으며 저마다 송구영신의 다정한 덕담들을 건넨다.

"올 한해도 다채로운 인문산행으로 즐겁고 유익한 시간을 보냈습니다. 1월과 2월의 혹한기에는 안전문제를 고려하여 인문산행을 쉽니다. 내년 3월에 보다 알찬 내용으로 다시 만나 뵙겠습니다. 여러분 모두 새해 복 많이 받으십시오."

청평산 품 안에 펼쳐진 고려의 선원

춘천 청평사와 이자현의 식암을 찾아서

올해의 첫 인문산행이 시작된 토요일 아침, 청량리역으로 속속 집결한 참가자들의 얼굴에는 어쩔 수 없이 미소와 설렘이 피어난다. 인문산행 사상 처음으로 강원도 땅을 밟는 날이다. 이따금 찬바람이 옷깃을 여미게 하지만 햇살과 공기 중에는 이미 봄기운이 완연하다. 등산과 더불어 인문학을 사랑하는 사람들끼리 떠나는 즐거운 봄 소풍인 것이다.

춘천의 '오봉산'은 70~80년대의 대표적인 데이트 코스였다. 덜컹거리는 경춘선 기차를 타고 가는 낭만이 있었고, 배를 타고 소양호를 건너는 멋이 있었으며, 애인을 동반한 사람이라면 마지막 배를 놓치기 위하여(?) 산에서 최대한 시간을 끌며 짜릿한 설렘을 느껴봤던 곳이다. 참가자들의 고백을 들어보니 과연 이곳에 얽힌 추억 하나쯤 품고 있지 않은 사람이 드물다.

당시에는 그렇게도 아스라했던 춘천이 이제는 지척의 거리로 다가왔다. 2012년에 개통한 itx청춘열차가 서울-춘천 간의 소요시간을 불과 한 시간으로 줄여버린 것이다. 춘천역에 내려 버스로 갈아타고 소양댐 선착장으로 향한다. 시원한 강바람을 만끽하다가 청평사 나루에 가 닿은 시간이 오전 11시 정도. 빨라도 너무 빨라졌다. 우리 앞에 남아 있는 긴 하루는 이제 온전히 인문산행의 몫이다.

구송폭포 앞 반석은 만남과 이별의 장소

청평사 나룻길이 끝나는 길목에서 오늘의 강사가 우리를 기다리고 있다. 춘천을 근거지로 하여 주로 강원도 일대의 역사문화유적들을 탐사하고 있는 강원한문고전연구소의 권혁진 소장. 조장빈 이사가 "춘천으로 인문산행을 오면서 권 소장님께 신고도 안 할 수는 없어서" 연락을 취했더니 뜻밖에도 선뜻 오늘의 강사로 나서주었다. 우리야 감지덕지할 일이지만 예산이 충분치 못하여 속으로만 끙끙 앓고 있었는데, 사후에 쥐꼬리만 한 강사료조차 극구 사양하시니 어찌할 바를 모르겠다. 이 자리를 빌려 진심 어린 감사의 말씀을 올린다.

청평산 전체를 손바닥 꿰듯 알고 있는 권 소장이 우리의 발길을 멈추게 하고 본격적인 강의를 시작한 곳은 구송폭포 앞 반석. 예로부터 청평사에 오가는 손님들을 맞아들이고 배웅하던 장소가 바로 이곳이라 한다. 이를테면 자연적으로 형성된 일주문 역할을 했던 장소인 셈이다. 최초로 〈청평팔영淸平八咏〉을 남긴 보우가 이곳의 반석송객盤石送客(반석에서 손님을 배웅하다)을 제1경으로 꼽았을 만큼 유서 깊고 아름다운 곳이다. 옛 기록에 따르면 이 근처에 구송정이라는 정자도 세워져 있었다.

반석에서 구송폭포를 바라볼 때 왼쪽으로 나 있는 신작로가 현재의 등산로 혹은 차량진입로다. 우리는 그 길을 버리고 반대편인 오른쪽으로 나 있는 희미한 오솔길을 택한다. 대부분의 청평산 유산기에 등장하는 원래의 옛길이다. 작지만 가파른 둔덕을 슬쩍 치고 오르니 숱한 바위글씨들이 눈앞을 가로막는다. 그 위에 세워져 있는 것이 청평사 삼층석탑이다. 석탑은 대부분 경내에 있기 마련인데 이 탑은 이렇게 동떨어져 산기슭에 세워져 있는 것을 보면 일종의 비보풍수가 아닌가 한다. 김시습의 시에도 등장하는 이 탑은 고려 초기에 세워진 것으로 추정된다.

다시 작은 물줄기를 건너 청평사를 향하여 나아간다. 신축된 전통찻집 세향다원 바로 옆에 '진락공 이자현 부도眞樂公李資玄 浮屠'가 있다. 참가자 중의 한 분이 이 부도의 양식을 문

춘천 청평산 청평사의 연혁은 매우 복잡하다. 973년 백암서원이라는 이름으로 창건되었고(1창), 1068년 보현원이라는 이름으로 중건되었으며(2창), 1089년 문수원이라는 이름으로 다시 세워졌다(3창). 1555년에는 청평사라 이름을 바꾸어 크게 중창하였고(4창), 1977년 이후 현재의 모습을 갖추었다(5창).

제 삼아, 이자현의 것이 아닐 수도 있다는 의심을 피력한다. 겸허하고 자상한 성품의 권 소장이 친절하고 진솔한 답변을 돌려준다. "이곳 청평사 인근에는 모두 세 곳에 부도가 서 있는데, 이자현의 성품 및 고려시대 부도의 제작 양식을 염두에 두면, 제일 높은 곳에 있는 신동 부도가 그의 것일 가능성이 많다고 봅니다."

나 역시 그를 만나면 묻고 싶은 것이 많았다. 그의 저서 대부분을 밑줄까지 그어가며 탐독해온 나는 특히 최근에 출간된 《김시습 호탕하게 유람하다》(산책, 2018)를 읽고, 김시습이 이곳에 세웠다는 세향원細香院이 궁금했었다. 권 소장은 친절하게 그 위치를 알려주었다. 이곳 이자현 부도 뒤편으로 작은 계곡이 두 개 이어지는데, 그 사이의 능선을 따라 약 300미터 정도 올라가면 나온다는 것이다. 당장에라도 달려 올라가보고 싶었으나, 공식행사 도중 일행들을 버리고 나 홀로 갈 수도 없고, 그렇다고 일행들을 모두 이끌고 저 '길 없는 길'을 함께 올라가자고 하기도 민망하여, 그냥 그 진입로에 눈도장만 찍고 돌아섰다.

우매한 나의 질문은 계속된다.

"김시습은 평생 가난한 걸승乞僧의 행색을 벗지 못한 사람인데, 과연 주춧돌까지 놓고 원院을 세울만한 재력이 있었을까요?"

박식한 권 소장은 간명하게 의문을 해소해준다.

"김시습은 젊은 시절부터 이미 고승高僧의 대우를 받았습니다. 가는 절집마다 그를 우러러보는 스님들이 많았습니다. 그가 발원하면 기꺼이 도우려는 사람들이 많았을 것이기에 충분히 가능한 일이었다고 봅니다."

고려 영지의 발굴과 그 의미

강의가 너무나 흥미진진하고 질문과 답변 또한 그치질 않으니, 시간 가는 줄 모르는 대신 배에서 꼬르륵 소리가 난다. 그래서 본래 점심 식사 자리로 점찍어 놓았던 '공주탕'까지 가지 않고 그냥 이곳에 퍼질러 앉을까 하고 요령을 피우려는데 이 또한 쉽지 않다. 영지影池가 바로 코앞에 있고, 그것을 제대로 설명해주기 위하여 머나먼 길을 달려와주신 특별강사가 와 계신 것이다. 바로 인문산행팀의 자문을 맡고 계신 심우경 고려대 명예교수다.

한국정원문화연구회가 창립된 것은 1980년이었다. 그리고 그들이 첫 번째 사업으로 진행한 것이 바로 이곳 영지의 발굴조사였다. 그들은 1981년 여름부터 이듬해 봄까지 무려 9번의 발굴조사를 통하여 이곳 영지의 전모를 밝혀냈는데, 당시 이 연구 활동을 주도한 이가 바로 심 교수였다. 영지에 대한 최초의 학문적 접근이다. 이후 그는 전국 선종禪宗 사찰의 입구에 조성된 영지들에 대한 연구에 10여 년의 세월을 고스란히 쏟아붓는다. 간단히 말하여 영지에 관한 한 그가 국내 최고의 권위자인 것이다.

얼마 전에 정년퇴직한 심 교수는 현재 전남 곡성으로 낙향하여 살고 있다. 그런 그에게 이번 인문산행은 청평산으로 간다고 말씀을 올리니 대번에 "그렇다면 내가 올라가야지!" 하며 단숨에 달려오신 것이다. 우리로서는 그저 황송할 따름이다. 덕분에 이번 인문산행은 국내 최강의 강사 두 분을 모시고 진행할 수 있었다. 주최하는 입장에서는 그야말로 양수겸

장 혹은 "저 놀부 두 손에 떡 들고"의 심정이다. 다시 한번 감사의 말씀을 올린다.

심 교수에 따르면 영지란 수행을 위하여 만들어놓은 '잔잔한 거울'과 같은 것이다. 이 거울에 비추어 보는 대상은 크게 세 종류로 나뉜다. 부처와 탑과 산이다. 이 셋은 그 본질상 서로 다르지 않다. 불교적 이상의 다른 표현일 뿐이다. 이 중에서 부처를 비추는 것을 불영지佛影池, 탑을 비추는 것을 탑영지塔影池, 산을 비추는 것을 산영지山影池라고 한다. 이곳 청평사의 영지는 전형적인 산영지다. 그러므로 현재의 영지 앞에 있는 나무들은 베어내야 한다. 그래야 영지에 비친 산의 모습을 제대로 감상하며 수도와 명상에 들 수 있다. 나옹화상과 김시습이 주석하였다는 복희암 혹은 서향암도 이곳 영지를 통하여 바라볼 수 있었을 것으로 추정된다.

발굴 당시 연세대 건축학과 교수들의 도움을 받아 측량한 영지는 둥근 타원형卵形이었다. 옆으로 흐르는 계곡물을 땅 밑으로 끌고 와 영지를 고요히 채우는 잠복수潛伏水 기법을 확인했다. 영지에는 본래 수석을 배치하거나 수초 따위를 키우지 않는다. 오직 파랑이 일지 않는 맑은 물이 필요했기 때문이다. 발굴 당시의 영지는 상지上池와 하지下池로 나뉘어 있었다. 상지를 채운 물이 매우 부드럽게 하지로 넘쳐흘러 물결을 일으키지 않는다. 이 모두가 고려시대 정원 조성 기법의

청평사 경내에 있는 고려시대의 영지. 이곳에 문수원을 세울 당시 이자현이 조성한 것으로 수행을 위하여 만들어진 '잔잔한 거울'과 같은 것이다. 그러나 학자들의 연구와 실측 등을 토대로 밝혀놓은 이 연못의 기능과 의미는 이후 무분별한 개발과정에서 크게 훼손되었다.

놀라운 증거요 현장이었다.

하지만 기껏 밝혀놓은 학문적 성과들을 공무원들이 복구 혹은 재단장한답시고 모두 망쳐놓았다며 심 교수는 장탄식한다. 현재의 영지는 둥근 타원형이 아니라 마름모꼴이다. 잠복수 대신 물이 위로 흘러들게 만드는 바람에 잔물결이 일어 일렁거린다. 상지와 하지로 나뉘었던 공간은 그 경계를 없애 하나로 뭉뚱그려버렸다. 바위를 들여놓고 수초를 키워 한낱 일본식 연못으로 격하格下시켰다. 영지 앞의 나무들을 손보지 않아 물에 산을 비춰볼 수가 없다. 한마디로 영지 본래의 모든 기능과 의미를 상실해버린 것이다.

서천의 물과 바위 예로부터 들었는데

일행들은 청평사로 들어가지 않고 그 왼편에 위치한 계곡의 바위 앞에서 배낭을 내린다. 오늘 점심 식사를 할 곳이다. 현재의 개념도에는 '공주탕'이라 표기된 곳이다. 새로운 작명을 할 때는 제발 좀 신중해졌으면 한다. 구송폭포 오기 전에 만나게 되는 '공주와 상사뱀' 동상이나 이곳의 '공주탕'이라는 지명이나 모두 한때 청평사가 원나라 황실의 원찰이었다는 사실과 거기에서 연유한 전설에 기초한다는 것은 알겠는데 지나치게 천박한 작명이다.

소박하나 즐거운 점심 식사를 하면서도 권 소장의 강의는 계속된다. 이곳 '공주탕' 일원의 본래 이름은 서천西川이었다. 세향원에 머물던 김시습은 이곳 서천의 너른 바위臺 위에도 정자를 지었다. 이곳 서천 계곡이 승경을 이루었다는 소문은 널리 퍼져 조선 후기의 주요 유상처 중 하나로 떠올랐다. 김상협 역시 이곳 서천에 와서 김시습의 자취를 살피며 유산시를 남겼다.

> 서천의 물과 바위 예로부터 들었는데, 직접 보니 참으로 그윽하고 뛰어나네. …이내 불현듯 떠오르는 동봉자, 고사리 캐던 곳

이 또한 이 산속이었네. (국역 권혁진)

이야기의 불똥은 '오봉산'이라는 산명으로 튄다. 이 산에는 여러 가지 이명이 있지만 가장 걸맞은 것은 청평산이다. 실제로 대부분의 고서에는 청평산이라 표기되어 있다. 그러다가 오봉산이라는 이름이 슬슬 부각된 것은 1970년대 즈음의 일이다. 당시에는 관광버스를 대절해놓고 등산객들을 끌어모아 돈을 받고 산행을 안내하는 이른바 '가이드 산행'이 유행하였다. 그때의 가이드들이 아무 생각 없이 "이 산은 봉우리가 다섯 개 있어서 오봉산"이라고 한 것이 마치 공식 산명처럼 굳어진 것이다. 이제부터라도 의식적으로 청평산이라 부르는 것이 옳다.

청평산을 청평산으로 만든 것은 이자현李資玄이다. 이자현이야말로 청평산의 터줏대감이며, 명실공히 오늘 인문산행의 주인공이라 할 만하다. 우리는 오늘 그가 조성한 고려시대의 선원禪苑을 둘러보기 위하여 이곳에 왔다. 점심 이전에 둘러본 구송폭포는 그가 주변에 아홉 그루의 소나무를 심었기에 붙여진 이름이며, 영지 역시 그가 심혈을 기울여 조성한 선원의 일부일 뿐이다. 청평산과 이자현을 이해하려면 청평사의 연혁을 간단히 짚고 넘어가는 것이 필수일 듯하다.

청평사는 973년(고려 광종 24년) 백암선원이라는 이름으로 창건되었다. 이후 1068년 보현원이라는 이름으로 중건되었는데, 바로 이자현의 아버지인 이의가 세운 것이다. 이자현은 29세가 되던 1089년부터 입적할 때까지 무려 37년 동안 이곳에 은거하며 도를 닦았다. 그가 들어온 이후 도적떼와 맹수들이 자취를 감춰 "맑고 평화로운淸平" 곳이 되었다 하여 산 이름이 청평산이다. 당시 그는 이곳을 문수원文殊院이라 불렀다. 조선의 보우는 1555년 이곳의 이름을 청평사로 바꾸고 크게 중창하였다. 청평사가 오늘날의 모습을 갖추게 된 것은 보우 때의 일이다.

하지만 청평사는 조선 후기에 완전히 쇠락했으며 한국전쟁 등을 거친 다음에는 거의 남아 있는 건물이 없었다. 실제로 1970년대까지 청평사는 폐사지나 다름없었다. 현재의 청평사는 1977년 이후 복원한 것이다. 그러므로 청평사는 오창五創의 연혁을 가지고 있다. 백암선원(1창), 보현원(2창), 문수원(3창), 청평사(4창), 현대(1977년 이후 5창). 1창과 2창에 대한 기록은 거의 남아 있지 않다. 우리가 관심을 갖는 것은 3창인 이자현의 문수원 선원이다. 청평산의 인문학적 가치는 문수원에서 찾아야 한다. 다행히 숱한 문건에 그 기록들이 남아 있다.

"문수원의 자취는 청평사 경내에 남아 있지 않습니다." 다시 배낭을 짊어지고 일어서며 권 소장이 무심결에 툭 던진 말이다. "그런데 사람들은 현재의 청평사만 보고 발길을 돌리지요. 그게 참 안타까웠는데, 오늘은 인문산행팀이 왔으니 더 깊숙이 들어가봅시다." 이제 우리는 이자현이 조성한 문수원의 핵심지역이라 할만한 선동仙洞을 향하여 나아간다.

그는 세속을 벗어나 신선이 되고자 했다

흔히들 이자현이라 하면 '현재의 청평사라는 절을 세운 사람' 정도로 기억한다. 여러모로 사실과 다르다. 그가 조성한 문수원은 현재의 청평사와 사뭇 달랐다. 그를 불교도라고 규정하기도 어렵다. 불교와 무관한 것은 아니되, 불교에 올인한 사람도 아니었다. 그는 차라리 도교 혹은 신선사상에 가까운 사람이었다. 이자현이 살았던 시대는 유교가 도입되기 훨씬 이전이었다. 그러므로 그를 '유불선을 통합한 사람'이라 부를 수는 없다. 그는 선禪을 중심으로 도불道佛을 융합하고자 했다. 김시습이 이곳을 사랑한 것도 그런 맥락 때문이 아니었을까 싶다.

문수원의 영역은 매우 넓었다. 심 교수에 따르면 평지에서 산정에 이르는 약 45,000평방미터가 모두 선원에 포함되었다. 이자헌은 이 드넓은 공간 안에 자연의 흐름을 거스르지 않는 한도 내에서 참선을 위한 암당정헌庵堂亭軒을 무수히 건립하였다. 그가 현재의 청평사 경외境外에 지은 암자만도 무려 8개에 이른다. 이들 중 현재에도 그 터를 확인해볼 수 있는 곳이 식암, 견성암, 양신암 등이다. 강원대 조경학과 윤영활 교수의 논문 〈청평사 선원의 시대적 형성과 변천상〉은 이 문제를 상세하게 고찰하고 있다.

선동이란 '신선이 사는 계곡'이라는 뜻의 일반명사다. 하지만 청평산의 경우 그것은 고유명사가 된다. 서천의 본류를 향하여 거슬러 올라가다가 보면 오른쪽에서 합류하는 작은 계곡을 만난다. 이곳이 선동의 하류로 숱한 한시 속에 등장하는 곳이다. 그 시작점에 이정표 혹은 문패처럼 '청평선동淸平仙洞'이라는 바위글씨가 새겨져 있다. 작지만 가파른 절벽 밑

이자현이 조성한 문수원의 핵심은 현재의 청평사 경내에는 남아 있지 않다. 이자현이 참선에 들곤 했던 계곡과 능선은 '선동'이라는 고유명사로 불리었다. 그 계곡으로 들어서는 입구에 '청평선동'이라는 바위글씨가 새겨져 있다.

에 있고 길이 워낙 비좁은 탓에 단체 사진을 찍어 남기느라 일행들의 고생이 크다.

계속 선동 계곡을 거슬러 올라가다 보면 다양한 안내판들을 만난다. 가까운 곳에서부터 나열해보자면 척번대, 선동 부도, 청평식암, 진락공 세수터, 적멸보궁, 오층석탑, 소요대, 천단 등이다. 흡사 시루떡을 첩첩이 쌓아놓은 것 같은 척번대를 지나 선동 부도로 나아간다. 권 소장이 혹시 이자현의 진짜 부도가 아닐까 비정하고 있다는 바로 그곳이다. 심 교수와 권 소장이 번갈아 알짜배기 강의를 펼치니 참가자들은 경청하고 받아 적느라 정신을 차리기 어렵다.

식암폭포는 2단으로 되어 있는데, 아래쪽 폭포의 위가 이자현의 8암자 중 선동암 터로 여겨지는 곳이다. 폭포 위로 올라서면 이른바 '진락공 세수터'다. 이 역시 너무 천박한 작명이다. 반석 위에 인공적으로 홈을 내어 물이 고이는 곳 두 곳을 만들어놓았는데, 이자현이 차를 끓여 먹기 위하여 물을 받던 곳이라고 한다. 차를 즐기는 사람들에게는 '고려시대의 차 문화'를 답사하기 위한 일종의 성지순례 코스라고 하니 그에 걸맞은 이름을 붙여줄 수도 있을 법하다. 여기서 오늘 산행의 최종 목적지인 '청평식암清平息庵'이 바로 코앞에 보인다.

약간 가파른 둔덕을 딛고 올라서니 이윽고 청평식암이다.

이자현이 가장 사랑하였던 참선과 명상의 자리는 '식암'이었다. 도교에서 가장 중시하는 호흡법과 관련이 있다. 옆으로는 폭포의 상류가 흐르고, 뒤로는 병풍 같은 바위가 둘러섰으며, 그 위로는 대臺를 이루었고, 가장 높은 곳에는 소나무 한 그루가 서 있다.

이자현이 가장 사랑했다는 수도터다. 그는 저 아래의 문수원(현재의 청평사)에는 거의 머물지 않았다. 그는 깊은 산속임에도 시야가 탁 트인 이곳, 바로 옆으로는 폭포수의 상류가 졸졸 흘러 차 끓일 물을 길어오기 좋은 이곳, 뒤로는 다시 바위 하나가 솟았고 그 위의 소나무 아래에는 멋진 대가 있어 솔향기 그윽한 이곳에 묵묵히 좌선하고 앉아 선정禪定의 삼매경에 들곤 했다. 식암이라 할 때의 식息은 도교에서 가장 중요한 수련법으로 꼽히는 호흡법과 관련이 깊다.

"신선이 있어야 명산이 됩니다." 권 소장이 오늘의 산행을 정리한다. "이자현이 있어서 청평산은 비로소 이름을 얻었습니다. 청평산과 청평사의 핵심 공간은 바로 이곳 식암입니다." 이자현은 이 청평산 자락에 이토록 아름답고 드넓은 선원을 공들여 조성해놓고 도대체 무엇을 얻고자 했던 것일까? 심 교수가 오늘의 산행을 정리한다. "신선사상은 우리 선조들 대부분의 가슴속에 있었습니다. 불교도건 유교도건 사정은 다르지 않습니다. 이자현은 이곳에서 수양하고 참선하면서 스스로 신선이 되고자 했던 겁니다."

이 바위산 아래에 새 왕조를 펼치다

백악과 삼청동의 바위글씨를 찾아서

소개가 많이 늦었다. 어쩌면 제일 먼저 등장했어야 하는 산이다. 서울지역을 중심으로 인문산행을 진행한다고 할 때, 백악(342미터)은 그 필두에 나서야 할 산임이 자명하다. 다름 아닌 서울의 주산인 것이다. 우리의 선조들이 집을 짓거나, 마을을 형성하거나, 심지어 나라를 세울 때조차 제일 먼저 했던 일은 주산을 정하는 것이었다. 일단 주산이 결정되고 난 연후에야 그 앞자락에 나라가 들어서고, 마을이 형성되고, 집이 세워지는 것이다.

오늘 우리는 "서울을 서울로 만든" 백악에 오르고, 그 산자락의 명승지에 남겨진 바위글씨들을 짚어보고자 한다. 우리가 선택한 출발지는 백악 자락에서도 그 빼어난 풍광과 그윽한 정취로 이름을 떨쳤던 유란동幽蘭洞이다. 한때는 복사꽃이 흐드러져 도화동桃花洞이라 불리기도 했던 이곳이 현재의 청운동淸雲洞이다. 4월의 토요일 아침, 경복고등학교 교정 내 야외 임간교실林間敎室로 속속 집결한 인문산행 참가자들은 얼추 잡아 열댓 명 정도 되었다.

경복궁과 청와대를 품고 있는 산

이 자그마하되 옹골찬 산이 역사의 무대에 떠오른 것은 고려 숙종 때의 일이다. 고려가 현재의 서울에 남경南京을 설치하고자 그 궁궐 터를 모색하던 시절의 기록이 남아 있다. 1101년(고려 숙종 6년) 왕명을 받들어 현지답사를 다녀온 최사추崔思諏와 윤관尹瓘은 이렇게 보고했다. "삼각산의 면악面岳 남쪽 땅이 그 산세와 수세水勢로 보아 옛 문헌에 들어맞으니, 면악의 주간主幹을 중심으로 남향하여 도읍으로 삼음이 마땅합니다."

여기서 이 산의 옛 이름이 면악이었음을 알 수 있다. 이 산의 형세를 '얼굴'처럼 인식한 것이다. 더불어 "옛 문헌에 들어맞으니"라는 표현을 보면 당시에 유행하였던 풍수지리설을 적극 받아들였음을 짐작할 수 있다. 한참 뒤의 기록인《문헌비고文獻備考》'산천조'를 보면 "백악을 일명 면악이라 한다"고 쓰여 있어 '백악=면악'임을 확인할 수 있다. 백악이란 물론 이 산에 '잘생긴 흰 바위들'이 많아 붙여진 이름일 것이다.

조선 중종 때(1537)에는 명나라 사신 공용경을 맞아 경회루에서 연회를 베풀면서 그에게 이 산의 이름을 지어달라고 조른다. 공용경은 이 산을 '(왕궁의) 북쪽 끝에 있다'는 의미로 공극산拱極山이라 명명하였다. 아무리 조선이 섬기던 나라의 사신에 대한 예우라지만 불쾌하기 이를 데 없다. 한 나라 도성의 주산 이름을 한낱 외국 사신의 선부른 취흥醉興에 맡기다니 도저히 받아들이기 힘든 이야기다.

우리에게 보다 익숙하지만 적절하지 않은 다른 이름은 북악산이다. 이 이름은 이른바 '북악로' 혹은 '북악스카이웨이'라는 것이 생겨나면서 일반화된 것인데, 본래 작명의 세계에서는 북北을 상서롭지 못한 것으로 여긴다. 동대문, 서대문, 남대문은 있어도 북대문은 없는 것도 그러한 이치다. 서울시에서는 얼마 전 이 산의 공식명칭을 백악으로 정했다. 덕분에 대부분의 서울시 제작 지도와 이정표에서도 백악으로 표기된다. 앞으로 우리도 이 산을 백악이라 부르는 것이 좋겠다.

백악이 특별한 것은 새 왕조 조선의 정궁인 경복궁을 그 안에 품고 있기 때문이다. 현재의 청와대 역시 백악의 품에 싸여 있기는 매한가지다. 이곳이 천하의 명당이라는 주장도 있다. 현재 청와대 경내에 남아 있는 '천하제일복지天下第一福地'

라는 바위글씨가 그것을 웅변한다. 하지만 나의 생각은 다르다. 과연 대한민국 대통령의 공식 관저(청와대)가 그곳에 위치해 있어야만 하는가?

경복궁은 명당이다. 서울의 진산은 북한산이다. 북한산 보현봉에서 흘러내린 용맥龍脈이 형제봉을 거쳤다가 보토현을 지나 구준봉에서 다시 솟아 서울의 주산인 백악을 이룬다. 그리고 백악에서 점점 고도를 낮추며 한껏 순해진 좋은 기氣가 맺히는 혈穴이 바로 경복궁이다. 조선의 풍수風水에 대하여 우리보다도 더 많이 알고 있었던 일제는 바로 이 용맥을 끊어 버리기 위하여 백악과 경복궁 사이에 조선총독부 관사를 짓는다. 일제 강점기 조선총독부 관사는 미군정기에 미군사령관의 관사로 바뀌었고, 똑같은 건물을 이승만 시대에는 경무대라 개칭하였으며, 4.19 혁명 이후 다시 이름을 바꾼 것이 바로 오늘날의 청와대인 것이다.

진국백을 모셨던 백악신사가 있던 정상

경복고등학교 교정을 빠져나온 일행은 창의문(자하문)을 향하여 훠이훠이 올라간다. 오늘의 강사인 조장빈 이사가 백악의 상징과도 같은 부아암負兒岩을 가리키며 노상 강의를 펼친다. 누가 봐도 남근석처럼 보이는 저 바위는 백악을 그린 숱한 진경산수화의 단골 소재이기도 하다. 대은암大隱巖과 그 주변의 바위글씨 '도화동천桃花洞天', '무릉폭武陵瀑','성암醒巖' 등은 모두 철조망에 가로막혀 그림의 떡이다.

한양도성 백악 구간의 출입문인 '창의문 안내소'에 이르니 뜻밖의 상황이 펼쳐진다. 얼마 전까지만 해도 신분증을 제시하고 문건을 작성하여야 겨우 입장이 가능했는데 이제는 그냥 프리패스다. 이렇게 입장 절차가 간소화된 것이 불과 하루이틀 전이라고 한다. 이 구간에서는 신원확인 절차가 있으니 반드시 신분증을 지참하고 오라고 신신당부했던 주최 측이 머쓱해지는 순간이다. 어찌되었건 기분 좋은 출발이다.

창의문에서 백악의 정상인 백악마루까지는 1킬로미터가

한양도성의 최북단을 이루는 백악 구간. 이 구간에서도 가장 아름다운 풍광을 보여주는 곳은 '연결통로-백악 곡성-백악 촛대바위'이다. 사진의 왼편에 남산이, 오른편에 인왕산이 보인다.

조금 안 되는 950미터다. 거리는 짧지만 고도 올리기는 만만치 않다. 하지만 턱에까지 차오른 숨을 고르기 위하여 발길을 멈출 때마다 눈앞에 펼쳐지는 풍광들은 그야말로 '서울의 베스트'다. 이 산이 서울의 핵심이자 중심임을 어찌 알고 왔는지 외국인 관광객들의 모습도 심심치 않게 눈에 띈다. 돌고래쉼터와 백악쉼터에서 차와 과일 등으로 원기를 보충한 일행들은 이내 백악마루를 향하여 힘차게 발걸음을 떼어놓는다.

1395년 12월, 조선의 태조는 이 산 아래에 새 왕조를 연 다음 조정을 수호할 두 명의 산신에게 벼슬을 내리고 사당을 짓는다. 즉 남산의 산신을 목멱대왕이라 봉하며 목멱신사木覓神祠를 짓고, 백악의 산신을 진국백鎭國伯이라 봉하며 백악신사白岳神祠를 지은 것이다. 진국백이란 곧 '나라를 편안하게 해줄 벼슬아치'라는 뜻이겠다. 백악과 남산에 백악신사와 목멱신사가 들어섬으로써 이 두 산에서의 민간신앙 및 무속 행위는 철저히 금지되었다. 이 두 산에서 제사를 지낼 수 있는 자격을 오직 조정에만 국한한 것이다.

백악신사가 바로 백악의 정상, 곧 이 백악마루에 들어서 있었다. 백악마루에는 백악의 정상석頂上石이 서 있다. 비록 해발고도 342미터에 불과한 정상이지만 이 산이 갖는 그 엄청난 의미를 아는 것일까, 이 작은 표지석 앞에서 기념사진을 찍으려는 등산객들의 행렬이 끝없이 이어진다. 정상석과 바투 붙어 있는 실제의 정상 바위 밑동에는 열게 파인 성혈 세 개가 보인다. 청와대 경호실에서 발행한 책자에는 이것이 '삼성혈'이라고 명시되어 있고, 백악신사가 들어서기 전 민간신앙의 흔적이라 소개하고 있다. 하지만 흔적이 매우 희미할뿐더러 흔히 볼 수 있는 형상이어서 선뜻 동의하기가 어렵다.

"도성 안에서 가장 아름답고 놀기 좋은 곳"

정상석이 서 있는 백악마루가 오늘의 최고 해발고도 지점이다. 뭔 놈의 인문산행이 이렇게 힘드냐고 항변(?)하는 참가자들에게 당당하게 말씀드릴 수 있다. "이제부터 하산길입니다." 하산길에도 볼 것이 많다. 백악마루에서 조금만 내려가면 '1.21 사태 소나무'가 있다. 1968년의 1.21 사태 당시 남파 특공대 김신조 일당과 교전한 흔적이다. 전망이 좋은 청운대靑雲臺에 대한 기록은 찾아볼 수 없다. 아마도 최근에 만든 신조어인 듯하다.

백악 최고의 경관을 보여주는 구간은 아마도 '연결통로-백악 곡성-백악 촛대바위'가 아닐까 싶다. 멋들어지게 휘어진 옛 성곽의 자태가 자못 황홀하다. 한양도성의 북문에 해당하는 숙정문을 지나 '말바위 안내소'에서 표찰을 반환한다. 너무 시시콜콜 강의를 계속하느라 시간이 많이 흐르는 바람에 참가자들 모두 배 속에서 꼬르륵대는 아우성을 더 이상 참지 못하게 된 시각이다. 일행들은 말바위 근처에 산재한 너럭바위들 위에 앉아 때늦은 점심 식사를 한다.

말바위 인근에서 길은 둘로 갈라진다. 계속 한양도성을 따라 혜화동까지 이어지는 와룡공원길과 북촌을 향하여 툭 떨어지는 삼청공원길이다. 백악 자락의 바위글씨들을 살펴보려 하는 우리는 당연히 후자의 길을 택한다. 옛 문헌에 '삼청동천'이라 명기된 이 일대는 오늘날 '삼청공원'이라 통칭한다. 서울 토박이인 사람들이라면 잊지 못할 추억 하나둘쯤은 간직하고 있을 과거의 '데이트 명소'이기도 하다.

삼청공원은 일본 제국주의자들이 만든 도시계획공원의 제1호였다. 그들은 일제 말기인 1940년 3월 12일, 도시계획공원을 140개 조성할 계획을 공표하는데, 조선의 핵심인 경성, 그중에서도 조선총독부(경복궁의 광화문 뒤에 있었는데 김영삼 대통령이 1995년에 철거하였다)에 가장 가까운 이곳을 첫손가락에 꼽았다. 그만큼 권력의 핵심에 가까웠고 아름다웠던 곳이다. 하지만 설마 백악과 그 주변 계곡이 아름답다는 것을 일본인들이 처음 알아차렸을 리가 있겠는가?

백악은 한 나라를 탄생시킨 주산이다. 당연히 능선과 정상이 늠름하고 그 주변 계곡이 아름답다. 백악의 서쪽 계곡을 대표하는 것이 백운동천이요, 북쪽 계곡을 대표하는 것이 백석동천이며, 동쪽 계곡을 대표하는 것이 삼청동천이다. 일찍이 조선 초중기의 문신인 성현은 자신의 문집《용재총화》에서 이렇게 말했다.

> 도성 안에 경치 좋은 곳이 비록 적으나 그중 노닐 만한 곳은 삼청동이 가장 좋고, 인왕동이 그다음이며, 쌍계동·백운동·청학동이 그다음이라.

성현이 자의적으로 순위를 부여한 리스트를 자세히 들여다보자. 백악 자락이 압도적 1위고, 인왕산 자락이 그 뒤를 잇는다. 낙산과 남산은 명함도 못 내민다. 그것은 실제의 산세가 수려하기 때문일 수도 있고, 권력의 햇살이 어디까지 미쳤느냐의 문제일 수도 있다. 분명한 것은 백악의 동쪽 자락 '삼청동'이 조선시대 도성 내의 '핫플레이스'였다는 사실이다. 실제로 조선시대는 물론이거니와 20세기 초엽까지도 삼청동의 유명세는 상상을 초월한다. 위암 장지연韋庵 張志淵의 〈유삼청동기〉를 읽어보자.

> 해마다 한여름이면 서울 장안의 놀이꾼 · 글 선비는 말할 것도 없고, 아낙네들까지 꾸역꾸역 모여들어서 서로 어깨를 비빌 만큼 발자국 소리도 요란하였다.

삼청동천에 남아 있는 바위글씨들

그토록 아름다웠던 삼청동이니 어찌 문화유산들이 즐비하지 않으랴. 그토록 기세등등했던 삼청동이니 어찌 권력의 흔적들이 산재해 있지 않으랴. 하지만 세월은 가고 권력은 기운다. 특히나 조선왕조의 봉건적 권력들이 남긴 유물들은 일제강점기와 한국전쟁 등을 통과하며 흔적도 없이 사라져버렸다. 오직 남아 있는 것은 천년의 세월과 당당히 맞서고 있는 바위들뿐이다. 하여 오늘 우리는 삼청동천에 남아 있는 바위글씨들을 찾아 나선 것이다.

이해를 돕기 위하여 그냥 '삼청동천'이라 뭉뚱그려 말했을 뿐, 실제로 백악의 동쪽에는 크게 다섯 개의 동천이 있었다. 삼청동천, 옥호동천, 운룡동천, 월암동천, 청린동천이 그것이다(이상희, 〈북촌지역 바위글씨에 나타난 생태문화적 의미 연구〉 참조). 이들 중 상당 부분은 국가기관의 공유지 혹은 개인의 사유지에 포함되어 공식적인 답사가 불가능하다. 따라서 오늘 우리는, 자연스러운 동선을 따라가면서, 그리고 불법적인 동선(?)을 최대한 피하는 범위 안에서, 삼청동의 알려지지 않은 능선과 숨겨진 골짜기로 참가자들을 조심스럽게 안내할 생각이다.

제일 먼저 찾은 곳은 '영월암影月巖'이다. 현재는 테니스장 밖에 거의 방치된 채로 남아 있는 바위인데, 다소 조악한 필

백악의 동쪽 계곡 삼청동에는 유서 깊은 바위글씨들이 즐비하다. 월암동천을 대표하는 바위글씨 '영월암'은 현재 테니스장 경계 밖의 한 귀퉁이에 거의 방치된 채로 남아 있다.

치의 '월암동月岩洞'이라는 바위글씨 역시 일종의 표지석처럼 그 아래에 새겨져 있다. 이 바위가 들어서 있는 자그마한 언덕이 백련봉白蓮峰이다. 조선 말기 세도정치의 끝판왕이었던 김조순金祖淳이 이 언덕에 옥호정玉壺亭을 짓고 살았다. 현재 전해지는 필자 미상의 〈옥호정도〉를 보면 그의 별서가 얼마나 크고 호화스러웠는지를 알 수 있다. 그림 속에 보이는 '일관석日觀石', '옥호동천玉壺洞天', '혜생천惠生泉' 등의 바위글씨는 현재 그 존재 여부를 확인할 수 없다. 그 자리에 개인 주택들이 들어서 있는 것이다.

그다음으로 찾아간 곳은 운룡동천雲龍洞天이다. 전서체로 쓰여진 '운룡천雲龍泉'은 어느 음식점의 지하 하수구 옆에 있다. 흡사 복개 이전의 청계천처럼 악취가 진동한다. 그러나 저 바위글씨나마 시멘트로 발라버리지 않은 것만 해도 감사하게 여길 따름이다. 두 그루의 커다란 삼청동 동제목洞祭木을 지나 좁은 골목길을 휘감고 올라가니 정조의 수라상에 진상되곤 했다는 마을 우물이 나온다. '기천석祈天石' 바위글씨군은 이 막다른 골목의 끝에 있다.

기천석이란 글자 그대로 '하늘에 빌던 바위'다. 이 가파르고 비좁은 바위 계곡에는 기천석 이외에도 '강일암 서월당康

삼청동의 운룡동천에는 '하늘에 빌던 바위(기석천)'임을 나타내는 바위글씨들이 많은데, 이는 인근에 소격서가 있었던 영향으로 보인다. 소격서는 조선 초기 조정의 공식관청이었는데, 도교를 받아들여 하늘에 제사를 올리던 곳이다.

日菴 徐月堂'과 '고암회高巖回' 등 바위글씨들이 즐비하다. 이곳에서 멀지 않은 곳(현재의 삼청파출소 자리)에 저 유명한 소격서昭格署가 있었다. 조선 초기 조정의 공식관청이었던 소격서는 도교를 받아들여 하늘에 제사를 올리던 곳이다. 기천석 바위군이 이 일대에 포진해 있는 것은 아마도 소격서와 무관하지 않을 듯싶다. 기천석 바위군을 마치 담장처럼 두르고 있는 개성 만점의 개인 주택이 눈에 띈다. 바로 '들국화'의 리드싱어였던 록 보컬리스트 전인권의 집이다.

운룡동천에서 가장 빼어난 풍광을 갖췄다는 '운룡대雲龍臺'

운룡동천에서도 가장 멋진 풍광을 감상할 수 있었다는 '운룡대'의 바위글씨. 예전에 이 운룡대에 올라서면 저 아래의 운룡정에서 활 쏘는 모습을 훤히 내려다볼 수 있었다 한다. 현재는 어느 개인 주택의 담장 안에 숨겨져 있다.

역시 어느 개인 주택의 담장 안에 숨어 있다. 다행히 담장 아래까지 바위가 이어져 있어 까치발을 하고서나마 바위글씨 전체를 감상할 수 있다. 예전에는 이 운룡대에 올라서면 저 아래의 운룡정雲龍亭(활을 쏘던 사정)이 훤히 내려다보였다 한다. 운룡정 역시 소격서와 마찬가지로 현재에는 푯돌로만 남아 있을 뿐이다. 장안 제일이었다던 삼청동의 정취는 이제 찾아보기 어려워졌다.

권력은 백악의 동쪽 계곡을 휘감아 돌고

일반인들이 별도의 절차 없이 찾아볼 수 있는 바위글씨들은 대략 여기까지다. 나머지는 누군가의 허가를 얻어야만 친견할 수 있다. 훗날을 도모하기 위하여 나머지 바위글씨들도 여기에 부기해둔다. 청린동천靑麟洞天은 가회동 일대를 말한다. '청린동천' 옆에는 '동벽산정고 천청석기신洞僻山情古 泉淸石氣新'이라고 새겨져 있다. 골이 깊으니 산의 정취가 예스럽고, 샘이 맑으니 돌의 기운이 새롭다는 뜻이다. 고급주택지인 경남빌라의 정원 안에 있다.

옥호동천이 장동 김씨의 사유지였다면, 청린동천은 여흥 민씨의 사유지였다. '청린동천' 바위글씨는 민영익이 쓴 것으로 알려져 있다. 19세기의 조선 자체가 이 두 가문의 소유였다고 해도 과언이 아니다. 그들 입장에서는 경복궁 안에 웅

삼청동의 대문격인 '삼청동문' 바위글씨. 최근 그 앞에 각종 건물들이 난립하여 찾아보기가 쉽지 않다. 힘찬 해서체로 새겨져 있는데 누구의 글씨인지를 놓고 갑론을박이 있다. 현재 가장 유력한 필자로 꼽히는 사람은 만교 김경문晩橋 金敬文이다.

크리고 앉아 있는 왕 따위야 눈 아래로 보였을 것이다. 중인들은 백악의 서쪽에 살았다. 그것이 서촌이다. 권력을 움켜쥐고 조정을 좌지우지했던 고관대작들은 백악의 동쪽에 살았다. 그것이 북촌이다. 삼청동과 가회동이야말로 북촌의 핵심이다. 권력은 백악의 동쪽 계곡을 휘감고 있었던 것이다.

이제 삼청동문三淸洞門을 빠져나가려 한다. 이 일대에도 바위글씨들이 많다. '강청대康淸臺', '안득불애安得不愛', '사병似屛' 등인데, 모두 국무총리 공관 경내에 있다. 오늘의 마지막 바위글씨를 감상하기 위하여 총리공관 정문 쪽으로 우루루 몰려가니 경비를 서고 있던 앳된 의경이 순간 당황한다. "걱정하지 마세요. 잠깐 여기 화단 위에 올라서서 저 맞은편의 바위글씨만 보고 금방 내려갈게요." 삼청동문 바위글씨는 최근 바로 그 턱 밑까지 치고 올라온 크고 작은 건물들 때문에 한눈에 잘 들어오지 않는다. 이윽고 일행 중의 한 명이 기쁨의 탄성을 내지른다. "아, 보여요, 저기 삼청동문! 글씨가 엄청 크네요!"

제2부

유북한산기

2000

보현봉에 올라
서울을 넘보다

2월, 전심사 – 사자능선 – 보현봉 – 일선사 – 평창동매표소

노고산은 서강대를 품 안에 감싸안고 있는 자그마한 야산이다. 나의 집필실이 이 야산의 얕은 둔덕 위에 자리 잡고 있는 관계로 이따금 무료한 오후를 맞으면 하릴없이 경등산화를 꿰차고 산책 삼아 그곳에 오른다. 볼품없는 야산이라 얕볼 것 없다. 조망만은 일품이다. 남쪽을 내려다보면 은빛 햇살을 퉁겨내는 한강이 굽이굽이 몸을 뒤틀고, 북쪽을 올려다보면 수리봉에서 보현봉에 이르는 북한산의 장쾌한 서남능선이 한눈에 들어온다. 이쯤 되면 청나라에 끌려가던 김상헌이 아니더라도 시조 한 수가 절로 나온다. 가노라 삼각산아, 다시 보자 한강수야.

애초에 집필실을 정할 때 그것은 남향일 수도 있고 북향일

수도 있었다. 남향으로 정했더라면 하루 종일 햇살을 받으며 한강을 내려다볼 수 있었으리라. 그러나 나는 굳이 북향을 택했다. 종일토록 북한산을 바라볼 수 있다면 그까짓 햇살쯤이야 누가 물어가도 오불관언吾不關焉일 밖에. 덕분에 날씨가 맑아 시계가 좋은 날이면, 나를 재촉하며 깜빡이는 커서는 외면한 채 넋 놓고 북한산만 바라본다.

이곳에서 바라보면 수리봉의 미끈한 암벽이 흡사 귀여운 꼬마의 도톰한 앞이마처럼 보여 앙증맞다. 향로봉 남벽은 울퉁불퉁한 근육미를 맘껏 뽐낸다. 비봉으로 이어지는 능선을 싹둑 잘라먹은 것이 연세대를 보듬어 안고 있는 안산이다. 그러나 아직 끝나지 않았다. 여인의 푸근한 젖무덤을 연상시키는 그 안산의 안부鞍部 위로 삐죽 솟은 날카로운 바위봉우리가 있으니 그것이 바로 보현봉이다. 그래서 《사람과 산》에서 '유북한산기遊北漢山記'의 연재를 청탁해왔을 때 그 첫 번째 산행 코스를 결정하는 일은 너무 쉬웠다. 나는 수화기를 든 채로 창밖을 내다보며 이렇게 말했다. 우선 사자능선을 타고 보현봉을 치훑어 올라가는 것부터 시작할까요?

사자능선의 들머리는 전심사 입구

보현봉普賢峯(715미터)에 오르는 길은 크게 세 갈래다. 첫째, 일선사를 거쳐 동면東面으로 오르는 방법. 쇠줄 난간이 쳐 있어 누구나 쉽게 오를 수 있다. 둘째, 산성주릉(대남문과 대성문 사이)에서 아기자기하지만 다소 험한 북면암릉을 타고 오르는 방법. 셋째, 사자능선을 타고 남벽을 기어오르는 방법. 이 밖에도 대남문에서 구기동 계곡 쪽으로 내려오다가 숲속의 오솔길을 따라 서면으로 붙는 방법이 있지만 길이 너무 희미하여 손에 꼽기가 뭣하다.

오늘 우리가 선택한 사자능선 코스의 들머리는 전심사 입구. 신영상가 삼거리에서 구기터널 쪽으로 들어가다가 구기터널 입구 한 정거장 전에 내리면 된다. 보신탕으로 유명한 싸리집 옆 골목에 전심사 입구를 가리키는 이정표가 눈에 띈다. 골목 안의 주택가를 지나 막 흙을 밟기 시작하려는데 청천벽력 같은 비보가 눈앞을 가로막는다. 2000년 1월 1일부터 2002년 12월 31일까지 이 지역 일대에 자연휴식년제를 적용한다는 내용이다. 보현봉을 필두로 정확하게 이등변삼각형을 이루고 있는 개념도 위에 붉은 빗줄이 매정하게 그어져 있다.

난감해진 우리는 이 문제에 대한 판단을《사람과 산》편집진에게 일임했다. 편집진의 회신은 간명했다. 앞으로 3년 동안이나 묶여 있을 코스니 이 기회에 고별산행 삼아 독자들에게 소개하는 것도 의미 없는 일은 아니리라는 판단이다. 다시 핸드폰에서 불이 난다. 기어코 북한산국립공원관리공단 구기분소장과의 통화에 성공하여 허락을 받아낸다. 그렇다면 이제 산행 시작이다. 등산화 끈과 배낭의 어깨 줄을 바짝 잡아당긴다.

오늘의 동행은 명로진과 김석우. 로진이는 연대 불문과와 코오롱등산학교 후배인데다가 과거 내가 쓰던 집필실까지 물려받았으니 가장 가까운 동생이다. 〈스포츠조선〉의 연예부 기자 시절 SBS로 취재를 나갔다가 이장수 PD가 찍는 바람에 졸지에 탤런트로 데뷔한 다음, 지금은 방송가와 출판가를 오가는 한량이 되어버렸다. 석우는 내가 시나리오를 썼던 영화 〈비트〉와 〈태양은 없다〉의 조감독 출신. 고교산악부 시절의 비브람을 여태껏 신고 다니는 산사나이이기도 하다.

오르는 길 양편으로는 손바닥만 한 밭뙈기들이 즐비하다. 이제는 폐쇄된 우물 터도 보이고 인적이 끊긴 듯한 무허가 판잣집들도 보인다. 이곳을 살림터로 삼았을 예전 달동네 사람들의 신산한 삶을 떠올리며 허위단심 발길을 옮겨놓다 보면 이마 위로 솟던 땀이 방울을 이룰 무렵 작은 능선 위에 올라선다. 잠시 배낭을 내려놓고 고개를 들어보니 벌써 저 건너편의 보현봉이 그 웅장한 자태를 드러낸다. 사자능선의 매력은 이것이다. 능선까지의 어프로치가 짧고 이후 보현봉까지를 거의 일직선의 능선으로 꿴다는 것.

모롱이를 돌아가니 사자능선의 본색이 완연하다. 정면으

로는 보현봉이 떡 하니 버티어 섰고 왼쪽 발밑으로는 구기동 계곡이 어린아이가 그린 크레용 그림처럼 가뭇없이 이어진다. 향로봉에서 비봉을 거쳐 사모바위를 끼고 다시 승가봉과 문수봉으로 이어지는 북한산의 서남능선이 장쾌하다. 오른쪽으로는 평창 계곡을 사이에 두고 형제봉능선이 그윽하다. 소슬한 느낌의 오솔길을 걷다 보면 아기자기한 바윗길이 나타나고 그 바윗길이 한풀 꺾이는 곳에는 어김없이 천혜의 전망대가 우리를 맞는다. 코끝을 시리게 하는 겨울바람이 폐부 깊숙이 파고들어 일주일간 덧쌓인 속진俗塵을 후련하게 날려버린다.

자연휴식년제로 인적이 끊긴 능선길

사자능선은 본래 호젓하다. 길은 분명히 나 있건만 그다지 알려지지 않아 일반 등산지도에는 표시조차 되어 있지 않다. 평일 날 이 길을 걸으면 사람과 마주치는 것이 반가울 정도다. 사정이 이러할진대 자연휴식년제로 꽁꽁 묶어놓기까지 했으니 그야말로 적막강산의 비경을 우리만 즐긴다. 이번 산행 도중 만난 유일한 사람이 관리공단 소속으로 해원사 쪽을 맡고 있다는 관리원 주재용 씨. 전남 여수가 고향이라는 그는 우리를 발견하자 건수 올렸다(!)고 생각했는지 싱글싱글 웃으며 다가왔다가 관리공단의 허락을 맡은 산행이라고 밝히자 적이 실망한 눈치였다. 그래도 이내 품 안에서 박하사탕 봉지를 꺼내 권하며 이야기꽃을 피우기 시작한다.

“댁네들처럼 산이 좋아 산에만 다니는 사람들만 있다면야 휴식년제가 뭐 필요하겠어? 그런데 별의별 잡놈들이 다 있는 거여. 등산객으로 가장하고 와서 솔잎을 따가는 놈이 없나, 아예 전기드릴을 가지고 와서 바위틈에 난 새끼 소나무를 파가는 놈이 없나…보현봉 쪽은 더 심해. 그놈의 ‘랄랄라’ 놈들이 사방에 시뻘건 페인트로 십자가를 그려 넣고 방언을 한다나 뭘 한다나 밤낮없이 떠들어대니…내 이번 기회에 아예 그 놈들을 확실히 내쫓을텨!”

아닌 게 아니라 보현봉에는 언제나 광신도들이 들끓었다. 보현봉이 영험하다는 소문이 짜하게 난 터라 그들도 ‘기도발이 잘 받는다’며 너나없이 몰려와 애꿎은 하늘만 우러러보며 괴상한 주문들을 외워대곤 했다. 몇 년 전 휴거 소동이 있었을 때에는 그야말로 발 디딜 틈도 없었다. 나도 휴거 예정일 바로 다음 날 비봉능선을 탔었는데 보현봉이 가까워지면서 난생처음으로 진지하게 기도를 했다. 하느님, 제발 저 시끄러운 공해인간들 좀 휴거시켜주세요! 그러나…불행히도 나의 기도는 먹혀들지 않아서 보현봉에는 여전히 광신도들이 바글대고 있었다. 이제 관리공단에서 보현봉의 광신도들과 전투를 벌이기로 했다니 이보다 더 반가운 소식이 따로 없다.

관리원 주 씨가 엉덩이를 털고 일어나며 스스로 다짐한다.

"가야지! 가서 랄랄라 한 놈 잡아서 끌고 내려와야지!"

네 발을 써야 기어오를 수 있는 암릉을 몇 개 지나니 이제 건너편의 승가사가 발밑으로 떨어진다. 승가사에서 새로 세운 호국통일기념탑과 절 뒤편의 마애석가여래좌상이 또렷하다. 어느 절에서인가 정오를 알리는 범종 소리가 뎅뎅 울려 퍼지는 것을 보니 산행을 시작한 지가 이래저래 한 시간을 넘어섰나 보다. 전망 좋은 바위에 걸터앉아 사과 한 알을 깎아 먹으며 다시 보현봉을 올려다본다. 잘생긴 남벽이 성큼 코앞으로 다가와 있다.

서울을 넘보려면 보현봉에 올라라

보현봉의 또 다른 이름이 규봉窺峯이다. 왜 하필이면 '엿볼 규窺'자를 썼느냐는 의문에 대한 해답이 바로 여기 남벽에 있다. 보현봉을 남서쪽에서 바라보면 그 모양이 영락없이 서울을 엿보고 있는 형국인 것이다. 그래서일까? 예로부터 서울을 넘보려던 자들은 예외 없이 보현봉에 올랐다. 아니, 무학대사와 관련된 설화까지를 염두에 둔다면, 서울이 서울인 것 자체가 보현봉 덕분이다.

이성계가 조선을 열고 새로운 천도대상지의 물색을 무학대사에게 맡겼을 때 그의 발목을 붙든 것이 바로 이곳 북한산이었음은 널리 알려진 사실이다. 백운대에 오른 무학대사는 국망봉國望峯(현재의 만경대)을 지나 용암봉과 시단봉으로 이어지는 산성주능을 타고 남쪽으로 내려왔는데 이때 그가 빼놓은 봉우리가 보현봉이다. 문수봉을 지나 비봉 쪽으로 나아가던 그는 불현듯 괴상한 비문 하나를 발견하고는 화들짝 놀란다.

無學誤尋到此 무학오심도차

풀이하자면 '무학대사가 맥을 잘못 짚어 여기까지 올 것이다'라는 뜻인데, 신라 말의 고승 도선이 앞날을 예견하고 남겨놓은 비였다고 한다. 혼비백산한 무학대사는 오던 길을 되돌아가다가 보현봉에 올라 비로소 새로운 도읍지의 중심이 어디에 놓여야 하는지를 깨우쳤다고 하니… 과연 서울의 존재 자체가 보현봉에서 비롯되었다고 해도 과언이 아니다. 그런 연유로 북한산의 숱한 봉우리 중에서도 서울의 중심에 가장 가까운 것이 보현봉이다. 김정호의 〈대동여지도大東輿地圖〉 경조京兆(서울) 편을 보아도 이러한 형세가 분명히 나타나 있다.

옛 기록을 들춰보면 참으로 많은 사람들이 이곳에 올랐다는 것을 확인할 수 있다. 세종 때(1433)에는 영의정 황희와 예

문제학 정인지가 이 봉에 올라 그 내맥來脈의 가지와 줄기를 살폈고, 숙종 때(1707)에는 실학자 이익도 이곳에 올랐다가 탕춘대를 따라 하산하였다는 기록이 있다. 특히 이익의 〈유삼각산기遊三角山記〉를 보면 "보현봉에 올라 왕성을 굽어보며 시를 한 수 지었다"고 되어 있는데 게을러서 아직껏 찾아보지 못했다. 가장 인상적인 인물은 수양대군. 훗날 세조가 된 이 인물이 보현봉에 자주 올랐던 것은 주로 세종 연간인데 표면상의 이유는 왕명을 받들어 규표圭表(태양의 그림자를 관측하던 천문관측기의 하나)를 바로잡기 위해서였다. 《동국여지비고》에 상세한 묘사가 나온다.

> 돌길이 위험하고 아래로 임해서는 측량할 수 없을 만큼 깊어서 안평대군 이하는 눈이 아찔하고 다리가 떨려서 앞으로 나아가지 못하였으나, 세조(수양대군)는 걸어가기를 나는 듯이 하여 순식간에 오르내렸다.

남들은 눈이 아찔하여 다리를 덜덜 떨고 있는데 나는 듯이 위아래로 걸어다녔다고? 대단한 사나이다. 그러나 과연 그것이 남다른 등반 역량과 담대함 때문이었을까? 의심스럽다. 그는 당시 누구보다 보현봉에 자주 오른 사람이었다. 아마도 이때부터 스스로 왕위를 찬탈하여 한양 땅을 제 손안에 움켜쥘 흑심을 품고 있었던 것이 아닐까? 요컨대 수양대군은 서울을 넘보기 위하여 보현봉에 오르곤 했다는 것이 나의 자의적 해석이다.

이렇듯 보현봉에 올라 서울을 넘봤던 자들의 역사는 현대에까지 이어진다. 단적인 예가 1968년의 1.21 사태다. 당시 무장남파된 북한군 특수부대원들은 모두 독도법과 산악행군의 귀재였다. 앞서 잠깐 언급한 사모바위도 이들이 정한 집결지들 중의 하나였다. 사모바위에 올라 청와대 쪽을 넘보던 그들의 모습을 상상해보라(덕분에 사모바위는 이후 '김신조바위'라는 별칭을 갖게 된다). 그들이 과연 어느 능선을 타고 청와대를 향하여 쳐들어갔겠는가?

천기누설의 도가 지나쳐 최근에는 전두환까지 이 능선을 오르내린다고 한다. 그가 자신의 심복들을 대동한 채 보현봉 기슭을 더럽히는 모습을 보았다는 사람들이 꽤 많다. 그렇다면 혹시…보현봉 일대를 자연휴식년제에 묶어놓은 최근의 조치는 전두환 일당을 포함하여 그 누구도 당분간 서울을 넘보지 못하게 하겠다는 여당의 풍수지리학적 암수暗手가 아닐까? 공연히 새겨들을 일 없다. 그저 한번 웃자고 해본 소리다.

세조와 집현전학사들 그리고 김시습

세종 연간의 북한산 일대에서는 자못 드라마틱한 역사적 아이러니가 잉태된다. 수양대군이 쿠데타를 꿈꾸며 보현봉을 오르내리던 바로 그즈음, 비봉 너머 골짜기에 위치한 진관사에서는 박팽년, 성삼문, 이개 등의 젊은 집현전학사들이 사가독서에 열중하고 있었고, 저 밑의 왕궁에서는 귀여운 신동 하나가 세종의 마음을 사로잡는다. 바로 생후 8개월부터 글을 깨치고 세 살 때부터 한시를 읊었다는 모차르트급 천재 시인 김시습이다.《동경지東京誌》에 따르면 그가 다섯 살 때 세종이 운韻을 불러주자 단박에 지어냈다는 시가 저 유명한 〈삼각산〉이다.

三角高峯貫太淸 삼각고봉관태청
登臨可摘斗牛星 등임가적두우성
非徒嶽岬興雲雨 비도악수흥운우
能使邦家萬世寧 능사방가만세녕

세 뿔 같은 봉우리 하늘을 꿰뚫으니
올라가면 북두성과 견우성도 따겠네
저 산이 어찌 구름과 비만 일으키랴
이 나라를 만세토록 편안케 하리로다

이 귀기 어린 신동의 문재에 세종 역시 크게 찬탄하였음은 물론이다. 때마침 세종의 곁에는 세자 문종이 서 있었고, 세손 단종은 아직 어렸기에 용상을 붙잡고 앉아 있었다. 세종은 김시습에게 훗날 크게 중용하리라 약속하고 "이 옆의 두 사람이 장래 너의 임금이 될지니 잘 기억해두라"고까지 말하였다. 그러고는 비단 오십 필을 하사하고 네 힘으로 가져가라고 하니, 다섯 살 꼬마 김시습이 바느질로 비단들을 연결한 뒤 한쪽 끝을 끌고 대궐 밖으로 나갔다는 이야기는 너무도 유명하다.

그러나 그로부터 16년 후, 역사는 돌연 비극으로 치닫는다. 세종과 문종이 차례로 세상을 떠나자 수양대군은 어린 단종을 폐위시켜버린 다음 스스로 왕좌에 앉는다. 이때 김시습이 이 소식을 전해 들은 곳 역시 북한산(아마도 중흥사였던 것으로 추정된다)이다. 그는 3일 동안 문을 걸어 잠그고 통곡하더니 이내 발광하여 지니고 있던 책들을 모두 불태워버린다. 그리고 그 길로 머리를 깎고 미친 걸승乞僧을 가장하여 이 나라 산천을 중음신처럼 떠돌며 슬픔에 겨운 한시들을 끝없이 토해낸다. 사육신으로 죽어간 집현전 학사들의 시체를 저 홀로 수습하여 노량진의 언덕 위에 묻어준 사람도 역시 김시습이다.

보현봉을 바라보며 세조를 생각한다. 세조를 생각하며 김시습을 떠올린다. 험준한 바위봉우리 위를 나는 듯이 뛰어다니던 자와 산사의 그늘 아래에서 책을 읽고 시를 쓰던 자. 피를 강물처럼 흐르게 한 끝에 대권을 움켜쥔 권력자와 그 권력이 역겨워 평생을 산천으로 떠돌아다닌 야인. 어떤 것이 보다 더 가치 있는 삶인가에 대한 평가는 사람마다 다를 수 있다. 다만 한 가지 분명한 것은, 그러려야 그럴 역량도 없지만, 나는 결코 세조처럼 살고 싶지는 않다는 것이다. 문약함 때문인가 야인 기질 때문인가? 내게는 김시습의 삶이 훨씬 더 가슴에 와 닿는다.

상념을 떨쳐내고 주위를 둘러보니 어느새 보현봉 옆의 무명독립봉까지 올라와 있다. 과연 자연휴식년제가 실효를 거두고 있는지 그 많던 '랄랄라'들이 한 명도 없다! 모처럼 광신도들로부터 탈환(?)한 전망대 위에 앉아 올려다보니 보현봉은 그야말로 늘씬한 바위산이다. 여기서부터 보현봉 정상까지는 실낱같은 암릉으로 이어져 있다(경험 많은 리더와 함께가 아니라면 일반인들은 여기서 다시 뒤로 물러섰다가 일선사 쪽으로 이어지는 오솔길로 나아가야 한다).

잔설에 살얼음까지 끼어 바위가 미끄럽다. 조심조심 남벽 밑까지 붙는다. 남벽의 오른쪽에는 고정자일이 설치되어 있는데 어쩐지 썩은 자일 같아 영 께름칙하다. 우리는 늘 하던 대로 남벽 왼쪽의 침니chimney코스를 오르기로 한다. 선등에 나선 로진이의 몸놀림은 경쾌한데 뒤따르던 석우의 비브람은 문제를 일으킨다. 밑창이 너무 닳아 바위에 붙어주질 않는 것이다. 작은 슬립slip을 몇 번 먹더니 아예 새파랗게 질려 가지고는 발발 긴다. 《동국여지비고》에 묘사된 그대로 "눈이 아찔하고 다리가 떨려 앞으로 나아가지 못하는目眩脚推不能前" 꼴이다. 혼자 후퇴하여 우회하겠다고 하지만 안 될 말. 만약 우회한다면 팀 전체가 함께 가야 한다. 결국 로진이가 자신의 등산화로 인공 스탠스stance까지 만들어주는 번잡을 떤 다음에야 간신히 남벽의 좁은 침니를 빠져나온다.

남벽에서 지체하였던 까닭에 몸이 얼어붙는다. 정상 바로 밑에 지어진 대피소가 님을 본 듯 반갑다. 그간 알게 모르게 체력소모도 컸던 탓인지 김밥 몇 줄을 순식간에 해치우고는 석우가 늘 비상식으로 가지고 다니는 C레이션 봉지까지 마구 뜯는다. 크래커에 프루트칵테일까지 내놓고 그 위에 화이트와인까지 한 잔 걸치니 비로소 몸이 녹는다. 그렇게 늦은 점심을 먹고 대피소를 나서니 때마침 눈송이들이 현란한 춤을 춘다. 이 절경을 놓칠 수 없다 싶어 다시 바위에 달라붙는 손끝에 힘이 불끈 솟는다. 그렇게 몇 발자국을 기어오르니 이윽고 정상! 아아아…! 일행들 모두가 말을 잊는다. 발아래 펼쳐진 서울 하늘 위로 축복 같은 눈송이들이 하염없이 떨어지고 있다.

정상에 왔으니 정상주頂上酒를 안 할 수 없다. 배낭에서 포켓용 술병에 담아온 위스키를 꺼내어 한 모금 마시며 사위를 둘러본다. 노적봉 너머로 백운대와 인수봉이 보이고 바투 다가온 문수봉 밑으로는 문수사가 지척이다. 대남문까지 새로 설치한 나무계단이 눈 속에 휩싸여 흡사 몸을 뒤치는 흰 뱀 같다. 모두들 안녕하신지…나는 정겨운 봉우리며 능선마다 짧은 눈인사를 보낸다. 고개를 돌려 남쪽을 바라보니 그 잘난 서울이 발아래 웅크리고 있다. 누구는 이 봉우리에 올라 서울을 넘본다지만 나는 오히려 그 반대다. 나는 저 번잡한 서울의 저잣거리를 헤매면서도 언제나 이 산을 그리워할 것이다.

하산하는 오솔길엔 눈이 쌓이고

시간도 꽤 소요된 데다가 기온마저 급강하하여 가장 짧은 하산로를 택한다. 일선사 뒷길로 내려가 평창동 매표소로 빠지는 길이다. 이쪽 사면으로는 햇볕이 들지 않아 길이 모두 꽁꽁 얼어붙었다. 아이젠을 착용하자니 귀찮고 아이젠 없이 가자니 발디딤이 불안한 그런 길이다. 얼마간 쇠줄난간을 붙잡고 내려가니 일선사가 나타난다. 보현봉뿐만 아니라 대성문이며 형제봉과도 연결되는 교차로에 위치해 휴일이면 사람 사태가 나는 절이다. 절 입구에 세워놓은 연혁 게시판의 내용이 영 미심쩍어 조목조목 따져 들고 싶지만 지면이 모자란다.

일선사 아래로의 하산길은 환상적이었다. 정상에서부터

흩뿌리기 시작한 눈이 더욱 풍성해진 것이다. 눈이 쌓여가는 호젓한 오솔길을 걸으며 겨울 산행의 참맛을 담뿍 맛본다. 동령폭포에 들르고 싶었으나 접근로 자체가 영구 폐쇄되어 있었다. 빙폭등반 연습지로 떠오르면서 잇달아 발생한 안전사고가 그 빌미를 제공했단다. 울컥하는 항변이 목구멍까지 치솟았으나 그냥 삼킨다. 속 좁고 얄궂은 세상사로 오늘 산행의 즐거움을 반감시키고 싶지 않았던 것이다. 평창동 매표소를 빠져나오면 한참이나 거닐어야 하는 고급주택가(앞서 만났던 관리원 주 씨의 표현을 빌자면 '도둑놈촌'이다)를 바삐 지나쳐온 것도 같은 맥락에서다.

하산주를 마시기 위하여 배낭을 풀어놓은 곳은 토속집. 주인 박영이 씨가 오랜 세월 동안 비장의 노하우로 가꾸어온 전통의 두부집이다. 신영상가와 전심사 사이에 위치해 있어서 굳이 택시를 잡아타고 되돌아와야 했지만 그 정도의 두부 맛이라면 택시비가 아깝지 않다. 우선 북어구이부터 한 접시 시켜놓고는 차가운 맥주를 목젖이 요동치도록 꿀꺽꿀꺽 들이켜니 세상에 부러울 것이 없다. 기분 좋은 피로감이 온몸에 퍼지면서 노래라도 한 자락 뽑고 싶어진다.

취기에 장난기가 얹혀 남벽에서 발발 기던 석우가 다시 도마에 오른다. 닳아빠진 비브람을 신고 보현봉 남벽을 동계초등(!)한 사나이로 기록해주겠다니까 석우가 제발 그 이야기만은 빼달라고 통사정이다. 통사정했다는 이야기까지 써놓겠다고 응수하고는 껄껄 웃는다. 언제나 그렇듯 '간단히' 한잔하자던 약속은 '간단히' 무산되어 두부부침이며 찌개 사이로 술병들을 여럿 누인 다음에야 문을 나선다. 어느새 어둠이 짙다. 그러나 어둠 속에서도 북한산의 늠름한 자태는 멋진 실루엣으로 의연하다. 나는 다시 한번 북한산을 올려다보며 작별인사를 고한다. 오늘 하루도 그대 품 안에서 잘 놀았소.

천이백 년 된 빗돌엔 이끼만 잔뜩 끼어

3월, 수리봉-향로봉-비봉-승가사-구기동

향로봉(535미터)에 오르는 가장 짧은 접근로는 구기터널의 불광동 쪽 출구에 바투 붙어 있는 인적 드문 매표소. 조금씩 고도를 높여가는 능선길을 따라 걷다가 오른쪽의 탕춘대능선길로 붙으면 이후 향로봉까지를 일직선에 꿰게 된다. 그러나 오늘은 이곳에서 불광동 쪽으로 약 200여 미터 더 나아간 지점에서 산행을 시작한다. 장어구이집으로 유명한 백두산이라는 음식점의 뒷골목길이다. 예전에는 이곳에도 매표소가 있었는데 어찌된 일인지 철거되고 없다. 덕분에 매주 세금 내듯 갖다 바치던 북한산국립공원 입장료가 이번 주엔 굳는다.

오늘의 동행은 연극배우 이재구. 오래된 산친구이지만 최근에는 〈명성황후〉 공연 준비 때문에 바빠 한동안 산에 오질 못했다. 경칩을 지난 지도 한참 됐건만 아직도 바람이 차다. 그러나 산바람도 몸에서 뿜어져 나오는 열기 앞에서는 수그러드는 법. 겉옷 안팎의 온도 차가 너무 심하다 싶을 만큼 벌어질 때 즈음 파일을 벗고 바위 위에 걸터앉아 숨을 돌린다. 고개를 돌려 올려다보니 암질 좋은 수리봉 동남면에는 벌써 바위에 붙어 있는 사람들이 많다. 시큼한 오렌지를 한 입 베어 물며 그들의 위태로운 뒷모습을 물끄러미 바라본다.

등반교육은 곧 안전교육이다

북한산에는 위험한 암릉이 곳곳에 산재해 있다. 그런데 그 위험한 곳을 아무렇지도 않게 오르내리는 사람들이 있다. 전문적인 산악인들일 거라고? 천만의 말씀! 정규적인 등반교육을 받은 산악인들이 그런 무모한 산행에 자신을 내맡기는 허튼짓을 할 리가 없다. 대부분은 자신의 편협한 경험을 과신하거나 안전불감증에 매몰되어 있는 '산꾼' 아저씨들이다. 안전벨트는커녕 보조자일 하나 없이 천길 낭떠러지로 감히 발을 들이밀곤 하는 것이 이런 부류의 사람들이다.

만만해 보이는 암릉길이 실제로는 아득해 보이는 암벽길보다 훨씬 더 위험하다. 사실 암벽등반의 절반 이상은 자신의 안전을 확보하기 위한 동작들로 이루어진다. 자일의 매듭을 안전벨트에 묶고, 프렌드를 꽂고, 너트nut를 걸고, 퀵드로quick draw를 꿰고, 카라비너carabiner를 통과시키는 모든 동작이 오직 자신과 팀의 안전을 위해서 진행되는 것이다. 그들은 등반이 이루어지는 순간순간마다 자일의 길이와 충격의 흡수 방향과 추락계수를 냉정하게 판단해보는 리얼리스트들이다. 그런데 닳아빠진 운동화를 신고 안전장치 하나 없이 험준한 암릉 위를 설렁설렁 걸어 다니는 저 사람들은 도대체 뭔가?

한마디로 어리석은 자들이라고밖에는 달리 표현할 방법이 없다. 도시의 평지를 걷다가도 발목을 접질리곤 하는 것이 인간이다. 그런데 한순간의 잘못된 동작만으로도 발목이 아니라 목뼈를 부러뜨릴 짓을 하고 있으니…제대로 된 등반교육이 시급하다. 물론 등반교육을 받는다고 해서 등반역량이 높아지는 것은 아니다. 등반역량은 오직 개인의 피나는 훈련을 통해서만 향상된다. 등반교육이란 곧 안전교육일 뿐이다. 나는 등산학교에서 그것을 배웠고 그래서 산행에 나설 때마다 그 원칙을 잊지 않으려 항시 되뇐다.

수리봉의 동남면 밑둥치까지 바짝 올라붙으니 이재구가 입맛을 쩝 다신다. 오랜만에 밟아보는 바위가 잊었던 야성을 일깨운 모양이다. 그러나 나는 바위 겔렌데Gelände 옆으로 우회하여 탕춘대능선 쪽으로 붙는 길을 택한다. 행여 사진에라도 찍히면 이용대 선생님께서 "미친놈들!"이라고 불호령을 내리시며 꾸짖으실 게 빤한 까닭이다. 수리봉 밑둥치의 암벽 등반연습장에는 짧은 대신 짜기로 소문난 등반루트들이 즐비하다. 날씨가 완전히 풀리면 암벽장비들을 모두 가져와 이곳에서 겨우내 움츠렸던 몸을 풀기로 약속하고서는 아쉬운 발길을 돌린다.

남북으로 길게 뻗은 향로봉 암릉길

송전탑을 지나 약간 고도를 낮추니 네거리가 나온다. 왼쪽은 향림담으로 떨어지는 길이고 오른쪽은 탕춘 매표소와 연결된다. 이곳에서 바라보니 끝없이 어어진 탕춘대의 고즈넉한 능선길이 흡사 고개 숙인 처녀의 정갈한 가르마 같다. 저 가르마는 구기터널을 타 넘고 독박골 암문을 지나 홍은동의 홍지문까지 다다른다. 탕춘대는 본래 인왕산 일대까지 쌓아 도성과 연결하려던 미완의 성으로서 일명 서성西城이라고도 불리는데, 마음 산란한 봄날 홀로 걷기에 꼭 좋은 완만한 오솔길로 남아 있다.

그렇게 탕춘대능선에 눈도장을 찍으며 네거리를 직진하니 곧바로 향로봉 남벽 밑이다. 구기동 계곡이 빤히 내려다보이는 큰 바위 밑에서 제법 긴 휴식 시간을 갖는다. 다리에 힘을 비축하기 위해서다. 향로봉 남벽도 초보자에겐 만만치 않은 코스다. 중간에 꼭 한 스텝 애매한 구간이 있는데 이곳에서 볼트bolt에 손가락을 걸고 몸을 밖으로 빼내야 한다. 바위 턱 위에 숨어 있어 밑에서는 보이지 않는 볼트까지 모두 세 개를 충분히 이용하면 그다지 어렵지 않게 통과할 수 있다. 정상 바로 밑에서 오른쪽 모롱이를 돌아 다시 짤막한 바윗길을 오르면 이윽고 시야가 확 트인다. 여기가 비봉능선의 서남쪽 끄트머리인 향로봉 정상이다.

향로봉의 정상은 넓지 않다. 그러나 길다. 북한산에 있는 봉우리 중에서 가장 좁고 긴 정상을 가지고 있는 게 향로봉이다. 양 손바닥과 손가락들의 끝을 맞대고 위에서 내려다보라. 향로봉의 정상이 꼭 그렇게 생겼다. 우리가 쉰 곳이 엄지들 위이고 남벽이 곧 인지들의 손마디. 그렇다면 인지들로부터 새끼손가락들까지의 아기자기한 굴곡이 곧 향로봉 암릉길이 될 터. 훌륭한 고도감에도 불구하고 안전한 오솔길이 잘 나 있어 흡사 하늘 위를 걷는 것 같다. 북한산의 저 숱한 암릉들 중에서도 아름답기로는 몇 손가락 안에 든다.

향로봉에서 비봉까지는 평탄한 산책로. 그동안 날씨도 풀려 햇살이 따사로워진 까닭에 콧노래가 절로 난다. 목청이 탁 트인 이재구가 〈명성황후〉에 나오는 아리아 한 대목을 근사하게 뽑아 산행의 발걸음을 가볍게 한다. 그런데 비봉 쪽으로 다가갈수록 아무래도 이상한 느낌이다. 119구조대의 헬기가 계속 흙바람을 일으키며 허공을 배회하고 있고 그 아래 모여

선 등산객들이 흉흉한 눈빛으로 웅성대고 있다. 헬기장을 통과하여 비봉 밑으로 바짝 붙어보니, 아뿔싸! 또 안전사고가 발생했다. 구조에 나선 119대원들이 사고자에게 응급조치를 취하느라 정신이 없다.

비봉은 사모바위 쪽에서 오르는 것이 일반적이다. 부득불 향로봉 쪽에서 오를 때는 비봉의 짧은 뒤통수인 후면의 암벽을 타는데 이 지점이 이를테면 작은 크럭스crux에 해당한다. 나는 평소에도 이 지점에 이르면 오른쪽의 짧은 크랙crack을 뜯으며 오른다. 본래는 이 길도 만만치 않았으나 지금은 닥터링이 잘되어 있어 그리 어렵지 않다. 목격자들에 의하면 사고를 당한 사람은 왼쪽의 슬랩에 붙었다가 변을 당했다고 한다. 의식이 가물가물한 채 피를 흘리고 있는 사고자는 동행 하나 없이 설렁설렁 다니는 전형적인 산꾼 아저씨다.

사고자를 가까스로 들것 위에 비끄러맨 구조대원들이 도움을 요청한다. 만사 제쳐놓고 달려가 들것의 한 귀퉁이를 들고 비탈길을 어렵사리 내려선다. 머리 위로 바투 내려온 헬기의 프로펠러 소리가 귀청을 찢을 듯하고 광풍처럼 몰아치는 흙바람이 눈을 못 뜨게 한다. 몇 해 전 추락한 산친구를 헬기에 태워 보내던 악몽이 되살아나 가슴이 먹먹해진다. 철제케이블에 매달린 채 마구 회전하며 올라가는 사고자의 들것을 보니 그의 통증과 절망감이 전해지는 듯하여 목울대가 뜨거워진다. 헬기가 가뭇없이 사라져간 다음에도 한동안 움직일 힘이 없다. 바위 위에는 아직도 굳지 않은 피가 흥건하게 고여 있고 우리들의 머리카락이며 옷자락에도 흙먼지들이 가득하여 흡사 전쟁이라도 치른 것 같다.

"왜 꼭 가지 말라는 길만 골라서 다니는 겁니까? 도대체가 산에 다니는 사람들은 이해할 수가 없어요!"

현장수습을 위해 뒤에 남은 한 구조대원이 볼멘소리로 내뱉은 한탄이다. 대답할 말이 없다. 그보다는 사고자가 걱정이다. 헬기 출동이 늦어 출혈량이 꽤 많았는데 생명에는 지장이 없는지…구조대원과 구경꾼들마저 흩어져가니 다시 우리만 휑뎅그렁 남는다. 우리는 말없이 짧은 눈빛만 교환한다. 어떻게 하지? 대책 없는 녀석들이다. 대답은 곧장 몸놀림으로 이어진다. 비봉 후면의 오른쪽 크랙을 조심조심 뜯으며 가뿐히 정상으로 오른다.

"천이백 년 된 빗돌엔 이끼만 잔뜩 끼어"

비봉(560미터)은 왜 비봉인가? 정상에 비석이 서 있기 때문이다. 언제 누가 세웠는가? 비문은 남아 있되 너무도 심한 풍화작용을 거친 다음이라 읽어낼 수가 없었다. 그래서 오랫동안 사람들은 이것이 무학대사의 조선건국설화에 나오는 '무학오심도차비'이겠거니 하고 짐작해왔을 뿐이다. 이 비석의 미스터리를 밝혀낸 사람은 조선시대를 대표하는 시인 겸 서예가요 금석학의 대가였던 추사 김정희. 그의 저서들을 집대성한《완당선생전집堂先生全集》에는 이 대목과 관련된 한시들이 여러 편 실려 있다.

超禪不預定都時 초선불예정도시
玉兆分明萬世基 옥조분명만세기
一片僧伽峰頂石 일편승가봉정석
眞興舊蹟枉傳疑 진흥구적왕전의

초선이 정도할 때 참여하진 못했으나
옥조는 분명히 만세의 터전이라네
승가봉 꼭대기의 한 조각 돌을 보소
진흥왕의 옛 자취에 헛소문만 전하네

이 시에서 '초선'이란 무학대사를 가리키고, '옥조'란 서울의 미칭美稱이며, '헛소문'이란 곧 이 비석을 무학대사와 연관시키는 구전을 뜻한다. 김정희에 따르면 이 비석을 세운 사람은 다름 아닌 신라 진흥왕이다.《삼국사기三國史記》를 보면 '북한산'이라는 지명이 처음으로 등장하는 시기가 진흥왕 16년(555)인데, "10월에 북한산에 순행하여 강역을 획정하였다"

라고 기록되어 있다. 진흥왕 때라면 한강 유역을 놓고 벌이던 삼국의 각축전에서 신라가 가장 강성하였을 시기. 김정희는 자신의 해박하고도 집요한 금석학적 지식을 총동원하여 이 비석이 바로 그때 세워진 것이라는 사실을 밝혀냈다. 진품인 '진흥왕순수비'는 그 가치를 높이 평가받아 국보 제3호로 지정된 다음 박물관으로 옮겨졌고, 현재 이곳에는 모조비만이 덩그러니 남아 화려했던 옛 위용을 자랑한다.

진흥왕순수비에 기대어 앉아 서울을 내려다본다. 산자락 밑을 빼곡히 채우고 있는 저 고층빌딩들 속에서는 지금도 피를 말리는 생존경쟁이 한창이리라. 그러나 그토록 고단한 삶이 유독 현대인에게만 부과된 형벌이었던 것은 아니다. 삼국시대를 살았던 고대인들도 저 땅을 차지하기 위하여 칼과 창을 들고 싸웠다. 아마도 참혹한 전쟁에 휩싸여들 때마다 피가 강물처럼 흘렀으리라. 달라진 것이 있다면 땅을 차지하려 칼을 휘두르던 아날로그 전쟁이 사이트를 선점하려 자판을 두들기는 디지털 전쟁으로 바뀌었다는 것 정도가 아닐까?

그 옛날 이 높은 산봉우리에 비석을 세워놓은 진흥왕 시대의 사람들도 놀랍지만 무려 1,200여 년이 흐른 다음에 그 비석을 판독해낸 김정희도 대단하다. 아무리 금석학의 대가였다지만 첫눈에 보고 단박에 읽어낸 것은 아니다. 오랜 세월 동안 승가사에 머물면서 틈날 때마다 이곳에 올라와 정성스레 이끼를 닦아내고, 너무 마모되어 눈에 보이지도 않는 전각들을 손가락 끝으로 더듬으며 판독해낸 것이다. 김정희는 이때의 집요한 구도자적 심경을 '자속自屬(자기에 대한 부탁)'이라는 부제를 붙인 시에 담아 오늘날에 전한다.

平生結習汰除難 평생결습태제난
輕薄爲文意已闌 경박위문의기난
千二百年苔迹古 천이백년태적고
高燒寒燭重相看 고효한촉중상간

평생 해온 습관을 씻어버리기는 어려우나
경박하게 글 짓던 솜씨도 이제는 시들었다네
천이백 년 된 빗돌엔 이끼만 잔뜩 끼어
촛불 들고 쓱쓱 쓸며 보고 또 보네

천재들이란 때로 너무 잔인하다. 김정희라면 그 학문과 예술의 명성을 중국 대륙에까지 떨친 인물. 그런 그가 자신의 평생 업적을 '경박하게 글 짓던 솜씨'라고 깎아내리면 도대체 나같이 헐렁한 글쟁이는 어떻게 하란 말인가? 세월은 흘러도 인간의 본시 타고난 그릇만은 어찌할 수 없는가 보다. 도저한 수준에 오른 노학자는 이끼 낀 천년 빗돌을 찬찬히 읽어내고,

준비 없는 산꾼은 그곳에 오르다 발목을 부러뜨리며, 헐렁한 글쟁이는 처연한 심정으로 낮술을 기울일 뿐이다.

비봉의 코뿔소바위와 승가사의 마애석가여래좌상

진흥왕순수비가 비봉을 대표하는 인간의 조형물이라면 코뿔소바위는 그 대척점에 서 있는 자연의 조형물이다. 국보는커녕 오가는 이들의 시선 한번 제대로 못 받는 바위이건만 그런 세속의 평가야 무슨 상관이랴? 태초에 이 봉우리가 용틀임을 할 때부터 묵묵히 그곳을 지켜왔을 테니 감히 비봉의 수호 동물이라 칭해도 허물은 되지 않을 터. 어쩌면 김정희나 진흥왕도 한 번쯤은 쓰다듬었을 녀석의 콧잔등을 슬쩍 어루만지고는 봉우리를 내려선다.

본래는 승가봉을 넘어 문수봉까지 내달을 예정이었지만 등반사고를 수습하는 동안 시간도 꽤 지체되었고 마음도 유쾌하지가 않아 느슨한 하산로를 택한다. 사모바위에 못 미쳐 오른쪽으로 떨어지는 승가사길이다. 승가사는 북한산을 대표하는 고찰 중의 하나. 고려시대 이오의 〈중수기重修記〉를 보면《최치원문집崔致遠文集》에 "신라의 불승 수태가 삼각산 남쪽에 좋은 자리를 가리어 바위를 뚫어 굴을 만들고 돌을 조각하여 승가대사의 형상을 모사하여 제작하였다"라는 기록이 남아 있다고 한다.

승가대사는 인도의 고승인데 이역만리 떨어진 신라에서까지 굴이며 절을 세워 그를 기린 것을 보면 당대의 스타였음에 틀림없다. 그 때문인지 이곳 승가사에는 신라시대는 물론 고려시대까지 왕들의 거둥이 잦았다. 한국전쟁 때 소실된 것을 1957년에 비구니 도명이 중창하여 오늘에 이르렀는데 현재에도 그 사세가 대단하다. 그러나 워낙 잘나가는 절이니, 불심을 헤아릴 길 없는 중생이 볼멘소리로 토를 달아도 너그럽게 받아들일 줄로 믿고 감히 덧붙이건대, 도대체 자동차를 드나들도록 하기 위하여 산허리를 깎아 시멘트를 발라놓은 것은 무슨 수작인가? 정말 궁금하다. 도대체 무슨 권리로 국립공원 안에 흉측한 시멘트 길을 보란 듯이 닦아놓은 건가?

승가사에 들어가면 돈 냄새가 물씬 난다. 나도 전국의 산이며 절을 꽤나 돌아다닌 축에 속하는데 어디에서도 승가사만큼 번쩍번쩍한 사적비를 본 적이 없다. 새로 개축한 청운교며 이국적인 정취가 강한 신축석탑을 보아도 기가 죽을 지경이다. 특기할만한 사실은 그 모든 축조물의 기부자 명단을 대리석에 새겨놓았다는 것이다. 심지어 대웅전으로 오르는 난간에 12간지에 해당되는 동물들을 모두 부조로 조각하고 일일이 그 띠를 대표(!)하는 기부자의 이름을 새겨놓은 것을 보면 혀를 내두르게 된다. 종교 마케팅도 이 정도면 당당히 코스닥에 상장할 수준이다.

그러나 대리석에 이름을 남길 만큼 기부할 돈이 없는 사람이라도 승가사에는 한번 가볼 만하다. 승가대사와 '미스터 북한산' 때문이다. 석조승가대사상은 승가굴 안에 있는데 연혁에 비하면 너무 깨끗하고 명성에 비하면 너무 왜소하다. 다만 후광을 빛내고 있는 광배만은 예술이다. 뒷면에 '태평 4년' 즉 고려 현종 15년(1024)이라고 쓰여 있는 이 걸작품에는 연꽃무늬와 불꽃무늬가 아름답게 상생하고 있다.

뭐니 뭐니 해도 승가사를 명찰로 남겨놓은 것은 역시 절 뒤편의 절벽에 새겨져 있는 구기리 마애석가여래좌상. 본래 석가여래는 성性을 따지지 않는다. 그럼에도 불구하고 삼천사 마애여래입상이 '미스 북한산'이라면, 승가사 마애석가여래좌상은 '미스터 북한산'이라는 것이 나의 생각이다. 그만큼 남성적이고 믿음직하다. 고려 전기를 대표하는 마애불인데 저 아래 연화교와 쌍룡교에서부터 108계단을 걸으며 올려다보면 그 모습이 더없이 웅혼하다. 비록 전실은 없어졌지만 통통한 몸매며 튼실한 팔뚝 그리고 대장부다운 옅은 미소와 유머러스한 오른쪽 젖꼭지가 아주 매력적이다.

그 무릎 아래 앉아 있으려니까 마음마저 편안해지는데 독실한 불교 신자인 이재구가 올리기 시작한 참배는 끝을 모른다. 도대체 누구를 위한 기도가 저리도 절실할까? 낮에 마주쳤던 사고자인가 병약하신 그의 노모인가? 이마에 땀방울이

맺힐 만큼 숙연한 자세로 절을 올리는 그를 보니 나도 몰래 경건한 마음으로 젖어 들면서 문득 나 자신을 돌아보게 된다. 천이백 년 된 빗돌의 이끼는 추사가 걷어냈다지만 내 마음에 낀 속진의 이끼는 누가 있어 닦아낼 것인가?

하산길로 택한 구기동 계곡길에는 여전히 얼음이 얼어 있다. 그러나 시퍼런 한기는 한풀 꺾이고 이미 저 속살은 녹아들기 시작한 듯하다. 실제로 걸음을 멈추고 귀를 바짝 대어보니 그 짱짱해 보이는 얼음 밑으로 돌돌거리는 시냇물 소리가 어렴풋이 들려온다. 그러고 보니 승가사의 뜰 앞에서도 수줍은 목련 꽃망울들이 봉긋대는 것을 본 듯도 하다. 나는 계곡을 빠져나가기 전에 머지않아 봄이 찾아올 북한산을 다시 한 번 되돌아본다. 오늘 하루도 그대 품 안에서 잘 놀았소.

그 안에 나라가 있었네

4월, 북한산성 입구 – 대서문 – 중성문 – 산영루 – 중흥사

애처롭고도 노곤한 봄날이다. 못내 그리운 연인 하나 없는 사람이라도 가슴 한편이 저린다. 파렴치범들이 설치고 다니는 선거판도 역겹고 끝없이 번져만 가는 강원도의 산불도 내 억장을 무너뜨려 어디론가 망명이라도 하고픈 봄날이다. 이런 날에는 또 별수 없이 배낭을 꾸린다. 바다를 건너지 않아도 군사분계선을 넘지 않아도 갈 수 있는 나라가 있다. 멀지도 않고 비자도 필요 없다. 교통카드 하나로 지하철과 버스를 갈아타면 금세 그 코앞까지 갈 수 있는 또 다른 나라. 그 나라는 북한산성 안에 있다.

산성 안에 지은 또 하나의 나라

대서문에 가려면 구파발 전철역에서 내려 156번 버스를 탄다. 같은 156번이라도 삼천사 계곡을 종점으로 하는 버스도 있으니 반드시 '북한산성행'이라는 행선지 푯말을 확인해야 한다. 정류장에 내려서면 매표소까지가 탄탄대로다. 굳이 바쁜 시간을 쪼개어 산행에 나섰는데 아스팔트길을 걸어야만 한다는 사실을 받아들일 수 없는 사람은 매표소를 지나자마자 왼쪽 오솔길로 빠진다. 모롱이를 돌아서면 키 큰 나무들이 빽빽이 들어서 있어 흡사 딴 세상 같다. 오롯한 돌계단길과 잘 다져진 오솔길을 몇 구비 돌면 이내 대서문이 나타난다. 북한산에 있는 크고 작은 문 중에서도 가장 해발고도가 낮은 문이다.

북한산과 북한산성은 떼어놓고 생각할 수 없다. 산성 자체가 북한산이라는 천연요새를 최대한 이용하여 축조된 까닭이다. 따라서 산성을 뼈대로 삼아 전체 개념도를 머릿속에 새겨넣는 것은 북한산을 파악하는 훌륭한 편법이 된다. 대서문에서 왼쪽으로 돌면 서암문과 북문을 거쳐 백운대까지 치달은 성가퀴가 곧 원효능선이요, 다시 대서문을 기준 삼아 오른쪽으로 돌면 가사당암문·부왕동암문·청수동암문을 거쳐 문수봉까지 잇단 성가퀴가 곧 의상능선인 것이다. 문수봉은 일종의 교차로다. 여기서 백운대까지를 주능선이라고 하고, 다시 여기서 향로봉까지를 서남능선 혹은 비봉능선이라 한다.

이렇게 놓고 보면 북한산성은 완벽한 폐곡선이다. 물론 이 폐곡선이 모두 다 성가퀴로 연결되는 것은 아니다. 게을러서가 아니다. 그럴 필요가 없다. 백운대나 만경대 혹은 나한봉이나 나월봉을 보라. 그 봉우리 자체가 더할 나위 없이 날카로운 천연요새이거늘 굳이 인위적인 성벽을 쌓아 올릴 까닭이 있겠는가? 우리의 선조들은 이 폐곡선 안에 하나의 나라를 세웠다. 비유적인 표현이 아니라 역사적인 사실이다. 왕이 머무를 행궁과 군대의 주둔지 그리고 식량창고와 사찰에 이르기까지 한 나라를 구성하는 모든 것을 이 산성 안에 건설했던 것이다. 그런 뜻에서 북한산성이라는 폐곡선은 하나의 국경이다.

수성守城의 견지에서 보면 이 국경선 중에서 가장 약한 고리가 서쪽이다. 지도의 등고선을 짚어보면 알 수 있듯 북·동·남쪽 모두 험준한 바위 봉우리 혹은 높은 능선으로 가로막혀 있는데 유독 서쪽만은 거의 평지나 다름없이 탁 트여 있는 까닭이다. 그래서 예전부터 북한산에 이르는 가장 대중적인 접근로가 바로 이 대서문이었다. 나이가 제법 지긋해진 연배라면 김밥 한 줄에 칠성사이다를 꿰차고 이곳으로 소풍을 나왔다가 계곡에서 물장난을 치곤 했던 개구쟁이 시절의 추억을 되짚어볼 수도 있으리라.

영광과 오욕의 역사가 서린 북한산성

지난겨울이었다. 겨울 산으로 올랐다가 봄 산으로 내려오는 희귀한 체험을 한 적이 있다. 우이동에서 위문 쪽으로 오를 때는 두툼한 방한복에 아이젠까지 착용하고 벌벌 떨면서 올랐는데, 위문을 통과하여 산성 안으로 들어서자마자 따사로운 햇볕에 봄기운까지 느껴져 방한복이고 아이젠이고 다 거추장스럽게만 느껴졌다. 심지어 약수암에 이르자 아예 웃통까지 벗어젖히고 바위연습장에 매달려도 한기를 느낄 수 없었으니 과연 산성 안의 땅들이 양지바른 명당임에 틀림없다.

그러므로 북한산의 봄은 산성 안에서 시작된다. 길옆에 흐드러진 봄꽃들에 한눈을 파느라 널따란 아스팔트길이 지루한 줄도 모르고 발걸음을 옮겨놓다 보니 어느새 중성문이다. 중성문은 이를테면 겹성이다. 취약한 서쪽을 대서문만으로 안심할 수 없어 이중으로 겹쳐놓은 성문인 것이다. 이곳에 이르면 버릇처럼 왼쪽 계곡으로 빠진다. 중성문 옆의 협곡에 숨어 있는 수문 터를 돌아보기 위해서다. 우리 선조들이 고도가 낮은 서쪽의 방비를 위하여 고안해낸 것이 바로 수공水功이다. 북한산성 안쪽으로 흐르는 계곡물을 모두 담아놓았다가 일시에 방류시킴으로써 적을 섬멸하겠다는 복안을 가지고 있었던 것이다. 절묘하지 않은가? 그러나 이 절묘한 계획은 단 한 번도 실행에 옮겨지지 않았고 수문터의 잔해도 1925년에 있었던 을축년 대홍수에 깨끗이 씻겨가 버렸다. 남은 것은 수문을 괴어놓았던 홈뿐이다. 버릇처럼 그 홈을 어루만져본다. 찬탄과 서글픔이 동시에 밀려온다.

북한산성을 돌아볼 때면 언제나 그렇다. 선조들의 지혜와 치성에 찬탄을 머금게 되고, 그것을 단 한 번도 제대로 써먹지 못했을뿐더러 되레 역이용만 당하고 방치해놓았다는 사실 때문에 서글픔과 죄책감을 되씹게 되는 것이다. 북한산성과 성내 시설들이 얼마나 치밀한 계획 아래에 축조되었는가를 살펴보려면 지면이 턱없이 모자란다. 다행히 이 주제를 놓고 쓰인 책들 중에 빼어난 저작들이 있다.《북한산성》(조면구, 대원사, 1994)과《북한산 역사지리》(김윤우, 범우사, 1995)다. 특히 후자는 그 풍부한 고증과 상세한 해설이 단연 타의 추종을 불허하여 가히 '북한산의 바이블'이라고 칭할 만하다. 북한산에 조금이라도 관심이 있는 사람이라면 밤을 밝혀 읽어볼 만한 책이다.

북한산성은 외세에 대항하기 위하여 쌓아놓은 성이다. 그런데 정작 그 성의 가치를 제대로 인식하고 그것을 최대한 이용한 자들은 외세뿐이었다는 데에 역사의 참혹한 아이러니가 있다. 산성 내에 축조되어 있었던 시설물들을 철저히 파괴한 자들은 일본인이었다. 그들은 산성 내의 나라가 항일무장투쟁의 본거지로 사용된다면 얼마나 진압하기 어려울지를 훤히 꿰뚫고 있었기 때문에 그것들을 파괴했다. 심지어 행궁이나 중흥사의 대들보들을 아예 자기네 나라로 유출하기까지 했다. 과연 영악하고 치밀한 제국주의자들이다. 그러나 우리는 그들을 탓하기 전에 스스로를 탓해야 한다. 구한말의 의병들은 왜 이곳으로 몰려들지 않았는가? 임오군란 때의 반란군들은 왜 북한산성을 차지하려 들지 않았는가?

군사적인 측면에서 북한산성을 최대한 이용한 자들은 어이없게도 미국인들이다. 한국전쟁 당시 미군은 인민군을 산성 안으로 유인한 다음 그들을 몰살시켰다. 산성의 성벽과 능선 위에서 아래로 쏟아붓던 기관총 세례를 상상해보라. 도망갈 곳이 없다. 그야말로 죽음의 폐곡선이다. 반외세의 성벽이 외세의 사선射線이 되다니…치가 떨리고 창자가 뒤틀릴 노릇이다. 불과 수십 년 전의 일이다. 1960년대까지만 해도 산성 안의 깊은 계곡에서 해골을 발견하는 일이 놀랄 일도 아니었다고 하니 그 참혹했던 전쟁의 상처를 넘겨짚고도 남는다.

살아남은 우리에게도 면죄부는 주어지지 않는다. 산성 안의 옛 유적 터들을 돌아보라. 무엇 하나 성한 게 없다. 훈련도감 유영지를 찾으려면 길 끊어진 언덕길을 휘저어야 하고, 행궁 터의 주춧돌은 오늘날까지도 황폐한 풀밭 위를 뒹굴고 있다. 거듭 말하거니와 이곳은 하나의 나라가 있었던 곳이다. 부자가 망해도 삼 년은 간다는데 한 나라가 망한 뒤끝이 이토록 황폐하고 무심하게 버려져 있다면 그 후손들은 후레자식들이다. 북한산성 안에서 아름다운 것은, 슬프게도, 북한산뿐이다.

오래된 바위 앞에서 전생을 떠올리며

북한산은 북한산성의 안팎으로 나뉜다. 백운대와 만경대는 북한산성의 연장선상에 있으므로 안팎의 어디에도 속하지 않는다. 산성 밖에서 가장 높은 봉우리는 인수봉이고, 산성 안에서 가장 높은 봉우리는 노적봉이다. 실로 산성 안에서 올려다보는 노적봉은 우람하고 당당하다. 노적사 대웅전 옆에서 있는 미륵불의 어깨너머로 올려다보면 고도감도 상당하다. 아마도 그 미륵불이 지나치게 늘씬한 탓이리라.

조선 중기의 한문사대가漢文四大家로 꼽히던 이정구李廷龜가 남겨놓은 〈유삼각산기遊三角山記〉는 대단히 질펀한 글이다. 피리꾼과 거문고 악사까지 대동하고 북한산에 올라 코가 비뚤어지도록 술을 마시고 발가벗고 계곡물에 뛰어드는가 하면 그물을 던져 고기도 낚았다고 하니 산에 취한 사람들의 풍류야 예나 지금이나 다를 바가 없는가 보다. 흥미로운 것은 당시 50세를 바라보던 그가 노적봉에 오른 방법을 상세히 묘사한 대목이다.

거의 발 디딜 곳이 없었다. 나무로 사다리를 만들어놓고 줄을 드리워주기에 그 줄을 잡아당겨 몸을 묶어 올라갔다. 비로소 제일 높은 정상에 오르니….

무슨 뜻인가? 이미 400년 전에 조악한 형태로나마 레더와 자일을 사용하여 노적봉을 암벽등반으로 올랐다는 뜻이다. 같은 글에서 "임진왜란 이후로는 전혀 왕래가 없어서 (백운대로 오르는) 길이 끊어진 지 오래되었다"는 대목도 발견된다. 오늘날과는 정반대의 상황이다. 요즈음에는 구세대 암벽등반가들을 제외하고는 노적봉에 오르는 사람들이 거의 없다. 워킹을 즐기는 사람들은 모두 다 백운대로 몰리고 암벽등반을 즐기는 사람들은 예외 없이 인수봉에만 붙는다. 노적봉의 입장에서는 여간 서운한 일이 아닐 것이다.

중흥사 터로 가기 위해 내려선 계곡이 퍼석거린다. 유난히도 가물었던 봄 날씨에 수량이 형편없이 줄어든 것이다. 이 계곡의 어느 구비인가가 향옥탄響玉灘이었으리라. 산성 계곡 중에서도 가장 아름다운 이곳에서 김시습은 하루 종일 시를 써서 그것을 계곡물에 띄워 보내곤 했다.《사재척언思齋摭言》에 따르면 하루에도 기백여 수씩을 그렇게 허랑하게 흘려보냈다고 하니 그의 문재가 놀랍고 그의 절망이 서럽다.

향옥탄을 내려다보고 있던 정자가 산영루다.《동국명산기

東國名山記》를 쓴 성해응成海應의 삼각산 편에 따르면 북한산의 여러 명승 중에서도 향옥탄과 더불어 가장 아름다운 곳으로 꼽히곤 하던 곳이 바로 산영루다. 지도를 펼쳐놓고 컴퍼스를 대어보면 북한산성의 정중앙 곧 북한산의 배꼽에 해당한다. 과연 초석 몇 개만 남아 있는 산영루 터에 서서 사위를 둘러보면 늠름한 성채처럼 우뚝 솟아 있는 북한산의 능선들이 꿈결 같다. 우리 선조들이 꿈꾸었던 가상의 나라 한복판에 서 있는 셈이다. 유난히도 많은 시인묵객詩人墨客이 이곳 산영루에서 바라본 북한산의 선경을 찬탄했던 까닭을 절로 알 듯하다. 그중에서도 최고는 추사 김정희의 한시 〈산영루〉. 이 시의 5행과 6행은 그야말로 절창이다.

石老前生憶 석로전생억
山深盡日看 산심진일간

오래된 바위 앞에서 전생을 떠올리며
산이 깊어 저물도록 바라본다

서글픈 봄날, 잃어버린 나라의 한복판에 서서 문득 전생을 떠올린다. 나는 칡넝쿨을 몸에 감고 노적봉에 올랐던가? 님을 떠나보낸 다음 슬픔의 한시들을 끝없이 지어내어 냇물에 띄워 보냈던가? 죽음의 폐곡선 속에 갇히어 운명을 저주하며 죽어갔던가? 깊은 산은 대답이 없다. 오래된 바위들만 우뚝할 뿐이다.

산성의 중흥은 중흥사 재건으로부터

산영루 터와 중흥사지 사이에 장군봉이 있다. 고려 우왕 14년(1388) 이곳에 머물며 요동정벌을 꿈꾸었던 최영 장군을 기려 붙여진 이름이다. 뜻을 펼쳐보지 못한 망국의 장군처럼 그 모습이 처연하다.

중흥사 터야말로 북한산성의 핵심이다. 백제의 개루왕 5년(132) 당시 "말갈 등 북방의 적을 방어하기 위하여 북한산성을 쌓았다"고 할 때 그 북한산성이 곧 오늘의 북한산성이라고 생각하면 오해다. 이때의 '북한'이란 '한강 이북 지역'을 가리키는 말이다. 김윤우의 고증에 따르면 개루왕 당시 쌓았다는 성은 현재의 중흥사 터 부근에 존재했었다고 한다. 좀 더 분명하게 표현하자면 '중흥산성'이다. 현재의 북한산성은 조선 숙종 때(1711) 이 중흥산성을 복판에 놓고 북한산의 여러 봉우리를 이어 만든 것이다.

당시 팔도도총섭을 맡아 약 30년간 북한산성의 축조를 총지휘한 사람이 바로 고승 성능이다. 그는 우선 고려 말기에 태고 보우가 일으켜 세운 중흥사를 크게 중창해 북한치영北

漢緇營의 본거지로 삼는다. 이를테면 북한산성 축조의 야전사령실인 셈이다. 태고사를 중창한 것은 물론이고 용암사, 서암사, 진국사, 봉성암, 원효암 등을 창건한 사람도 그였다. 성능이 30년간 북한산에 머물면서 산성을 쌓고 성내 시설물들을 건립한 과정을 기록한 책이 저 유명한《북한지北漢誌》다. 앞서 거론한 김윤우의《북한산 역사지리》도 성능의《북한지》에 대한 '증보역주판'이라고 이해하면 틀림없다.

그러나 이처럼 중요한 역사적 의미를 가진 중흥사 터의 오늘날 모습은 황폐하기 짝이 없다. 한때 136칸이나 되었다던 대찰의 풍모는 어디에서도 찾아볼 수 없다. 댓돌은 나뒹굴고 석축은 무너져간다. 북한산성과 성내 문화유적들을 올바르게 보존하고 복원하는 것이 오늘날 우리에게 주어진 임무라면, 그 작업은 마땅히 중흥사를 재건하는 데서부터 시작되어야 할 것이다. 중흥사가 옛 위용을 되찾는다면 그중의 방 한 칸을 얻어 여생을 북한산에 묻을 수도 있으련만…그렇게 호사스러운 상념을 떨치고 고개를 드니 북한산만 깊고 또 깊은데 날이 저문다.

백운대의
오른쪽 날개를 타다

5월, 시구문–원효봉–영취봉–백운대–우이동

백운대에 오르는 길은 크게 세 갈래로 나뉜다. 가장 대중적인 길은 물론 백운산장 쪽에서 올라오든 약수암 쪽에서 올라오든 위문을 거쳐서 쇠난간을 붙잡고 오르는 길이다. 휴일이면 북새통에 교통체증이 심하다. 사기막골이 자연휴식년제에 묶이기 전까지는 숨은벽 쪽에서 올라오는 사람들도 꽤 있었다. 비교적 덜 알려진 길인데 백운대의 뒤통수를 보며 오르는 재미가 쏠쏠하다.

가장 길고 힘든 코스로는 원효봉능선을 꼽을 수 있다. 북한산성 계곡을 품 안에 안고 앉아 있는 사람의 머리를 백운대라고 치면, 그 오른쪽 손가락 끝에서부터 팔꿈치를 거쳐 어깨를 타고 오르는 형국이다. 오늘 우리는 이 길을 간다.

원효능선의 들머리는 시구문

156번 버스를 타고 산성 입구 정류장에서 내린 우리는 매표소 쪽으로 뚫려 있는 넓은 신작로에서 일찌감치 다른 사람들과 헤어진다. 여기서 송추 쪽으로 한 모롱이만 돌면 걷기에도 그윽한 수목원길이 나 있는 까닭이다. '미미가든'이라는 팻말이 가리키는 골목으로 들어서도 되고 효자수목원의 옆길로 들어서도 그만이다. 두 길은 결국 원효봉으로 향하는 오솔길에서 만난다. 잘 가꾸어놓은 나무들이 양쪽에 도열해 있는 길을 따라 내음도 향긋한 산림욕을 즐기며 걷자니 콧노래가 절로 난다.

오늘의 새로운 동행은 웹디자이너 이정민. 모니터 때문에 눈이 가물거리고 마우스 때문에 손가락이 떨어져나갈 것 같다고 하소연을 늘어놓길래 시원한 산바람이라도 좀 쐬라고 끌고 나왔는데 복장을 보니 걱정부터 앞선다. 날라리 배낭에다가 리복 운동화라… 이재구와 내가 팔품깨나 팔게 생겼다.

오솔길이 끝나면 돌계단길이 시작된다. 봄이 오는가 싶더니 그새 여름이 되어버렸는지 돌계단길 양옆으로 늘어선 나무들마다 신록이 제법 짙어 시야가 영 좋지 않다. 이런 허드렛길에서는 달리 방법이 없다. 그저 아무 생각 없이 허위단심 발걸음이나 떼어놓는 수밖에.

몇 구비 돌기도 전에 이마와 등짝에 땀이 송골송골 맺혀 플

리스 재킷을 벗어 배낭에 쑤셔 넣고 연신 차가운 녹차를 들이켠다. 사진기자 서준영은 오늘 새벽까지 마신 술이 아직 덜 깼다며 혀를 빼고 헥헥거리는 모습이 영락없는 땡칠이다. 더는 못 걷겠다 싶을 만큼 숨이 가빠올 때 저 앞에 그윽한 성벽과 돌문이 나타난다. 서암문西暗門(180미터)이다.

서암문은 시구문屍柩門이라는 별칭으로 더 널리 알려져 있다. 한자를 들여다보면 알 수 있듯이 북한산성 안에서 죽은 사람들의 시체를 밖으로 내가던 문이다. 그 때문인지 여타의 암문들과는 달리 위쪽 장대석을 무지개처럼 파서 다듬은 모양이 앙증맞고 예쁘다. 죽은 사람들이 누워서 나오던 문을 산 사람들은 가쁜 숨을 몰아쉬며 걸어 들어간다.

시구문 바로 안쪽에 매표소가 있지만 어찌된 일인지 한 번도 사람이 있는 걸 본 적이 없다. 덕분에 오늘도 공짜 산행이다. 여기서 오른쪽으로 내려가면 수문 터와 대서문으로 이어지고, 매표소 뒤쪽으로 내려가면 잘생긴 페이스바위와 덕암사가 나온다. 그러나 우리는 다시 왼쪽 성벽 밑으로 나 있는 돌계단길로 붙는다.

"또 돌계단을 올라가?!"

이정민이 볼멘소리로 항변하지만 소용없다. 우리는 일단 못 들은 척 저만치 앞으로 내뺀 다음 전망 트인 바위 위에 앉아 기다리면서 오렌지 몇 알을 꺼내놓는다. 초보자를 다루는 방법은 그것뿐이다. 도망치고 어르고 달래고 협박하고…그 옛날 내게 산을 가르치던 선배가 했던 바로 그 짓을 내가 또 하고 있다고 생각하니 나도 모르게 웃음이 나온다. 입이 삐죽 나왔던 이정민도 오렌지 한쪽과 미니 초코바 하나에 피식 웃는다.

양반다리를 하고 앉아서 두 손을 무릎에 대어보라. 머리가 백운대이고, 어깨가 염초봉이며, 팔꿈치가 원효봉이라면, 원효암은 팔꿈치와 손목의 중간쯤 된다. 우리는 지금 팔꿈치까지도 못 온 거다. 설명을 듣더니 이정민의 표정에서 웃음기가 가신다. 그래도 자존심 강한 독종인지라 내려가겠다는 소리는 안 하고 다시 배낭을 짊어진다.

북한산성의 오른쪽 날개 원효능선길

시구문을 지나면 돌계단길의 경사도는 한층 날카로워진다. 때마침 안개가 낀 흐린 날씨였기에 망정이지 땡볕이 내리쬐는 날이면 더할 수 없이 괴로운 길이 바로 원효암까지 이어진 돌계단길이다. 한참을 땀 흘리며 올라가니 비로소 왼쪽 시야가 트인다. 구파발 일대와 북한산길 그리고 창릉천이 발아래 모습을 드러낸 것이다.

시원한 바람에 땀을 식히고 다시 몇 구비를 더 도니 이제는 오른쪽 시야도 툭 트인다. 산성 계곡과 대서문 그리고 중성문까지 모두 발아래 웅크리고 있다. 그동안 이렇게 높이 올라왔나? 매번 산행 때마다 느끼는 것이지만 산에서는 눈을 믿지 말고 발을 믿어야 한다. 눈은 게으르고 발은 부지런하다.

원효봉으로 직행하려면 굳이 원효암에 들를 필요는 없다. 그러나 우리는 원효암 쪽으로 발길을 돌린다. 개인적인 취향이겠지만 나는 이 암자에 몹시 마음이 끌린다. 이름과는 달리 원효가 이곳을 창건했거나 주석했다는 기록은 없다. 이 암자를 만든 사람은 북한산성 축조의 야전사령관이었던 불승 성능이다. 열 칸 남짓한 작은 규모이지만 깎아지른 절벽 위에 절묘하게 등을 대고 있는 형국이어서 전망만은 그만이다.

원효암만의 자랑은 법당 마당 안쪽에 만들어져 있는 바위샘물. 워낙 물이 귀한 곳이라 평소에는 철문에 자물통까지 채워놓았지만 평일이어선지 개방되어 있다. 독실한 불교도인 이재구가 무릎 꿇고 합장을 한 다음 상체를 깊숙이 숙여 바가지로 한 모금을 길어낸다. 간신히 목을 축일 만큼의 양인데도 역시 물맛만은 그만이다.

다시 입구로 돌아나가면 되지만 우리는 굳이 바위샘물에서 동쪽으로 뻗어 있는 오솔길을 택한다. 끝없이 이어져 있는 돌계단 길에 신물이 났기 때문이다. 보폭을 규정당하는 돌계단 길보다야 차라리 자유롭게 발길을 떼어놓을 수 있는 오솔길과 바윗길이 훨씬 편하리라는 판단이었는데… 실제로는 그리 녹록지 않은 길이었다.

초행길이었던 탓에 필요 이상으로 헤맨 것도 사실이지만 원체 인적이 끊겨 길이 희미하다. 우리는 빤히 보이는 원효봉 정상 밑을 이리저리 헤매다가 결국엔 과감한 개척등반(?)을 감행한다. 물이 흐르고 이끼가 미끄러운 바윗길을 슬링sling까지 꺼내어 밀고 당기며 한바탕 오르고 나니 이윽고 원효봉의 잘생긴 바위봉우리가 나타난다.

원효봉(506미터)에 앉아 백운대를 바라본다. 이곳에서 바라보는 백운대는 영취봉 너머로 길게 뻗어 있는데 그 모습이 만경대 못지않다. 산성 계곡과 대서문을 사이에 두고 맞은편으로 바라보이는 봉우리가 의상봉(502미터)이다. 원효와 의상은 둘 다 신라시대를 대표하는 고승이자 평생의 라이벌이었다. 그 두 개의 봉우리가 대서문의 양옆을 지키고 있으니 산성 안의 계곡은 참으로 아늑하다. 이곳에서 바라보는 의상능선길은 험준한가 하면 늘씬하고 날렵한가 하면 뭉툭하여 그야말로 기기묘묘하다. 짙은 녹음 사이로 말갛게 내민 바위 봉우리들이 서늘하고 정겹다.

원효봉에서 북문까지는 내리막길이다. 내리막길이 나왔다고 좋아하는 것을 보면 이정민은 역시 왕초보임에 틀림없다. 웬만큼 산에 다닌 사람들이라면 산행 도중 내리막길이 나왔을 때 마뜩잖은 심정이 되기 마련이다. 이게 또 얼마를 올라가려고 이렇게 내려가나 싶어 걱정부터 앞서야 정상이다.

건들건들 내려서는 길 저 밑으로 인부들과 돌덩이들이 보인다. 북문 근처의 성벽과 문루를 다시 쌓는 공사가 한창 진행 중이다. 오전 내내 힘깨나 썼는지 막걸리를 마시고 성벽에 기대어 낮잠을 청하는 인부들의 모습이 안쓰럽기는 한데… 아무래도 성벽을 쌓아가는 모양이 영 마음에 걸린다. 얼기설기 깎아놓은 넓적한 돌을 성벽 위에 나 몰라라 눌러놓은 모습이 왠지 무성의하다. 나도 북한산이라면 헤아릴 수도 없이 돌아다닌 편인데 이런 모습의 성벽을 어디서 봤던가 싶다. 과연 제대로 고증이나 하고 이루어지는 공사인지 의심스러운 것이다.

북문 이후는 난이도 높은 암릉코스

어찌되었건 형편없이 허물어져 있던 북문北門(430미터)이 제 모습을 되찾아가고 있는 것은 반가운 일이다. 얼마 전까지만 해도 그 폐허화된 정도가 어찌나 심했던지 과연 이것이 대문인지 암문인지 분간도 안 될 지경이었다. 북문은 북한산성의 4대문 중의 하나다. 즉 대동문 대서문 대남문과 같은 반열에 드는 문이라는 뜻이다. 그럼에도 앞에 대大자를 붙이지 않은 것은 규모 때문이 아니라 관례 때문이다. 한양도성에서도 동대문 서대문 남대문은 있되, 북대문이라는 이름은 없고, 대신 숙정문肅靖門이라 불리는 북문이 있는 것과 같은 이치다.

북문을 지나 영취봉 쪽으로 붙으려 하니 경고 팻말 하나가 앞을 가로막고 있다. 대충 어영부영 통과하려고 했지만 눈 밝은 이정민이 화들짝 놀라 되묻는다.

"출입금지라고 되어 있잖아?!"

이젠 어쩔 수 없다, 이실직고하는 수밖에는.

"그 밑에 조그맣게 써 있잖아. 전문산악인 이외에는 등반을 금한다고."

"……!"

"걱정 마. 안전벨트랑 자일이랑 다 챙겨왔어. 네 거까지."

사실 영취봉에서 백운대에 이르는 암릉은 꽤 위험한 곳으로 북한산에서도 가장 사고가 잦은 곳이다. 내가 아는 산사람 중에서도 두 명이 이 구간에서 사망했고, 뼈가 으스러질 정도로 크게 다친 사람들만도 여럿이다. 일반 등산 지도에는 등산로가 아예 그려져 있지도 않은 길이다. 그러나 모든 사고는 안전불감증에서 비롯된다. 안전장비를 갖추고 안자일렌anseilen한 상태에서 조심조심 간다면 크게 걱정할 필요는 없다. 문제는 아무런 장비도 정보도 없이 무작정 이 길을 가는 사람들이다. 이번 산행에서도 이런 부류의 헐렁한 산꾼들을 여럿 만났다.

일명 염초봉이라고도 불리는 영취봉(662미터)에 붙으면 시야가 고급스러워진다. 오른쪽으로는 잘생긴 노적봉의 옆모습이 바투 다가오고, 왼쪽으로는 숨은벽의 수려한 암면들이 아스라이 이어진다. 게다가 곳곳에 크랙이며 슬랩이며 디에드르dièdre까지 산재해 있어 암벽등반의 기초만 마스터한 사람이라면 더없이 다채로운 등반을 즐길 수 있다. 물론 '즐긴다'는 것은 주관적인 표현이다. 멋모르고 따라나섰다가 졸지에 난생처음 현수하강까지 하게 된 이정민은 앙다문 이빨 사이로 끊임없이 한탄과 신음과 괴성을 쏟아냈다.

"이게…사람 다니는 길 맞아?"

"나도 그러고 싶은데 내 발이 말을 안 들어!"

"꺄아악!"

영취봉리지의 하이라이트는 커니스cornice(눈처마)처럼 생긴 비스듬한 바윗길과 네 발로 엉금엉금 기어가야 하는 속칭 말바위다. 여태껏 짤막한 구간들은 이재구의 선등과 잇댄 슬링을 이용하여 대충 해결했던 우리도 이 구간에 이르러서는 안자일렌을 한 상태에서 제대로 된 확보를 했다. 어이없는 것은 이 구간을 오르내리는 산꾼들의 핀잔이다. 이런 자들은 젊은 사람들이 무슨 겁이 그렇게 많냐느니 대충 가면 된다느니 하며 객쩍은 소리를 늘어놓기 일쑤인데 그냥 흘려듣는 게 상책이다. 모택동의 표현을 빌자면 "죽은 돼지는 끓는 물을 두려워하지 않는다"에 해당한다.

커니스 위에서 바라보는 북한산은 선경이다. 정면에 우뚝 서 있는 백운대를 제외하고는 모든 것이 외줄기 바윗길의 양 옆에 머리를 조아리고 있는데 언제 다시 이곳에 서보나 싶을 만큼 아름답다. 속칭 말바위를 통과하려면 낮은 포복 자세를 취해야 한다. 그나마 테라스terrace가 너무 좁아서 오른쪽 다리는 천길 낭떠러지 위의 허공 속을 맴돈다. 유쾌한 현기증이 몸속을 뛰어다니는 야성의 피톨들을 기분 좋게 자극한다.

이곳을 통과하고 나면 이제 남은 것은 V자형 협곡에서의 7~8미터짜리 하강. 최근에 새로 박아놓은 피톤에 자일을 걸고 절벽 아래로 몸을 누이면 시야를 가득 메운 하늘이 점차로 멀어져 간다. 백운대의 험준한 오른쪽 어깨 위에 이제 막 올라탄 것이다.

안전벨트를 풀고 자일을 사리며 고개를 든다. 그토록 아득해 보였던 백운대가 바로 코앞이다. 백운대의 왼쪽으로는 언제 보아도 감탄사를 발하게 하는 인수봉이 우뚝 솟아 있다. 인수봉을 보니 다시 피가 끓는다. 이재구는 얼마 전 등산학교의 윤길수 선생을 따라 올랐던 취나드 B코스의 감격을 이야기하느라 입에서 침이 튄다. 경악과 원망으로 길게 찢어졌던 이정민의 눈가에도 옅은 눈웃음이 피어오른다. 그녀가 웃을 때만을 기다려오던 나는 이때다 싶어 재빨리 능치고 들어간다.

“어때, 기분 좋지?”

“말 시키지 마. 손가락 하나 까딱할 힘도 없어.”

“잘됐네! 클릭도 못 할 테니까 이제 그냥 푹 쉬어!”

이윽고 백운대에 오른 일행은 누가 먼저랄 것도 없이 활짝 웃는 낯으로 하이파이브를 나눈다. 평일 늦은 오후에 오른 백운대에는 인적마저 끊겨 고즈넉하기 그지없다. 구름 낀 하늘 아래 장엄하게 펼쳐져 있는 북한산의 파노라마를 둘러보면서 여느 때처럼 마음 깊은 곳에서의 정담을 건넨다. 오늘 하루도 그대 품 안에서 잘 놀았소.

매가 날던 능선을 따라 문수봉을 넘어

6월, 진관사 입구－매봉능선－사모바위－문수봉－문수사

컴퍼스의 중심을 문수봉에 고정시키면 서쪽 방향으로 우아한 삼각형이 그어진다. 한 변은 의상능선이요 다른 한 변은 비봉능선이다. 그 삼각형 안에 삼천사 계곡과 진관사 계곡이 들어서 있다. 가슴이 아프도록 마르고 닳아버린 북한산의 등산로 중에서 그나마 사람들의 발길이 덜 닿아 천연의 비경을 그런대로 유지하고 있는 유일한 지역이다. 이 미답지未踏地의 양대 계곡을 가르고 있는 야트막한 경계선이 매봉능선이다. 우리는 오늘 매봉능선을 타고 문수봉으로 향한다.

청정삼각주의 척추 매봉능선

이 지역이 비교적 청정하게 남아 있을 수 있었던 것은 군사적인 이유 때문이다. 김신조로 통칭되는 북한특수부대가 청와대를 식겁하게 만들었던 1968년의 1.21 사태 이후 이 지역은 출입금지구역으로 선포됐다. 군부대들이 대거 똬리를 틀고 있었기 때문이다. 민간인들에 대한 출입통제가 풀린 것은 1992년. 덕분에 그 이전에 제작된 지도들에는 아예 어떠한 등산로도 표기되어 있지 않다. 분단의 결과로 DMZ 지역이 세계적인 생태계의 보고로 남게 된 것과 같은 이치다.

아마도 얼마 전 한반도 전체를 뜨겁게 달궜던 남북정상회담의 여파이리라. 초여름의 매봉능선으로 향하며 문득 분단과 통일을 생각한다. 대대적인 군축이 감행되고 남북 간의 자유 왕래마저 보장된다면 얼마나 좋을까? 이산가족들은 눈물의 상봉을 꿈꾸고 장사꾼들은 돈 벌 궁리에 빠져들겠지만 산사람들은 역시 산만 생각한다. 수도권 전체에서 군부대들이 철수하면 인수봉에서 패러글라이더를 타고 하강할 수도 있으리라. 종주꾼들은 진부령에서 되돌렸던 발길을 다잡아 백두산까지 단숨에 치고 올라갈 것이다. 그뿐인가? 일본 클라이머들에게 초등루트를 내줄 때마다 복장을 뒤틀리게 했던 북한의 바윗길들도 고스란히 우리의 몫이 된다! 너무 철딱서니 없는 몽상이라고 질타해도 할 수 없다. 그런 상상만으로도 즐겁기에 누구 못지않게 통일을 갈망하는 것이 산사람들의 속마음이다.

매봉능선의 들머리를 찾는 것은 쉬운 일이 아니다. 오랫동안 인적이 끊겨 있었던 탓에 길 자체가 너무 희미하다. 이 길인가 싶으면 어느새 도마뱀 꼬리처럼 뭉툭 잘려져버리고 저 길인가 싶으면 잊힌 옛노래의 후렴처럼 가뭇없이 사라져버린다. 역설적인 표현이지만 바로 그렇기 때문에 즐겁다. 허리가 패이고 나무뿌리까지 드러날 정도로 사람들의 발길에 짓밟힌 등산로들보다야 훨씬 운치 있지 않은가? 컴퍼스와 독도법은 이럴 때 쓰라고 만들어놓은 것이다. 지도의 등고선을 들여다보면 간단한 길이다. 삼천사 입구에서라면 오른쪽, 진관사 입구에서라면 왼쪽으로 방향을 틀어 가장 가까운 능선으로 치고 오르면 그뿐이다. 그 얕은 구릉이 매봉능선의 끝자락일 수밖에 없다.

이게 길인가 싶을 만큼 희미한 흔적들을 따라 꽤 가파른 흙길과 바윗길을 몇 구비 돌아 오르면 이내 시야가 트인다. 바람 속에도 여름의 기색이 완연하여 땀이 마르는데도 한기를 느낄 수 없다. 울창한 숲 아래로 삐죽이 내민 진관사의 기와등이 근사하다. 깊이 파인 진관사 계곡으로부터 불어오는 바람에서는 물 내음이 맡아진다. 한 시간쯤 땀을 흘리면 이내 왼쪽 시야도 트여 삼천사 계곡이 발아래로 떨어진다. 여기서부터가 본격적인 능선산행의 참맛을 만끽할 수 있는 구간이다. 북한산의 양대 청정 계곡을 좌우로 내려다보며 걷는 외줄기 능선길이 호젓하고 정겹다.

짙푸른 녹음 사이로 뾰족한 이마를 내민 매봉의 정상(323미터)이 앙증맞다. 고도는 비록 낮지만 풍광은 그럴듯하여 과연 '매鷹들의 보금자리'라는 이름이 아깝지 않다. 이 봉우리의 이름을 응봉鷹峰이라 고쳐 부른 것은 물론 일본인들이다. 우리말을 말살하려던 제국주의자들의 흔적이 남아 있는 표현이니 이제 그만 지도에서 사라져줬으면 좋겠다. 매봉에서 사모바위까지 가는 동안 길을 잃을 염려는 없다. 능선산행의 요령 그대로 그저 주변에서 제일 높은 흙과 바위를 밟으며 전진하면 그뿐이다. 고도차도 별로 나지 않으니 호젓한 산책길로는 그만이다.

분단시대의 화흔이 새겨진 사모바위

새소리와 바람 소리보다 사람 소리가 더 커져간다 싶으면 사모紗帽바위에 가까워진 것이다. 과연 솔 향내 짙은 숲을 빠져나와 모롱이를 돌아서자마자 기암괴석으로 유명한 사모바위가 코앞으로 불쑥 다가온다. 이 바위는 보는 방향에 따라 무한한 상상력을 자극한다. 사모바위라는 이름은 물론 모자 같다고 해서 붙여진 것이지만 어찌 보면 토끼 같기도 하고 또 달리 보면 레고 조각이나 잘라놓은 시루떡 같기도 하다. 워낙 특이한 모양인데다가 등산로들이 겹쳐지는 지점에 위치해

곧잘 일행의 집결지나 산행의 좌표로 애용된다.

사모바위는 '김신조바위'라고도 불린다. 앞서 거론했던 1968년의 북한특수부대원들이 이곳에 집결하여 청와대를 넘봤던 까닭이다. 덕분에 1992년까지 이 일대에는 우리의 군부대가 주둔했었다. 지금도 헬기착륙장 주변에는 예전의 막사 터가 흉한 몰골로 남아 있다. 분단시대의 화흔火痕이 새겨진 꼴이다. 우리는 사모바위 밑에서 늦은 점심을 먹고 발길을 재촉한다. 산성주능선과의 접점인 문수봉이 승가봉 너머로 육중하다.

여기서 문수봉까지 이어지는 비봉능선은 호쾌하다. 능선의 양옆으로 떨어지는 무수한 샛길들을 거느린 채 문수봉까지 거의 일직선으로 치달은 품새가 늠름하기 짝이 없다. 녹음 사이로 시원하게 그늘진 오솔길과 맑은 햇살 아래 잘 마른 육질肉質을 뽐내는 바윗길이 번갈아 나타나며 초여름 산행의 즐거움을 배가시킨다. 고도차를 별로 느낄 수 없는 능선길이라 승가봉의 존재감은 미미하다. 흡사 레고 블럭을 쌓아놓은 것처럼 잔 계단들이 독특하게 발달한 바위봉을 내려섰을 때 육중한 봉우리 하나가 시야에 들어서면 이제 막 승가봉을 내려온 것이다. 승가봉과 문수봉 사이에 작은 통천문通天門이 있다. 통천문을 넘나드는 시원한 산바람을 맞으며 차가운 녹차라도 한잔 들이켜면 눈앞에 펼쳐진 북한산 모두가 내

것이다.

승가봉의 존재감이 미미하다면 문수봉의 존재감은 모호하다. 승가봉이 능선길에 녹아들어 있는 형태라면 문수봉은 능선길의 바깥에 의뭉스럽게 퍼질러 앉아 있는 형국인 것이다. 승가봉이 작고 날렵하다면 문수봉은 육중하고 뭉툭하다고나 할까? 덕분에 그토록 오르내렸음에도 불구하고 문수봉은 흡사 안개를 두른 듯 또렷한 제 모습을 드러내지 않는다. 이 잡히지 않는 영산靈山의 이미지는 아마도 그 봉우리가 차지하고 있는 독특한 위상에서 비롯되었을 것이다. 숱한 능선들이 이 봉우리에서 갈려 나가고 숱한 등산로들이 이 봉우리로 흘러들고 있는 까닭이다. 때문에 우리는 보는 위치에 따라 각기 다른 자태를 드러내는 이 봉우리의 전체적 이미지를 망막에 담을 수 없다.

북한산 연봉들의 맏형 문수봉

《북한지》를 보면 숙종 36년(1710) 10월 훈련대장 이기하와 어영대장 김석연이 북한산성의 축조를 위하여 이 일대를 살펴본 뒤 임금께 보고한 내용이 사실事實편에 기록되어 있는데, 그 복잡한 형세를 이해하려면 머릿속에 쥐가 날 지경이다.

> 만경봉은 동쪽으로 흘러가면서 구불구불 뻗어가서 석가현과 보현봉과 문수봉 등의 봉우리가 되었습니다. 문수봉은 날개를 펴면서 형제봉의 두 봉이 되었고, 또 남쪽으로 뻗어가서 구준봉과 백악산이 되었습니다. 그리고 문수봉에서 한 가지가 서쪽으로 뻗어 나가 칠성봉이 되고, 칠성봉에서는 두 가지가 뻗어 나와 한 가지는 떨어져 내려가며 나한봉·증봉·혈망봉·의상봉의 여러 봉우리가 되어 중흥동 수구에 이르렀고, 또 다른 한 가지는 서쪽으로 달려가면서 승가봉과 향림사 후봉(향로봉)이 되었습니다.

열 개 남짓한 봉우리들이 한결같이 문수봉에서 뻗어 나오고 있으니 과연 헷갈릴 만도 하다. 이를테면 문수봉은 독립봉이 아니라 연봉들의 만형쯤 되는 셈이다. 사정이 이러하니 문수봉에 오르는 방법도 가지가지. 그중 가장 스릴 넘치는 길은 산성 계곡 쪽에서 남장대지를 거쳐 가파른 바윗길을 치오르는 것인데 거의 암벽등반 수준이다. 오늘 우리는 승가봉에서 달려온 능선의 기운을 그대로 타고 오른다. 그러려면 우회로 대신 위험 구간이라는 경고 팻말을 이정표 삼아 숲속으로 진입한 다음 굴곡 심한 암릉으로 이어진 남면南面 밑으로 바짝 붙어야 하는데 초행자에게는 권할만한 길이 못 된다.

문수봉 남면의 바윗길을 타고 오른다. 올려다보면 아뜩할 뿐이지만 달라붙어보면 홀드와 스탠스가 양호하다. 끝없이 사지를 놀려야 하는 허드렛길이기도 하여 기분 좋은 땀방울들을 흠씬 쏟는다. 식겁한 낭떠러지에 바짝 붙어 있는 좁은 침니길을 헤엄치듯 빠져나오면 이윽고 정상이다. 돌아보면 아득한 비봉능선길이 녹음 속에 또렷하고, 앞을 보면 보현봉과 형제봉 그리고 대남문에서 뻗어나가는 주능선길이 호쾌하다. 이제 비봉능선을 버리고 주능선에 붙은 것이다.

대남문의 옛 이름은 문수봉암문

연봉들의 맏형답게 오지랖도 넓은 것이 문수봉이다. 정조 때 북한산성의 안찰어사로 파견되었던 신기申耆의 서계書啓를 보면 "문수봉 오른쪽에 문수봉암문文殊峯暗門이 있는데, 지금은 대남문이 되었다"는 구절이 있다. 북한산성이 대대적으로 축조되기 이전에도 문수봉의 동쪽 안부에는 암문이 존재했었다는 뜻이다. 그런데 이토록 오랜 역사를 머금은 채 북한산의 상징물처럼 되어 있는 대남문이 어찌된 일인지 처참하게 해체되어 있다. 대대적인 보수공사를 벌여 성곽을 다시 짜고 누각을 새롭게 올린 것이 엊그제의 일만 같은데 도무지 이해할 수 없는 일이다. 공사의 시행을 책임지고 있는 서울시청 건설안전관리본부에 문의하니 그 답변이 썰렁하기 짝이 없다.

"대들보가 뒤틀리고 현판이 썩어가 부득불 재공사를 하지 않을 수 없었습니다. 이곳은 지형의 특수성 때문에 밑에서 위로 치올라오는 비바람이 그치질 않는 곳인데…대남문의 긴 처마가 그것을 막아주리라 생각했던 것이 커다란 오산이었죠."

덕분에 기껏 지어놓은 대남문을 다시 뜯어 썩은 나무들은 교체하고 그나마 온전한 나무들도 모두 다 방풍·방습 처리 중이라고 한다. 우리의 선조들은 당연하게 생각했던 방풍·방습 처리 공정을 아무렇지도 않게 빼먹었다가 뒤늦게야 시정에 들어간 이 공사 과정을 어떻게 납득해야 좋을까? 현대로 올수록 과학이 발전했다는 말은 말짱 도루묵이다. 세심한 배려와 정성이 배제된 기술이란 그것이 아무리 놀라운 스피드를 자랑한다 해도 사상누각에 불과하다. 올여름이 가기 전에 다시 세운다는 우리 시대의 대남문이 후세의 놀림거리가 되지 않기만을 바랄 뿐이다.

대남문에서 갈려 나온 오른쪽 오솔길의 끝에 자리 잡고 있는 절집이 문수사文殊寺. 고려 예종 4년(1109)에 탄연坦然이 창건한 절인데 영험한 명찰로 알려져 왕들의 거둥도 잦았다 한다. 조선 후기의 실학자 이덕무의 〈기유북한〉를 보면 이 절의 상징처럼 되어 있는 문수굴에 대한 상세한 묘사가 나오는데 그 규모와 화려함이 상상을 초월하는 수준이다.

끝까지 가자 돌샘이 있는데 물빛이 검푸르고 차갑다. 좌우로 돌로 만든 오백 나한불을 나란하게 첩첩이 앉혀놓았다. 석굴의 이름은 보현굴이라고도 하고 문수굴이라고도 한다. 삼불三佛이 있는데 돌로 만든 것은 문수보살이고, 옥으로 만든 것은 지장보살이며, 금으로 도금한 것은 관음보살이다. 이 때문에 삼성굴三聖窟이라고도 한다.

현재의 문수굴에는 물론 모조품만이 남아 있을 뿐이다. 그나마 굴 입구의 보호각을 화재로 홀랑 태워먹은 탓에 포크레인까지 동원한 중창공사를 벌이느라 어수선하기 짝이 없다. 하기야 대남문 짓고 허물기를 반복하는 어리석은 중생들이니 무슨 짓인들 하지 못하랴? 수천 년을 의연히 버텨온 자연의 석굴을 앞에 두고 인간들이 벌여온 온갖 수작들이 모두 초라하게만 느껴진다. 문득 이 절의 창건자 탄연이 문수굴 안에서 지었다는 선시 한 자락이 가슴을 파고든다.

一室何寥廓 일실하요랑
萬緣俱寂寞 만연구적막

한 칸 방이 어찌 그리 텅 비고 넓기만 한가
많은 인연 모두 적막하기만 하네

그러나 인연의 적막함을 꿰뚫어 본다는 것은 해탈의 경지에 오른 고승들에게나 가능한 일이다. 미욱한 중생들은 짧았던 인연이 엇갈릴 때마다 치유 못 할 가슴앓이를 한다. 나는 등산화를 벗고 문수굴 안으로 들어가 향을 피운다. 아직 어머니의 사십구재가 끝나지 않아 탈상도 못 한 불효자는 끝없이 문수굴 바닥에 이마를 맞대며 몇 번이고 읊조린다. 어머니, 부디 극락왕생하세요.

고려왕조의 비애 서린 천혜의 피난처

7월, 불광사－향림담－향림사 터－비봉능선－진관사 계곡

땡볕과 장맛비가 혀를 빼물게 하는 한여름이다. 사무실을 지키고 있어봤자 능률은 오르지 않고 집구석에 틀어박혀 있어봤자 몸만 축축 처진다. 그래서 이른 아침 눈을 뜨자마자 산친구들에게 사발통문을 돌리고는 서둘러 배낭을 꾸린다. 출근하는 직장인들의 해일을 거슬러 산으로 가는 길은 언제나 통쾌하다. 지하철을 가득 메운 직장인들이 경멸과 부러움이 반반씩 섞인 시선들을 던져오지만 오불관언이다. 평일에 산에 오를 수 있다는 것이야말로 프리랜서만의 특권이니까.

오늘의 새로운 동행은《씨네21》의 전 편집장 조선희.《씨네21》의 창간과 성공은 잡지업계에서 하나의 신화로 통한다. 영화전문 주간지가 상업적 성공과 대중적 영향력을 동시에 획득한 것은 세계적으로 희귀한 현상에 속하기 때문이다. 그러나 내게는 그녀의 성공 신화보다 그녀의 은퇴 결단이 더욱 멋져 보인다. 그녀가 오늘의 산행에 동행할 수 있었던 것도 《씨네21》 창간 5주년 특대호를 끝으로 홀연히 사표를 던지고 야인 생활을 택했기 때문이다.

"정훈이 만화를 보면서 무척 표독스럽고 차가운 여자인가 보다 했는데 뜻밖에도 인상이 참 좋으시네요?"

명로진의 첫인사에 조선희가 깔깔 웃는다.

향림담에서 탈레이사가르를 꿈꾸다

오늘 산행의 들머리는 웃산 불광사. 굳이 '웃산'이라는 수식어를 덧붙인 것은 불광동에만도 불광사가 두 개 있기 때문이다. 진흥로와 구기터널 사이의 '구기면옥' 뒤편에 있는 것이 아랫산 불광사이고, 불광중학교를 지나 물감전문회사인 신한 사옥 뒤편에 있는 것이 웃산 불광사. 지하철 불광역에서 걸어가자면 족히 15분은 걸리는 주택가 사잇길로 접어들어야 하기에 산행 전의 워밍업으로는 적당한 거리다. 과연 여름은 여름인지라 아침 시간인데도 기온이 워낙 높아 매표소에 이르기도 전에 땀을 흠뻑 흘린다.

매표소를 지나자마자 길은 두 갈래로 갈린다. 오른편은 비봉능선의 연장선상에 우뚝 솟아 있는 독립봉인 수리봉으로 닿아 있고 왼편은 비봉으로 향한다. 운치 있는 정자를 지나 닥터링이 잘되어 있는 바윗길을 몇 구비 돌면 다시 작은 갈림길. 향로봉 남벽으로 바로 붙을 수 있는 험한 바윗길을 버리고 대신 향림담 가는 길을 택한다.

산허리를 에돌아가는 고운 오솔길이 끝나기 전에 반가운 계곡 물소리가 들려온다. 향림담 밑자락의 넓은 바위 위에 배낭을 부린 일행들은 서둘러 등산화를 벗는다. 며칠 새 가물었던 탓인지 수량은 그다지 많지 않지만 탁족을 하기에는 충분하다. 계곡물에 동동 띄워놓은 천도복숭아를 한 입 와삭 베어 무는데 김석우가 돌연 폭탄선언을 한다.

"저 다음 달에 탈레이사가르 갑니다!"

천도복숭아가 목젖에 탁 걸린다. 탈레이사가르? 탈레이사가르Thalay Sagar(6,904미터)라면 지난 1998년 신상만, 최승철, 김형진을 앗아간 인도 가르왈 히말라야의 악명 높은 직벽이 아닌가? 김석우의 설명에 따르면 사고 당시 그들과 동행했던 윤길수가 이번에는 울산대 산악부를 이끌고 재도전에 나서는데, 자신은 그 등반과정 전체를 동영상에 담기 위해 카메라를 들고 따라나선다는 것이다.

좌중에는 잠시 침묵이 감돈다. 원정을 떠나는 산친구들 앞에서는 으레 그렇듯이 부러움과 걱정과 질투의 마음이 마구 뒤섞여 무어라 말을 해야 좋을지 난감해진 것이다. 때로는 가벼움이 무거움을 떠받치기도 한다. 우리는 결국 가벼운 농담들을 서로 던지며 기분 좋게 웃는다.

"지난겨울 보현봉에서 발발 떨던 비브람이 탈레이사가르에 올라간다고?"

"이게 마지막일지도 모르는데 사진이나 한 장 찍어두자."

"유언장에는 네가 운영하던 그 벤처회사를 나한테 넘긴다고 써줘!"

말은 그렇게 하며 낄낄대지만 가슴 한편이 아리다. 제기랄, 그 망할 놈의 시나리오 계약만 안 했어도 무작정 따라나설 텐데! 더운 여름날, 북한산의 향림담 계곡에 발을 담근 채 인도 탈레이사가르의 짱짱한 빙벽을 꿈꾼다. 원정의 성공과 실패에 대해서 함부로 입을 놀리는 것은 금물이다. 다만 한 가지 분명한 것은 김석우는 이번 여름을 무척이나 시원하게 보내게 되리라는 사실이다.

고려왕조의 비밀스러운 피난처 향림사 터

향림담의 시원한 물로 수통을 가득 채우고 다시 발길을 옮긴다. 대략 40미터쯤 오르면 다시 작은 갈림길이 나오는데, 여기서 왼쪽으로 발길을 틀어 5분 정도 더 오르면 기이한 평지(!)가 나타난다. 향로봉의 발치에 바짝 붙어선 채 푹 꺼진 계곡과 자연스러운 경계를 이루며 아름드리나무들이 빽빽이 들어선 형국이 무척이나 신비한 인상을 준다. 자세히 살펴보면 장방형 내지 철형凸形의 주초석이 여기저기 흩어져 있고 축대석과 장대석 들도 나뒹굴고 있어, 예전에는 꽤 큰 절이 들어서 있었음을 짐작해볼 수 있다. 김윤우의 고증에 따르면 여기가 바로 그동안 베일에 싸여왔던 고려왕조의 비밀 피난처 향림사의 터다.

향림사라는 절의 존재를 확인하는 것은 쉬운 일이다.《북한지》는 물론이고,《선조실록》과《영조실록》그리고《동국여지비고》의 삼각산 조에도 이 절의 존재는 뚜렷하다. 문제는 과연 그 절이 구체적으로 어느 곳에 있었느냐는 고증이다. 성능과 이숭녕 등은 그 위치를 비봉의 남쪽으로 언급했으나 그곳에 남아 있는 것은 포금정사 터일 뿐이다. 그러므로 김윤우가 논박할 수 없는 고증을 거쳐 바로 이곳이 향림사 터임을 밝혀낸 것은 커다란 업적에 속한다. 과연 한 왕조의 비밀 피난처답게 눈에 띄지 않고 발길이 닿지 않는 곳에 위치하고 있어 북한산을 꽤나 다녔다는 사람들조차 향림사 터를 물으면 금시초문이라 답할 뿐이다.

향림사는 고려 태조 왕건의 재궁梓宮(임금의 관)이 모셔졌던 곳이다. 예전에는 외적이 침입하면 그 나라 태조의 무덤까지도 파헤쳤던 모양이다. 그런 연유로 고려 현종 원년(1010)의 경술지란 때와 현종 9년(1018)의 두 번째 거란족 침입 때 왕건의 재궁이 이곳으로 피난을 왔었다.

한참 TV 사극으로 주가를 높인 왕건의 시신이 고달픈 피난길을 거쳐 이곳에 머물렀다 하니 향림사 터를 둘러보는 감회가 남다르다. 향림사 터의 주초석 위에 걸터앉아 올려다보는 향로봉의 뒷모습이 늠름하다. 내친김에 까탈을 부리자면 저 봉우리의 이름은 향로봉이 아니라 향림사 후봉 혹은 향림봉이 되어야 마땅하다. 실제로 옛 문헌에는 하나같이 그렇게 기록되어 있다.

여름 산행은 능선에서 계곡으로

향림사 터를 뒤로하고 다시 여름 잡풀들이 종아리를 할퀴어대는 인적 끊긴 오솔길들을 휘돈다. 괴물 같은 송전탑(도대체 국립공원 안에 이토록 흉악한 송전탑을 제멋대로 세운 자들은 누군지 궁금하다)을 지나 야트막한 바위 위로 올라서면 기자촌에서 올라오는 또 다른 능선길이 시원하게 건너다보인다. 이재구가 만들어온 시원한 수박 화채로 목을 축이며 훤칠한 이마처럼 생긴 바윗길 너머의 기자촌을 떠올린다. 한때 즐겨 찾았던 옛친구의 작고 예쁜 집이 있던 곳이다. 언젠가 그곳에서 산책삼아 뒷동산을 오르다 문득 발견한 북한산의 뒷모습이 몹시도 감동적이었는데…이제는 천년 전 옛 왕조의 일인 양 아련하게 가물거리기만 한다.

외줄기 오르막길의 끝은 비봉능선이다. 아기자기한 맛이 그만인 향로봉 암릉의 끄트머리로 올라붙어 비봉 쪽으로 발길을 튼다. 역시 능선은 능선이다. 북한산의 이편과 저편을 넘나드는 바람이 흠뻑 젖은 셔츠의 땀방울을 시원하게 날려버린다. 우뚝 솟은 비봉의 뒤통수를 가리키며 온갖 감언이설로 꾀어봐도 조선희는 고개만 절레절레 흔든다. 그다지 길지 않은 코스였지만 그간 알게 모르게 꽤 지쳤던 모양인지 금방에라도 주저앉아버릴 것만 같은 표정이다. 일행들을 둘러봐도 한결같은 눈빛. 땀은 흘릴 만큼 흘렸으니 이제는 계곡물로 뛰어들 차례다. 그것이 여름 산행의 기본이니까.

비봉 후면의 헬기장 옆에 진관사 계곡으로 빠지는 샛길이 있다. 이정표도 없지만 독도법상 빤한 길이다. 일행은 샛길로 빠져 계곡으로 내닫는다. 차가운 계곡물에 몸을 담글 생각을 하니 언제 지쳤냐는 듯 발걸음들이 가볍다. 꿈결처럼 펼쳐진 오른편의 매봉능선과 그 너머의 의상능선이 빠른 속도로 높아진다.

울창한 여름 숲을 헤집고 잘 마른 바윗길을 건너뛰니 어느새 계곡 물소리가 바투 가까워진다. 사람 다니는 길을 버리고 부시워킹bush walking(덤불을 헤치고 나아감)으로 길을 여니 이내 인적 끊긴 계곡의 선경이 눈앞에 펼쳐진다. 눈치 볼 것 없다. 배낭을 던져버리고 수영복으로 갈아입는다. 그러고는 풍덩! 여름 산행만의 오르가즘(?)에 겨워 입을 벌리니 감탄사뿐이다.

진관사 계곡의 그늘진 바위 위에 앉아 늦은 점심을 먹는다. 아무래도 더위를 먹은 탓인지 김밥은 잘 안 팔리는 대신 뜨거운 미역국과 시원한 여름 과일들이 불티난다. 배를 채우고 나니 장난기가 발동한다. 장난감 같은 규모지만 폭포도 있겠다 바위도 있겠다 일본 클라이머들이 즐겨한다는 샤워 클라이밍이나 해볼까?

김석우가 안전벨트와 암벽화를 착용하고 명로진이 확보를 보는데 계곡물에 발을 담그고 앉은 나머지 일행들은 저마다 야유를 한다. 어쭈, 자세 나오는데? 동작 봐라, 탈레이사가르가 자존심 상해서 웃겠다, 임마! 더없이 평화롭고 하릴없는 여름 산행의 고즈넉하고 유쾌한 풍경이다.

현종의 승려 시절을 보살펴준 진관스님

진관사 계곡은 곳곳이 절경이다. 깊이 팬 계곡 옆의 가파른 바윗길도 일품이고, 계곡의 굽이굽이마다 마련되어 있는 천연 수영장(?)들도 감탄사를 발하게 한다. 평평한 바위 위에 자리를 깔고 누워 오수를 즐기는 나이 지긋한 아저씨들은 달마대사 같고, 계곡물에 몸을 담근 채 깔깔깔 비눗방울 같은 웃음소리들을 띄워 보내는 어린 여학생들은 선녀 같다. 넉넉한 미소를 머금고 하산길을 서두르다 언젠가 저 계곡 너머에서 비탄의 나날들을 하소연했을 대량원군大良院君의 와신상담 시절을 떠올린다. 신경준申景濬의 〈삼각산기三角山記〉는 그가 남긴 시 한 수를 전한다.

一條流出白雲峰 일조유출백운봉
萬里滄溟路自通 만리창명로자통
莫道潺湲岩下在 막도잔원암하재
不多時日到王宮 부다시일도왕궁

한 가닥 시냇물 백운봉에서 흘러나가니
만 리 먼 바닷길로 절로 통하네
작은 물줄기 바위 아래 머문다 하지 마오
머지않아 이 냇물 왕궁에 이를 거라오

대량원군은 바로 앞서 거론했던 고려 현종의 왕세자 시절 이름인데, 그가 진관사 계곡에 머물게 된 사연이 기막히다. 목종의 모친이었던 천추태후는 간신 김치양과 사통하여 낳은 아들에게 왕좌를 물려주기 위하여 대량원군을 강제로 출가시켜 승려로 만든다. 이때 그가 머물던 곳이 신혈사(과거 진관사의 서북편에 있었다)인데, 당시 그곳에 주석하고 있던 승려 진관은 본존불을 안치한 수미단 아래 지하 굴을 파놓고 자객이 들이닥칠 때마다 그를 숨겨주어, 훗날 그가 무사히 왕위에 오르는 데 결정적인 역할을 하였다. 현종은 왕위에 오르자마자 진관의 은혜를 기려 그를 국사로 임명하는 한편 대대적인 불사를 벌여 진관사를 지었다. 현재에도 진관내동 진관외동이라는 지명이 남아 있는 것을 보면 당시 이 절의 위세가 얼마나 대단했는지는 능히 짐작할 수 있다.

위의 시는 그가 시시각각 생명의 위협을 받던 승려 시절에 쓴 것이다. 바위 아래 몸을 숨긴 시냇물이 용궁에 이르리라 할 때의 그 용궁이란 곧 왕궁에 대한 비유임은 두말할 나위가 없다. 현종에게는 그러나 즉위한 다음에도 시련이 끊이지 않았다. 앞서 거론했듯 외적의 침입 때문에 두 번이나 피난길에 올라야 했던 것이다.

그가 태조의 재궁을 이곳 북한산 기슭의 향림사에 숨겨놓곤 했던 것은 결코 우연이 아니다. 와신상담의 승려 시절 하릴없이 북한산의 이 능선 저 계곡을 샅샅이 헤매고 다닌 체험의 결과임에 틀림없으니 이래저래 그는 북한산과 떼어놓을 수 없는 인물인 것이다.

진관사에 머물던 옛 시인들은 간데없고

진관사는 정갈하기 이를 데 없는 비구니 도량이다. 예로부터

'동불암·서진관·남삼막·북승가'라 하여 서울 근교의 4대 명찰로 꼽혀왔을 만큼 이름난 절집이다. 이곳은 또한 조선시대 사가독서의 현장이기도 하다. 특히 조선 세종 때에는 집현전 학자들이 대거 이곳에 머물며 독서와 시작詩作에 몰두하였는데, 당시 그들이 시의 한 행씩을 서로 주고받으며 공동 창작으로 남긴 유명한 작품이 바로 〈삼각산연구三角山聯句〉다. 대단히 긴 작품이지만 북한산을 사랑하는 사람이라면 한 번쯤 읊조려볼 만한 시구들이기에 여기에 몇 행만 소개한다.

> 세 봉우리 가파르게 우뚝 솟아 만인의 눈에 또렷하고(신숙주)
> 만물을 온통 싸서 안 듯 천지를 덮고 높이 솟아 운우雲雨를 만드네(성삼문)
> 그윽이 단혈봉에 깃들이고 백액호白額虎가 자취를 감추니(이개)
> 쪼개진 것은 거령巨靈의 힘이요, 높이 정한 것은 신우神禹의 힘이라(박팽년)

하나의 시상詩想을 주거니 받거니 하며 제멋대로 변주해내는 솜씨가 흡사 재즈의 즉흥연주를 방불케 할 만큼 자유롭고 멋지다. 그러나 이처럼 정답게 시상을 주고받던 이들도 오래지 않아 사육신과 생육신으로 운명을 달리하게 되니…과연 한 치 앞도 내다보지 못하는 것이 우리네 삶이요 무상한 것은 세월이다. 영원한 것은 다만 그들이 남긴 시구 속의 모습 그대로 의연히 남아 있는 북한산뿐이 아닐까?

진관사 경내를 빠져나오며 다시 한번 북한산을 올려다본다. '거령이 쪼개놓고 신우가 높이 세운' 자태가 억만년은 능히 버틸 만하다. 나는 이마에 송골송골한 땀방울들을 닦으며 마음속 깊은 곳으로부터의 인사말을 건넨다. 오늘 하루도 그대 품 안에서 잘 놀았소.

나라 터를 굽어보던 아스라한 암릉길

8월, 도선사 광장–위문–만경대리지–용암봉–용암문

아침에 눈을 뜨자마자 하늘부터 올려다보는 것은 산에 다니는 사람들의 오래된 버릇이다. 새벽까지 과음을 하느라고 두세 시간도 제대로 못 잔 터라 빗방울이라도 좀 뿌리지 않나 하며 올려다본 하늘은 웬걸 너무 맑고 푸르다. 일기예보를 보니 여전히 어젯밤에 확인한 바와 마찬가지로 비 올 확률 60퍼센트. 예보를 핑계 삼아 좀 더 누워 있으려고 침대 속에서 뭉그적대는데 득달같이 전화벨이 울린다. 여의도에서 새벽 방송을 막 끝낸 명로진이 지금 당장 픽업하러 오겠단다. 하긴 절대로 일기예보를 믿으려 들지 않는 것 또한 산에 다니는 사람들의 못된 버릇에 속한다.

우이동 버스 종점의 바지락 칼국숫집에서 일행들과 합류

한 다음 입맛 없는 아침 식사를 한다. 술기운과 잠기운이 떨쳐지지 않아 그 맛있는 손칼국수가 흡사 뻣뻣한 코드슬링cord sling처럼 목구멍에 걸린다. 대충 국물만 훌훌 넘기고는 발길을 재촉하려는데 저만치 앞에서 우리를 내려다보고 있는 만경대의 위풍이 자못 압도적이어서 한숨이 절로 나온다. 어휴, 이런 컨디션으로 저길 어떻게 올라간담? 내 표정이 너무 처연했던지 일행들이 모두 배를 잡고 웃으며 등을 떠다민다.

버스 종점에서 도선사 광장까지는 아스팔트로 길이 닦여져 있다. 영부인이었던 육영수가 도선사엘 자주 드나들어 닦여진 길이라는 속전이 있으나 어디까지 믿어야 할지 모르겠다. 분명한 사실 하나는 세상에서 가장 힘들고 지겨운 등산로가 아스팔트로 닦아놓은 길이라는 것. 일행은 그 길을 승용차와 지프로 단숨에 치고 올라간다. 평일이라 사람도 없고 주차공간도 널널하다. 평소에는 산에다가 찻길을 내는 놈들은 천벌을 받아야 마땅하다고 입에서 침을 튀기다가도 막상 자신이 승용차로 그 길을 오를 때에는 룰루랄라 즐거워하니 어쩔 수 없이 간사한 것이 사람의 마음인가 보다.

"하늘로 높이 솟은 세 떨기 푸른 연꽃"

매표소 바로 위에 있는 우이산장에서 인수산장을 거쳐 백운산장에 이르는 길은 백운대에 오르는 가장 짧은 등산로다. 덕분에 휴일이면 사람사태가 난다. 짧은 접근로라는 것이 장점이라면 조망도 형편없고 팍팍하기만 한 재미없는 길이라는 것이 단점이다. 그러나 일단 발을 들여놓았으니 다른 도리가 없다. 우이산장 앞에서 등산화의 끈을 야무지게 조여 매고 이제는 아무 생각 없이 그냥 걷자고 마음을 다잡아 먹는다.

이 길은 첫 번째 고비는 깔딱고개다. 고비라고는 하지만 무슨 어려운 동작이 요구된다거나 위험한 구간이 있는 것은 전혀 아니고, 그저 꽤 경사진 산길을 하염없이 걷다 보면 저도 모르게 숨이 가빠져서 깔딱거리게 된다는 뜻에서 붙여진 이름이다. 술 앞에 장사 없다고 일행으로부터 자꾸 뒤처지는 나는 그저 깔딱고개만을 생각하며 내처 걷는다. 깔딱고개에만 올라서면 시원한 산바람이 옷을 흠뻑 적신 땀을 말려주리라. 깔딱고개에만 올라서면 그 잘생긴 인수봉이 내 앞으로 바투 다가오리라.

인수봉의 위용을 가장 가슴 벅차게 느낄 수 있는 조망처 중의 하나가 깔딱고개다. 이곳에서 올려다보는 인수봉은 더없이 늠름하고 웅장하여 흡사 무슨 영물靈物 같다. 늦여름의 짙푸른 신록을 몸에 두른 채 눈이 부시도록 파란 하늘 위로 우뚝 솟아오른 자태가 과연 이 나라의 산악인들이 신앙처럼 떠받드는 메카로 손색이 없다. 일행들은 마치 최면에라도 걸린 듯 일제히 인수봉을 우러러보며 한동안 말을 잊는다. 세속의 연인은 제아무리 미인일지라도 볼 때마다 가슴을 설레게 하지는 못한다. 그런 뜻에서 우리는 세속의 연인을 넘어서는 필생의 연인을 가슴속에 품은 행복한 사람들이다.

이제는 한여름의 불볕더위도 한풀 꺾일 만하건만 날씨가 영 만만치 않다. 바위 위에다가 달걀을 풀면 간단하게 달걀프라이를 해먹을 수 있을 것 같은 그런 날씨다. 덕분에 백운산장 앞마당의 야외식탁에 퍼질러 앉은 일행들은 차가운 커피만 홀짝거릴 뿐 좀체 일어날 기미를 보이지 않는다. 그러나 이런 날에도 바위를 하는 미친놈들이 있을까 하면서 올려다보니 웬걸 인수서면의 비둘기길과 남측 슬랩에 각각 한 팀씩이 붙어서 한참 용을 쓰고 있지 않은가? 머쓱해진 일행이 저마다 슬그머니 배낭을 챙겨 메며 일어선다.

북한산성에 만들어져 있는 13개의 크고 작은 성문 중에서 가장 높은 해발고도에 위치한 것이 위문衛門이다. 정식 명칭은 백운봉암문白雲峰暗門인데 일제강점기부터 위문이라고 불리어왔다. 백운산장에서 불과 10여 분 남짓만 올라가면 가닿을 수 있는 지척의 거리에 있다. 이곳에서 오른쪽 능선으로 붙으면 곧장 백운대로 올라가고, 이 문을 통과하여 내처 걸으면 산성 계곡 안쪽으로 떨어진다. 우리는 오늘 왼쪽의 암릉으로 붙는다. 바로 위험등산로로 분류되어 암벽장비를 갖추지 않은 일반인들에게는 출입을 통제하는 만경대리지로 이어지는 길이다.

만경대萬景臺(800미터)는 북한산을 이루는 세 개의 꼭지점 중의 하나. 북한산의 오래된 이름이 삼각산三角山인데, 이때의 삼각이란 바로 백운대(836미터)와 인수봉(810미터) 그리고 만경대를 일컫는 말이다. 혹자는 여기에다가 노적봉(716미터)을 보태어, 백운대·만경대·인수봉을 '외삼각', 백운대·만경대·노적봉을 '내삼각'이라 부르기도 한다. 어떻게 둘러치든 만경대를 빼고서는 삼각 자체가 형성되지 않으니 만경대는 곧 북한산을 북한산이게 만드는 핵심봉임에는 틀림없다.

북한산에서 가장 높은 이 세 개의 봉우리가 정확하게 삼각형을 그리고 있는 모습은 신비로울 만큼 장쾌하여 예로부터 숱한 시인묵객들이 앞을 다투어 헌시獻詩를 바쳐왔다. 그중에서도 고려시대의 문신인 오순吳洵이 지은 〈망삼각산望三角山〉의 첫 두 행은 절창이다.

聳空三朶碧芙蓉 용공삼타벽부용
縹緲煙霞幾萬重 표묘연하기만중

하늘로 높이 솟은 세 떨기 푸른 연꽃
아득히 피어오르는 안개와 노을 몇 만 겹인가

이토록 험준한 봉우리들을 푸른 연꽃에 비유한 시인의 상상력이 근사하다. 그러나 정확히 삼각형을 그리며 하늘로 높이 솟았다는 것을 제외하면 이 세 봉우리의 생김새는 저마다 다르다. 똑같이 아름다운 푸른 연꽃이라도 그 꽃이 피어 있는 형태가 사뭇 다른 것이다. 백운대가 적당히 꽃잎을 벌려 펑퍼짐한 모습이라면, 인수봉은 아직 꽃망울을 터뜨리지 않은 채 단단하게 웅크리고 있는 형국이다.

반면 만경대는 흐드러진 연꽃이다. 꽃잎과 꽃잎 사이가 너덜거릴 만큼 아름답게 펼쳐져 차라리 하늘을 향해 사납게 포효하는 맹수의 날카로운 이빨 같다. 백운대는 걸어서 오르면 그만이고 인수봉은 암벽등반으로 오르면 된다. 그러나 만경대는 오르고 내리고를 끝없이 반복해야 하는 바윗길이다. 우직한 수직에의 추구가 인수봉이라면, 아찔한 고도와 수평에의 추구가 동시에 이루어지는 곳이 만경대인 것이다. 만경대가 북한산에서도 가장 악명 높은 리지로 손꼽히는 것은 그 때문이다.

찬탄과 긴장의 끝없는 파노라마

만경대 혹은 만경봉이라는 이름처럼 흔한 봉명峯名도 없다. 그리고 이러한 이름을 가진 봉우리치고 전망이 멋지지 않은 곳도 없다. 설악산의 오세암 근처에 있는 만경대萬景臺(922미터) 역시 설악산의 숱한 봉우리와 계곡들을 한눈에 조망할 수 있는 명당이다. 이유는 간단하다. 만경대이기 때문에 경치가 좋은 것이 아니라, 만 가지 경치를 감상할 수 있는 곳이기에 그런 이름을 붙여놓은 까닭이다.

과연 만경대리지에 붙자마자 찬탄이 절로 터져 나온다. 오른편으로는 북한산의 그 숱한 봉우리들로 둘러싸인 산성 안 계곡의 짙푸른 녹음이 당장에라도 뛰어내리고 싶을 만큼 아름답고 포근하며, 왼편으로는 모처럼 맑은 시계로 툭 트인 전망 아래 서울 전역이 한눈에 들어온다.

그러나 만경대에서는 찬탄을 자제해야 한다. 눈앞에 찬탄을 불러일으키는 전망이 펼쳐지는 동안 발아래에서는 생명을 위협하는 위험이 도사리고 있기 때문이다. 차라리 인수봉에서는 바윗길의 곳곳마다 확보를 위한 볼트가 박혀 있어 안전을 도모할 수 있다. 그러나 볼트도 박혀 있지 않고, 프렌드를 끼워 넣기도 애매한데다가, 자일을 사용하기에도 불편하기 그지없는 곳이 만경대리지다.

헐렁한 산꾼들은 보기에도 오금이 저리는 자세로 이 험한 암릉들을 얼렁뚱땅 타고 넘지만 우리는 최대한 안전장치를 설치해가며 조심조심 앞으로 나아간다. 산에는 죽으려고 오는 것이 아니다. 우리는 보다 행복하게 살기 위하여 산에 오른다.

두어 구비 돌고 나니 험준한 바위벽이 앞을 가로막는다. 남들은 그 바위벽을 피해가려고 다운클라이밍을 하는데 우리는 안전벨트를 착용하고 프렌드를 끼워 넣으며 그 바위벽을 타고 넘는다. 얼핏 보기에는 그들이 안전한 길을 가는 것 같지만 실상은 정반대다. 아무런 안전장치도 없이 깎아지른 절벽 밑으로 엉금엉금 기어 내려가는 사람들을 보니 도대체 무슨 배짱으로 저러나 싶어 기가 막힐 지경이다.

바짝 긴장한 채로 조심스럽게 발걸음을 옮겨놓고 있자니 술기운이고 잠기운이고 남아 있을 턱이 없다. 술은 땀으로 빠져나가고 잠은 씻은 듯이 달아나버린다. 근육은 팽팽하게 긴장하고 가슴은 터질 듯이 벅차오르며 머릿속으로는 새삼 삶을 긍정하게 된다. 조금 전 백운산장에 있을 때만 해도 그만 내려가고만 싶어 했다는 사실이 믿기지 않을 만큼 더없이 만족스러운 산행이다.

만경대리지를 반쯤 통과하여 막 첫 번째 하강을 시도하려던 참이었다. 갑자기 먹구름이 몰려오더니 우박 같은 소나기를 퍼부어대는데 정말 눈 깜짝할 사이에 일어난 일이다. 서둘러 고어텍스 오버재킷을 꺼내어 입어보지만 너무도 빗줄기가 세어 아무런 소용도 없다. 흡사 계곡물에라도 들어갔다 나온 듯 온몸에서 빗물이 줄줄 흐르며 체온이 급강하한다.

본능적으로 고개를 돌려 인수봉을 바라본다. 남측슬랩에

붙어 있던 팀은 무려 두 시간도 더 지난 상태인데 여전히 별다른 진전을 하지 못한 채 그 자리에 머물러 있다. 등반 솜씨로 보아 능숙하지 못한 팀임에 틀림없는데 저러다가 저체온증hypothermia에 덜미가 잡혀 조난당하는 것이나 아닌지…먹구름 속으로 자태를 감춰가는 인수봉을 바라보며 안타까운 마음뿐이다.

명로진이 새로 구입하여 오늘 고사를 지내고 처음 사용하는 자일은 이미 빗물을 잔뜩 먹어 팅팅 불었다. 덜덜 떨리는 몸으로 오버행overhang 하강을 하는데 자일이 하강기를 통과할 때마다 허연 빗물을 한 움큼씩 토해낸다. 오버행 밑의 옹색한 테라스에 쪼그리고 앉아 보온병에 담아 온 뜨거운 미역국으로 몸을 덥힌다. 체온을 높이는 데에는 한 모금의 위스키보다 더 나은 것이 없는데 늘 품고 다니던 포켓용 가죽 술병을 오늘따라 빼놓고 온 것이 후회막급이다.

체력보강을 위해 불어터진 김밥들을 억지로 쑤셔 넣으며 탈출로를 모색해보지만 마땅치가 않다. 한번 발을 들여놓으면 중간에 빠져나가기 곤란한 곳이 만경대리지인 것이다. 그렇다고 이런 폭우 속에서 물바위를 할 수도 없으니 정 비가 그치지 않는다면 부시워킹으로 빠져나가리라 결심을 굳히고 있는데 거짓말처럼 하늘이 갠다. 그야말로 하늘이 도왔다고 밖에는 달리 설명할 길이 없다. 애써 웃는 낯으로 농담 따먹기를 하고 있었던 일행들의 얼굴 위로도 비로소 화색이 돈다.

이런 것을 가리켜 새옹지마라 하는가? 그렇지 않아도 너무 맑아 시계가 좋았던 하늘이 매서운 폭우성 소나기가 한 차례 지나가자 아예 닦아놓은 유리알처럼 투명해진다. 그래픽으로 만들어놓은 듯 전형적인 자태의 흰 구름이 뭉게뭉게 떠 있는 하늘 저편으로 양평에 있는 용문산龍門山(1,157미터)의 자태까지 또렷하게 보인다. 옛 문헌에 맑게 갠 날이면 북한의 개성에서도 북한산의 삼각뿔이 보인다더니 오늘이 바로 그런 날인 것 같다. 이런 날 만경대리지 위에 있다는 것은 더 할 수 없는 축복이다.

백제의 건국설화가 서려 있는 최고의 전망대

만경대의 옛 이름은 국망봉이다. 이 봉우리에 올라 어느 곳에 나라를 세울까를 살펴봤다는 뜻에서 붙여진 이름이다. 이 이름은 곧잘 이중환李重煥의 《택리지擇里志》에 나오는 무학대사의 서울정도설과 연결되곤 한다. 즉 무학대사가 백운대에서 맥을 짚어 비봉까지 갔다가 도선이 세운 비를 발견하고는 발길을 되돌려 "만경대에서 정남쪽 맥을 따라 바로 백악산 밑에 도착하여, 세 곳의 맥이 합쳐져 한 들로 된 것을 보고, 드디어 궁성 터를 정했다"는 설화다. 무학대사가 만경대에 오른 것은 사실일지 모른다. 그러나 그 사건으로 인하여 이 봉우리가 국망봉이라는 이름을 얻게 되었다는 세간의 속전은 사실과 다르다.

국망봉이라는 봉명은 이미《고려사》의 예종 원년(1106) 기사에 등장한다. 조선이 건국되기 훨씬 이전의 일이다. 따라서 무학대사와는 아무런 관련이 없다. 이 봉명의 기원을 찾으려면 오히려《삼국사기》에 등장하는 비류沸流와 온조溫祚까지 거슬러 올라가야 한다. 즉 고구려에서 남하한 백제의 건국집단이 나라를 일으켜 세울 도읍지를 물색하려 올랐던 산이 북한산인데, 북한산에서도 가장 전망이 좋은 이 봉우리에서 나라 터를 굽어살폈다고 하여 붙여진 봉명이 국망봉이라는 해석이다.

이 가설이 사실이라면 우리는 무려 2000년 가까운 세월을 사이에 두고 그들과 나란히 서울을 내려다보고 있는 셈이다. 사실이야 어찌되었건 오늘처럼 시계가 맑은 날, 만경대에서 내려다본 서울은 더없이 아름다운 도시였다는 것은 기분 좋은 깨달음이다.

언제 소나기가 퍼부었냐는 듯 또다시 태양이 작열한다. 물이 흥건했던 바위도 그새 말라버려, 전보다 더욱 기분 좋은 감촉으로 등산화의 밑창을 받는다. 뜀바위를 건너뛰고 슬랩을 기어오르고 크랙을 뜯다 보니 벌써 만경대리지의 마지막 봉우리 용암봉이 나타난다. 벌써 몇 시간 동안을 바위를 보듬어 안고 뒹굴었어도 막상 헤어지자니 아쉽기만 한 것이 산사람들의 마음이다.

용암봉의 오른쪽 사면은 그 악명 높은 피아노바위다. 까마득한 낭떠러지 위에 마땅한 스탠스가 없는 대신 희미한 홀드만이 일렬로 나 있어 마치 피아노를 치듯 양손을 옮겨가며 트래버스traverse를 해야 하기 때문에 붙여진 이름이다. 우리는 그러나 피아노바위로 가는 길을 버리고 용암봉의 정상에 있는 피톤을 이용하여 왼쪽 사면의 바위연습장으로 현수하강을 시도한다.

직접 실행해본 다음에야 확인한 사실이지만 용암봉에서의 하강은 권할만한 길이 못 된다. 50미터 자일로 두 줄 하강을 할 경우 무려 세 차례에 걸쳐서 연속하강을 시도해야 하기 때문이다. 물론 볼트가 박혀 있고 썩은 줄도 걸려 있지만 테라스도 변변치 않고 경사도도 상당하여 제법 오금이 저린다.

우리는 장비값보다야 목숨값이 비싸다면서 새로 산 슬링을 무려 4개나 버려가며 총연장 약 70미터의 연속하강을 하고 난 뒤 비로소 땅을 밟을 수 있었다. 땅에 발을 대자마자 처음으로 발견한 것은 악우회樂友會에서 세워놓은 '고故 성재철 추모비'였다. 일면식도 없는 클라이머지만 왠지 모르게 숙연한 느낌이 들어 저도 모르게 옷깃을 여몄다.

추모비에서 오른쪽으로 나 있는 희미한 오솔길을 돌아 산허리를 돌아가면 얼마 지나지 않아 용암문 밑으로 떨어진다. 이제껏 지나온 길에 비하면 여기서부터 도선사까지는 그야말로 탄탄대로다. 어느덧 날이 저물어 숲에는 어둑한 기운이 감돌고 바람도 제법 차다. 늦여름의 산으로 올랐다가 초가을의 산으로 내려오는 느낌이다. 도선사 광장의 주차장에 세워놓은 차에 올라타기 전, 다시 한번 북한산을 올려다보며 마음 깊은 곳에서의 인사말을 건넨다. 오늘 하루도 그대 품 안에서 잘 놀았소.

사색에 잠기는
가을날의 산책로

9월, 내원사－칼바위능선－보국문－대성문－형제봉능선

굳이 릴케의 시구를 빌리지 않더라도 지난여름은 위대했다. 땡볕 더위의 기승 못지않게 장맛비도 원 없이 내렸고 별의별 희한한 이름의 태풍들이 줄기차게 이 나라의 산하를 뒤흔들었다. 이재민이나 농민들에게는 죄송스러운 표현이 되겠지만 한여름의 태풍에는 뭔가 화끈한 맛이 있다. 어쩌면 그것은 대자연의 섭리와 순환상 반드시 필요한 요소인지도 모른다. 레포츠에 미친 못 말리는 사내들의 이야기를 다룬 영화《폭풍 속으로Point Break》(1991)를 보면 서퍼 그룹의 리더 보디사트바菩薩의 명대사가 나온다. 대자연은 "주기적으로 스스로를 정화하기 위해" 그리고 "기고만장한 인간의 나약함을 일깨워주기 위해" 폭풍과 해일을 만들었다는 것이다.

추석 연휴의 끄트머리에 맞물렸던 태풍 사오마이가 휩쓸고 간 산하는 더없이 깨끗하다. 바위는 세탁 솔로 벅벅 민 듯 하얘졌고 녹음은 낮게 드리웠던 스모그를 걷어내 더욱 푸르르다. 아침저녁으로 불어오는 바람은 어느덧 가을을 이야기하고 있지만, 발치에서 올려다보는 북한산은 여전히 푸르르기만 하다. 위대했던 여름에게 작별을 고하고 다가오는 가을에게 눈인사를 보내려는 오늘의 산행은 차분한 사색을 도모할 수 있는 평탄한 산책로로 택했다.

정릉 기점의 들머리는 옛 청수장

정릉에서 시작하는 산행의 기점으로는 으레 청수장을 택하기 마련이다. 지금은 사라져버렸지만, 청수장은 과거 서울 시내에서도 몇 손가락 안에 꼽히던 기품 있는 여관이자 음식점이어서 나 역시 여러 번 이곳의 신세를 진 적이 있다. 소설이나 시나리오를 쓰다가 막바지에 이르면 이곳으로 원고를 싸들고 들어와 열흘이고 보름이고 죽치면서 마무리 작업에 매달리곤 했던 것이다. 밤새도록 권전을 맑게 해주던 정릉 계곡의 맑은 물소리와 단아하고 맛깔스러운 음식들로 가득했던 한정식 식사가 이제는 추억 속의 명물로만 남게 되었다니 새삼 그리운 마음에 아쉬움만 깃든다.

예전의 등산로와 잇달아 있던 청수장의 담벼락은 이제 허물어졌다. 지난해 이곳을 허문다길래 또 그 볼썽사나운 러브 호텔이나 아파트가 들어서는가 싶어 영 입맛이 썼었는데 다행히도 그렇지는 않은 것 같다. 유럽풍의 카페를 연상시키는 본관만 남겨두고 부속 건물들은 대개 다 허물었는데 아담하게 남아 있는 정원들이 정릉 사람들의 휴식공간으로 이용되고 있는 듯하다. 대신 청수장의 대문이 있던 곳에 '북한산 국립공원'이라고 새긴 듬직한 바위 하나가 새로 세워져 산을 찾는 사람들에게 반가운 이정표 구실을 한다.

정릉매표소를 지나 10여 분쯤을 걷다 보면 길이 여러 갈래로 갈린다. 제일 왼편은 형제봉 동東능선으로 붙는 길이고, 그 옆은 영추사와 삼봉사 계곡을 따라 일선사로 이어지는 길, 다시 그 옆이 넓적바위를 지나 보국문으로 붙는 정릉 계곡길이고, 제일 오른편이 내원사를 거쳐 칼바위능선으로 이르는 길이다. 우리는 오늘 제일 오른편 길을 택한다. 위에 열거한 네 가지의 코스 중에서 가장 시계가 좋은 길이다. 갈림길에서 시멘트길을 따라 오른편으로 휘어지니 양지바른 곳에 자리 잡은 북한산국립공원 동부관리사무소가 나온다. 내 기억이 맞다면 예전에 '스타풀장'이 있던 곳이다. 그 풀장의 운영에 우리 집이 관계했었던 인연으로 초등학교 시절 뻔질나게 드나들며 물장구를 치느라 하루해를 다 보내곤 했었는데 그 역시 이제는 추억 속의 흑백사진으로만 남아 있다.

내원사로 오르는 길은 동부관리사무소의 정문에서 왼편으로 비껴나 있다. 이 역시 예전에는 산굽이를 멋지게 휘돌아 감는 호젓한 흙길이었는데 이제는 승용차를 끌고도 올라갈 수 있는 널따란 돌길로 변하고 말았다. 틀림없이 내원사 중창 공사 때문일 것이다. 절을 크게 짓기 위해서라면 산을 제멋대로 깎아내어 길을 내고 그 위에 시멘트를 덧칠해놓아도 좋은 것일까? 햇살 눈부신 초가을날 묵묵히 발걸음을 옮겨놓으며 문득 상념에 잠긴다. 어째서 아름답고 정취 있는 것들은 하나 둘씩 기억의 저편으로 사라져가는 것일까? 무엇을 위한 변화고 누구를 위한 발전인가? 과연 그것이 발전이기는 한가?

내원사는, 중창공사가 한창 진행 중이어서 그렇기도 하지만, 볼품없는 절이다. 절 앞의 연혁 게시판에는 "고려시대의 보조국사가 창건하였다"고 쓰여 있지만 이 역시 그다지 믿을 바가 못 된다. 북한산과 관련된 그 어느 고서를 들춰보아도 내원사에 대한 기록은 없다. 그저 새로 지은 축대 위의 종루에 올라가 잠시 땀을 식히고 이내 발걸음을 떼어놓으면 그뿐이다. 우리는 내원사의 오른편 끝을 휘돌아가는 오솔길로 붙어 내처 걷는다. 15분 정도 꽤 가파른 경사의 돌계단 길을 계속 오르면 곧 하늘과 맞닿은 능선 위로 올라선다. 오늘 산행을 시작한 이후 처음으로 툭 트인 시야를 확보한다. 여기서는 강북구와 도봉구 일대가 한눈에 들어오며 저 멀리 도봉산의 모습도 또렷하게 다가오는데 불어오는 가을바람은 더없이 시원하다.

칼바위능선의 흉물스러운 철제사다리

차가운 커피를 마시며 잠시 휴식을 취한 일행은 다시 배낭을 꾸린다. 이곳은 여러 갈래로 길이 갈라져 이정표가 난무하는 곳이다. 오른편은 삼성암을 거쳐 빨래골 내지 화계사로 내려가는 길이고, 능선 너머로 넘어서면 조병옥 박사 묘지를 지나 냉골로 빠진다. 칼바위능선으로 붙기 위해선 왼편으로 올라서야 한다. 힘들 것도 없고 위험한 곳도 없는 호젓한 산책로를 20분 정도 걸으면 이내 고도가 툭 떨어지며 칼바위능선의 위용이 맞은편으로 바투 다가온다. 그 너머로 산성주능선은 물론이고 노적봉과 만경대 그리고 백운대와 인수봉이 한껏 자태를 뽐내며 우뚝 서 있는 모습이 빤히 올려다보인다. 정릉 기점의 등산로 중 가장 멋진 시야가 펼쳐지는 곳이다.

칼바위능선이 제법 뾰족한 암릉으로 이루어진 것은 사실이지만 이름만큼 험악(?)하지는 않다. 완전한 초보자만 아니라면 별다른 장비 없이도 수월하게 오르내릴 수 있는 평범한 암릉이다. 게다가 북한산에 존재하는 대부분의 암릉이 그러하듯 평탄한 우회로까지 번듯하게 나 있어 애초부터 위험요소와는 거리가 멀다. 그런데 이 아름다운 등산로가 흉물스럽게 변하고 말았다. 쇠기둥을 때려 박고 철제 구조물을 세워 인공계단을 만드는 것이다. 이미 여론의 집중포화를 받고 있는 공사인지라 짐작은 했었지만 직접 그 공사현장을 눈으로 보니 일행들 모두의 입이 쩍 벌어지며 욕이 절로 튀어나온다. 한마디로 어이가 없다.

칼바위능선은 그 자체가 천연 계단이다. 손 잡을 데와 발 디딜 데가 너무도 확실한 구간이다. 그런데 이 구간을 위험하다고 하여 쇠기둥을 때려 박고 철제사다리를 만들다니 그 발상 자체가 기막히다. 완전한 예산 낭비요 자연파괴이며 몰상식한 짓거리인 것이다. 도대체 국립공원관리공단은 산악공원을 일본식 정원으로 만들려고 하는가? 이 어이없는 공사에 무려 37억 원을 배정해놓았다고 하는데 그게 도대체 누구 호주머니에서 나온 돈인가? 바로 북한산을 사랑하고 즐겨 찾는 우리들이 낸 돈이다. 따져볼수록 분노가 치민다. 더욱 화를 돋우는 것은 여론에 밀려 일시 중단된 채 그대로 방치되어 있는 철제 구조물들의 흉악한 몰골이다. 몸체가 뻥 뚫린 채 허공을 그러잡고 있는 그 쓰레기 같은 방해물 때문에 발 디딜 곳조차 마땅치 않다. 당장 철거하지 않으면 오히려 사고를 불러일으킬 것이 틀림없다.

우리는 흙을 밟고 바위를 타기 위하여 산에 온다. 등반역량에 따라 조금 어려운 코스를 택할 수도 있고 쉬운 코스를 택할 수도 있다. 만약 조금이라도 어려운 코스는 모두 다 위험하다고 판단하여 인공계단을 만든다면 결국엔 인수봉에까지도 철제사다리를 설치해야 한다는 논리가 아닌가? 짜증이 치민 일행은 결국 철제사다리가 놓여 있는 구간을 피하여 더욱 절벽 쪽으로 달라붙어 아예 새로 길을 낸다. 약간의 위험을 감수하고서라도 결국 나의 두 팔과 두 다리로 오르는 것만이 등산의 본질이고 목적이다. 우리는 규격화된 계단을 따라 안전하게 발길을 옮겨놓기 위하여 산에 오르는 것이 아니다.

칼바위능선이 끝나는 곳에서 산성주능선까지는 지척의 거리다. 주능선에 올라붙으니 세속의 번뇌와 불쾌함을 잠시나마 잊게 해주는 시원한 산바람이 우리를 맞는다. 여기서 왼쪽으로 돌아 야트막한 고개를 하나 타 넘으면 바로 보국문輔國門(567미터). 북한산성에 만들어져 있는 7개의 암문 중의 하나인데 본래는 동암문이라 불러야 옳다. 보국문이라는 이름은 그 아래쪽 산성 계곡 안에 있던 보국사라는 절 때문에 생긴 것으로 보인다.

암문이건 대문이건 산성에 속한 모든 문은 그 자체로 천연 에어컨이다. 그도 그럴 것이 능선상에 위치한 까닭에 산을 타고 넘는 모든 바람이 이곳을 통과하기 때문이다. 보국문 안쪽의 서늘한 바위에 기대어 땀을 식히고 있는데 성벽에 새겨져 있는 희미한 명문銘文들이 눈에 띈다. 퍼뜩 정신을 차리고 일어나 자세히 읽어보려 하지만 워낙 마모가 심하여 판독이 어렵다. 숫자도 보이고 연월도 보이는 것이 필시 그 옛날 이 문을 만든 사람들이 남겨놓은 기록임에는 틀림없다. 보국문이 금위영의 정계定界임을 떠올리며 찬찬히 훑어보니 제일 위의 글씨가 '금禁'자인 것 같기도 하다.

북한산성은 총연장 12킬로미터가 넘는 거대한 성이다. 놀라운 사실은 이 성을 실제로 축조하는 데 걸린 시간이 반년밖에 되지 않았다는 것이다. 숙종 37년(1711) 4월 3일 착수된 공역이 완료된 것은 같은 해 10월 19일. 헬리콥터나 포크레인이 있었던 것도 아니고 등산로조차 제대로 닦여져 있지 않았을 시절에 어떻게 이런 대규모의 공사를 이처럼 신속하고 완벽하게 마무리 지을 수 있었을까? 해결의 열쇠는 삼군문三軍門과 승군僧軍이다. 특히 삼군문은 바로 직전에 서울 도성을 수축한 경험까지 있었으므로 계획의 수립에서 시행까지를 완벽한 통제하에 해치울 수 있었다.《북한지》를 보면 이 공사를 위하여 삼군문에게 각기 다른 구역을 배당하여 책임지게 하였음을 알 수 있다.

수문 북쪽 변두리로부터 용암봉까지의 2,292보 구간은 훈련도감이 쌓았고, 용암봉 남쪽 변두리로부터 보현봉까지의 2,821보 구간은 금위영이 쌓았고, 수문 남쪽 변두리에서부터 보현봉까지의 2,507보 구간은 어영청이 쌓았다.

그렇다면 보국문을 만든 것은 금위영이다. 금위영은 숙종 8년(1682) 정초군과 훈련별대 등을 합쳐 새롭게 창설된 중앙 군영의 하나로서, 훈련도감 및 어영청과 더불어 수도 방위와 국왕 호위를 주 임무로 삼았던 특수부대다. 아무리 특수부대원들이라고는 해도 그토록 짧은 기간 동안 이 험준한 산 위에 석성을 쌓았다면 엄청난 노력과 희생이 뒤따랐을 것이다. 이제 그들은 간데없고 산성만이 남았다. 다만 그들이 머물던 유영 터가 대성암 아래쪽 계곡에 남아 있으며 그 옆에는 이건기비移建記碑가 이끼를 잔뜩 머금은 채 그들의 역사를 오늘날에 전할 뿐이다.

햇살 따사로운 가을날 새로 단장한 산성길을 따라 주능선을 걸으며 새삼스럽게 역사를 생각한다. 그 옛날 우리의 선조들은 나라를 생각하며 이 아름다운 북한산에 돌로 성을 쌓았다. 그들이 피나는 노력으로 쌓은 산성은 우리에게 고스란히 남겨져 자랑스러운 문화유산이 되었다. 오늘 우리는 안전을 핑계로 환경을 파괴해가며 바위에 쇠말뚝을 박고 인공계단을 만든다. 우리가 후대에게 물려줄 것이라고는 과연 저 흉물스럽기 그지없는 철제사다리뿐이란 말인가?

경복궁과 행궁을 이어주던 대성문

보국문에서 계속 보현봉 쪽으로 나아가며 야트막한 봉우리를 서너 개쯤 넘으면 대성문大城門(626미터)이 자태를 드러낸다. 1990년대 초반까지만 해도 홍예(무지개처럼 생긴 반원형의 구조물) 형식의 성문만이 휑뎅그렁 남아 있었는데 1992년에 이르러 현재와 같이 멋진 모습으로 복원되었다. 이 문은 북한산에 있는 5개의 대문 중에서도 규모가 가장 크고 멋지다. 대남문이 높이 11척(약 3미터)에 폭 11척이고, 대서문이 높이 11척에 폭 13척(약 4미터)인 데 반해, 대성문은 높이가 13척인데다가 폭이 14척이나 된다. 이유는 간단하다. 왕이 드나들던 문이었기 때문이다.

지도를 펼쳐놓고 등고선을 짚어나가다 보면 고개가 절로 끄덕여진다. 경복궁에서 북한산성 내의 행궁으로 이동할 때 가장 수월한 길이 바로 보토현補土峴(현재의 북악터널 위에 있는 고개)을 넘어 형제봉 서능선을 따라 오르다가 대성문을 통과하는 길이다. 대성문의 현판 글씨가 숙종의 친필인 것도 이러한 사실과 무관하지 않을 듯하다. 대성문의 녹슨 철 대문을 슬쩍 밀어보니 기이잉 하며 중후하게 울리는 문소리가 역사 속으로의 사색을 더욱 자극한다. 문밖의 성벽을 찬찬히 훑어보노라니 앙증맞은 담쟁이 넝쿨 옆에 명문 몇 자가 또렷이 남아 있다.

禁營監造牌將 張泰興 石手邊首 金善云

금영감조패장 장태흥, 석수변수 김선운

금위영 소속의 패장(통솔장교)이 장태흥이었고, 석공들의 십장이 김선운이었다는 뜻이다. 300년 가까운 세월 동안 풍우에 시달렸으면서도 또렷하게 남아 있는 그들의 이름이 뭐라고 표현할 수 없는 감동을 일게 한다. 그들이 쏟아부었을 눈물과 고통과 자부심이 역사 속에 또렷이 음각되어 있는 현장이다.

대성문을 나와 하산을 시작하니 또 그놈의 인공계단이 기분을 잡친다. 봉건적인 전제군주 시대의 왕도 걸어 올라왔던 길을 민주공화국 시대의 시민은 계단을 밟고 내려가는 셈이다. 대성문에서 형제봉에 이르는 길은 더없이 고즈넉한 산책로다. 산허리를 에돌아 유장하게 이어지는 오솔길에서 초가을의 정취가 물씬 풍겨 오랫동안 잊고 지냈던 내면 속으로 침잠해 들어가기 좋다. 대성문 밑의 철제 인공계단과 일선사에서 닦아놓은 경운기용 시멘트길만 없다면 해탈이라도 할 수 있을 것 같은 그런 길이다.

형제봉은 작은 형제봉과 큰 형제봉(467미터)으로 나뉘어 있는데 실제로는 네 개의 봉우리로 이루어져 있어 분명한 봉명을 적시하기가 무척 곤란한 곳이다. 그러나 봉명이 무엇이

건 상관없이 전망만은 일품이다. 왼편으로는 정릉 계곡이 펼쳐져 있고 오른편으로는 평창 계곡이 펼쳐져 있는데 고개만 돌리면 산성주능선의 그 정겨운 봉우리들이 모두 한눈에 들어온다. 이곳에서 내려다보는 평창동의 고급주택가는 흡사 유럽의 부촌 같다. 북한산을 갉아먹으며 똬리를 틀고 앉아 있는 모습이 흉물스러운 것도 사실이지만 시새움이 용솟음칠 만큼 아름다운 것도 사실이다.

형제봉에서 하산할 때는 계속 오른편으로 붙어야 한다. 곳곳에 이정표도 없는 갈림길이 많이 나 있는데 왼편으로 내려가면 국민대학교 쪽으로 빠져나가게 된다. 인적이 드물어 한적한 맛은 있지만 막상 지상으로 내려서면 북악터널 바로 아래라 택시를 잡아타는 것조차 쉽지 않아 난감해지기 마련이다. 그러니 북악터널이 가까워졌다 싶으면 오른쪽으로 방향을 틀어 고도를 낮추는 것이 상수다. 왕이 행차하던 길을 버리고 세속으로 돌아가는 분기점이다. 이곳에서 방향을 틀 때면 언제나 아쉽다. 기회가 닿고 여건이 허락된다면 언젠가 북악터널 위(보토현)를 건너고 북악스카이웨이의 팔각정을 끼고 돌아 삼청동 위의 북악산(342미터)까지 내처 걸어보고 싶다.

하산길의 막바지에 만나는 조그마한 암자가 구복암이다. 법상종에 속하는 절집으로 조계종 계통의 절집과는 사뭇 분위기가 다르다. 입구에 서 있는 커다란 바위 두 개가 일주문을 대신하고 있고 대웅전이나 약사전 같은 건물이 없는 대신 용화전이니 성모전이니 하는 낯선 부속 건물들이 들어서 있는데, 북두칠원성군이라는 것을 칠성각에다 모셔놓은 것으로 보아 토속신앙과 혼융된 종교 형태인 듯하다. 구복암 곁을 졸졸 흐르는 시냇물을 따라 느긋하게 걸으면 이내 형제봉 매표소에 다다른다. 너무 짧은 산행이었기 때문일까? 북한산 밖으로 빠져나가기가 싫다. 나는 다시 한번 북한산을 올려다보며 마음속의 인사말을 건넨다. 오늘 하루도 그대 품 안에서 잘 놀았소.

한국 암벽등반의 메카를 가다

10월, 인수산장-설교벽-인수북릉-인수봉-우이동

인수봉仁壽峯(810미터)을 오르는 길은 몇 갈래나 될까? 현재까지 발행된 인수봉 암벽루트에 관한 책 중 가장 빼어난 것으로 꼽히는《바윗길: 인수와 선인의 암벽루트들》(한국등산학교 동창회, 1990)을 보면 무려 46개의 바윗길이 상세한 개념도 및 등반사진과 함께 소개되어 있다. 그러나 이 책에 실린 바윗길들은 적어도 난이도 5.7 이상에 한정된 것이어서 가령 고독길처럼 5.6 이하로 평가되는 쉬운 루트들은 제외되었다. 그리고 1990년 이후에 개척된 루트들(예를 들어 자유등반가협회가 1991년 가을에 개척한 13개의 고난도 루트들) 역시 제외되어 있다.

결국 인수봉에 오르는 바윗길은 60갈래가 넘는다는 추정이 가능하다. 그러나 이는 다른 루트와 중복되지 않는 '독자적인' 루트만을 계산에 넣은 것이고, 다양한 루트들을 결합하는 '변형루트'까지를 계산에 넣는다면, 인수봉에 오르는 방법은 그야말로 무한하다고까지 말할 수 있다. 그리고 다행인지 불행인지 그토록 다양한 바윗길 중에서 전문교육을 받지 않은 일반인들이 오를 수 있는 루트는 하나도 없다. 그 결과 일반인들에게는 관망과 찬탄만을 허락하지만, 클라이머들에게는 특권적인 기쁨을 누리게 해주는 봉우리가 바로 인수봉이다.

오늘 우리가 잡은 루트는 인수북릉이다. 일명 '인수리지'라고도 불리는 이 루트는 가장 경사가 완만하고 오래된 루트로 손꼽히는 대신 최근에는 찾는 이들이 거의 없어 잊힌 루트이기도 하다. 물론 난이도 역시 낮아 앞에서 언급한《바윗길》에도 소개되어 있지 않다. 굳이 이 루트를 선택한 것은 일반인도 접근이 가능하지 않을까 하는 희망에서였는데, 결론부터 말하자면, 전혀 현실성이 없는 망상에 불과했다. 인수봉은 어떤 길을 택하여 오르든 그리 쉽사리 자신의 정상을 내주지 않는다.

인수봉의 옛 이름 부아악이 의미하는 것

오늘의 새로운 동행은 저명한 알파인 저널리스트이자 코오롱등산학교 교장을 맡고 계신 이용대. 내게 바위를 가르쳐주신 은사님이시기도 하다. 그는 환갑을 훌쩍 넘기신 나이에도 불구하고 여전히 날렵하고 자유로운 선등으로 후배와 제자들의 기를 팍팍 죽이는 현역 클라이머다. 초등 논란을 비롯하여 인수봉 등반사에 해박하신 분이라 특별히 부탁을 드렸는데 기꺼이 응해주셨다.

이용대를 따라온 이림과 조구일은 모두 코락 동문. 우연찮게도 모두 산악회에는 소속되어 있지 않은 채 평일 등반을 즐기는 프리랜서 동문만으로 팀이 짜여진 셈이다. 유일하게 코락 동문이 아닌 예외적 인물이 영화감독 임상수. 〈처녀들의 저녁식사〉(1998)에 이은 두 번째 작품 〈눈물〉(2000)을 최근 부산영화제에서 선보여 크게 호평을 받은 친구인데, 그동안 리지등반을 몇 차례 따라오긴 했으나 본격적인 암벽등반은 오늘이 처음이다.

도선사 앞 광장에 모여 자일과 암벽장비 등을 체크하고 첫발을 떼어놓은 시각은 오전 10시 30분. 전날까지만 해도 비올 확률이 50퍼센트를 넘어섰던지라 약간 염려가 되었는데, 부지런히 발길을 옮겨놓으며 올려다본 하늘은 꾸물꾸물 흐릴 뿐 빗방울이 떨어질 것 같지는 않다.

깔딱고개를 넘어서니 인수봉이 그 웅장한 자태를 드러낸다. 헤아릴 수도 없이 마주쳤던 자태이건만 언제 보아도 말문이 막힐 만큼 멋진 모습이다. 인수봉을 쳐다보고 있으면 가슴이 뛴다. 그저 올려다보고만 있어도 내면 깊은 곳에서 무언가가 불끈 솟구치며 까닭 모를 흥분과 용기가 온 몸뚱이를 짜릿하게 휘감는다.

고려 말 삼은三隱의 한 사람으로 꼽히는 목은 이색은 〈망삼각산望三角山〉이라는 시에서 인수봉의 저 오묘한 자태를 이렇게 표현했다.

仙掌指天天下稀 선장지천천하희

신선의 손바닥이 하늘을 가리키는 모습 천하에 드물리

하늘을 가리키는 신선의 손가락(손바닥)이라…그럴듯하다. 그러나 지나치게 고상한 표현이어서 인수봉이 지닌 저 원초적 생명력을 충분히 표현하기에는 역부족인 것 같다. 그보다는 차라리 인수봉의 옛 이름 속에 숨겨져 있는 비밀을 파헤쳐 보는 것이 낫겠다.

《고려사》《예종세가》에 따르면 인수봉의 옛 이름은 부아봉負兒峯이다. 조선시대의 지도인 〈사산금표도四山禁標圖〉(1765)나 〈도성도都城圖〉(1788)를 보아도 삼각산 세 봉우리 중 우측 산봉(인수봉)을 부아악負兒岳이라고 표기하고 있다. 이때 유념해야 할 것은 북한산의 가장 오래된 이름 역시 부아악負

兒嶽이라는 사실이다. 즉 부아악은 넓은 뜻으로 사용될 때는 북한산 전체의 산명山名이고, 좁은 뜻으로 사용될 때는 인수봉의 옛 이름인 것이다. 여기서 핵심이 되는 문제는 '부아'가 과연 무엇을 뜻하느냐다.

성능이《북한지》의 산계山谿 편에서 인수봉을 설명하고 있는 대목을 보자.

> 인수봉은 삼각산의 첫 번째 봉우리이다. 사면이 순수한 암석으로 되어 깎아 세운 듯 서 있는데, 한 바위가 이 봉우리 등에 혹처럼 붙어 있으므로, 부아악이라고도 부른다.

즉 인수봉 후면에 혹처럼 붙어 있는 바위(현재의 암벽등반가들이 '귀바위'라고 부르는)가 있는데, 그 모양이 마치 아이를 업고 있는 것처럼 보여 부아악이라 부르게 되었다는 해석이다. 성능보다 앞선 세대인 성호 이익이나 여암 신경준旅菴 申景濬의 해석도 이와 일치한다.

실제의 지형지물을 보고 지적해가며 내세우는 해석이니 반론의 여지가 없어 보이지만 사실은 그렇지 않다. 부아악이라는 이름이 역사상 최초로 등장하는 것은 백제 건국 초기의 일인데, 이때 대부분의 지명은 순수한 한자어가 아닌 차자지명借字地名이라는 사실을 간과해서는 안 된다.《북한산의 역사지리》(범우사, 1995)의 저자 김윤우는 '부아악'을 '뿔뫼角山'의 한자어 표기로 본다. 즉 '부아'란 '불>뿔'의 차음 표기라는 것이다. 어느 모로 보나 보다 역동적이고 설득력 있는 해석이다.

그러나 아직은 여전히 미흡한 듯한 느낌을 떨칠 수 없다. 내가 가장 마음에 들어하는 것은 한국 산악문학의 거두이자 향찰을 전공한 국문학박사였던 김장호의 해석이다. 그는 자신의 명저《한국명산기》의 북한산 편에서 '부아악'이라는 봉명의 유래를 이렇게 설명했다.

> 부아악은 얼핏 그 한자 뜻으로 새겨 아이를 업은 모습의 봉우리로 알기 쉬우나, 워낙은 '負兒'를 향찰로 읽으면 '불' 즉 '불두덩', 쉽게 말하면 남성 성기를 가리킴이다. 물론 그것은 생산과 풍요를 기원하는 고대 남성성기숭배사상의 흔적이다.

이제야 모든 것이 명쾌해진다. 인수봉이 가지고 있는 저 원초적인 생명력의 발현을 제대로 이해하려면 김장호의 해석이 필수적이다. 그렇다, 인수봉은 하늘을 찌를 듯 탱탱하게 발기한 채로 우뚝 솟은 잘생긴 남성 성기다! 인수봉의 옛 이름이 부아악이라는 것은 곧 수천 년 전의 고대인들도 저 바위를 거대한 '좆바위'로 인식하며 숭배의 대상으로 삼아왔다는 것을 의미한다. 그것은 생산과 풍요에 대한 기대로 가슴을 부풀어 오르게 하는 영물과도 같은 봉우리이며, 당당한 남성성의 발현을 만천하에 떨치고 있는 자연의 위대한 조형물이기도 하다. 오늘 우리는 그 봉우리에 오른다. 어찌 가슴이 떨리지 않을쏘냐?

서울의 단풍 맞이는 설교벽에서 시작된다

인수산장 앞 뜨락의 벤치에 잠시 앉아 땀을 식히며 서로의 안부를 묻던 일행들이 이윽고 일어나 배낭을 챙긴다. 이곳이 일반등산로와 작별을 고하는 지점이다. 이곳에서 잘 정비된 등산로를 따라 올라가면 곧바로 백운산장과 이어지는데, 우리는 그 길을 버리고 인수산장 뒤쪽의 희미한 오솔길로 접어든다. 주말마다 각종 산악회의 텐트들로 불야성을 이루는 곳이다. 대한산악연맹에 등록된 산악회에 한하여 야영허가증을 발급하는 제도가 생겨난 이후로 일반인들로부터는 멀어진 야영지이기도 하다. 일행은 이곳 야영지의 유일한 식수원인 비둘기샘의 물로 수통을 가득 채운 다음 발길을 재촉한다.

산허리를 휘감고 도는 가을날의 오솔길이 가슴 시리도록 아름답다. 일반등산로로부터 멀찌감치 떨어져 있고 웬만한 산행지도에는 길 표시조차 되어 있지 않은 곳인 데다가 때마침 평일 한낮인지라 오솔길을 휘감고 야트막한 능선으로 올라붙을 때까지 단 한 명의 등산객과도 마주치지 않는다. 흡사 서울 한복판이 아니라 설악산의 비경 속으로 들어가고 있는 느낌이다. 길보다는 산이 승勝하여 새소리마저 청명하기 이를 데 없다. 우리는 지금 클라이머들만의 성역으로 들어간다.

본래는 인수북릉의 초입부터 등반을 시작하려 했지만 계획을 바꾸어 설교벽雪郊壁에 바로 붙기로 한다. 인수북릉의 초입부터 중간 지점까지는 등산로도 바윗길도 아닌 지저분한 낙엽길로 이어져 있고 시계도 불량하여 별다른 매력이 없는 까닭이다. 그러나 그보다 중요한 이유는 설교벽 자체에 있다. 서울에서 가장 먼저 단풍을 볼 수 있는 곳이 바로 이 설교벽이다. 아마도 일사량이나 기온 차 혹은 이 지역에서 유난한 공기의 청정도와 관련된 현상일 것이다. 동일한 이유로 북한산에서 가장 눈이 많이 오고 오래 쌓여 있는 곳 역시 설교벽이다. 한겨울에는 가슴께까지 눈이 쌓여서 서울 근교의 심설 산행 대상지로는 으뜸으로 꼽힌다.

암벽장비를 착용하며 올려다보는 설교벽의 바위 살이 서늘하고도 정겹다. 빼어난 시인이기도 했던 김장호의 절묘한 표현을 그대로 옮겨오자면 "같이 죽자던 여인의 알몸" 같다. 암벽화의 끈을 바짝 조이며 눈앞을 가로막고 있는 바위를 올려다볼 때면 언제나 짜릿한 흥분이 심장 부근을 간지럽힌다.

그런데 프루트칵테일로 목을 축이며 뒤돌아보니 임 감독

의 표정이 잔뜩 굳어 있다. 북릉으로 오른다길래 리지등반 정도로 생각하여 암벽화조차 준비해오지 않은 것이다. 사람 좋은 이재구가 선뜻 자신의 암벽화를 양보해준다. 초보자가 끼어 있고 인원이 8명이나 되는 까닭에 시간 절약을 위하여 두 팀으로 나누어 등반을 시작한다.

설교벽의 북면 슬랩을 오르며 내려다보는 단풍이 환상적이다. 피치를 끊고 설 때마다 자기확보만 끝내 놓으면 이내 눈 아래 펼쳐지는 선경에 마음을 빼앗긴다. 누구에게랄 것도 없이 고래고래 소리를 지르며 살아 있다는 희열을 마음껏 발산하고 싶은 아름다운 가을날이다.

슬랩의 끝까지 오르니 돌연 길이 끊긴다. 올려다보니 도저히 달라붙을 엄두가 나지 않는 오버행이다. 이용대가 빙긋 웃으며 "이곳이 바로 북한산의 힌토슈토이서 트래버스(아이거 북벽에 있는 유명한 루트명)"라고 운을 뗀다. 펜듈럼pendulum(진자운동)을 이용하여 통과할 수밖에 없는데, 역방향으로 돌아오는 것은 불가능하다는 뜻에서다. 겨울에는 얼음까지 끼어 믹스클라이밍을 즐기는 클라이머들의 연습 장소로도 각광을 받는 곳이라 한다.

가까스로 트래버스를 끝내고 내려다보니 임 감독이 끼어 있는 팀의 등반속도가 너무 느리다. 시계를 보니 이미 오후 3시를 넘어서고 있는데 점심 식사도 하지 못한 채 바위에만 매달려 있다. 시간이 너무 지체되었다고 판단한 이용대가 자일을 고정시켜 내려주면서 주마juma로 올라오라고 지시한다. 나 역시 배낭에서 핸드폰을 꺼내어 저녁에 예정되어 있던 시나리오 작법강의를 취소한다.

그러나 주마를 이용하여 등반한다는 것 역시 쉬운 일은 아니다. 특히 생전 처음 주마라는 장비를 만져본 임 감독의 경우는 지독한 고역이었다. 양팔이 거의 마비되다시피 하여 일행과 합류한 임 감독의 푸념이 걸작이다. 나도 내년에는 등산학교에 입학할 거야!

인수북릉의 중간지점과 설교벽을 잇는 마지막 침니가 만만치 않다. 너무 좁아 배낭을 멘 채로는 몸을 움직일 수 없는 것이다. 할 수 없이 배낭을 앞으로 멘 다음 거의 벌레가 꼼지락거리듯 몸을 뒤틀면서 이를 악물고 올라가니 비로소 여럿이 함께 앉을만한 널따란 테라스가 나온다. 일행은 등반을 시작한 이후 처음으로 한자리에 빙 둘러앉아 불어터진 김밥과 떡을 꾸역꾸역 삼키며 휴식을 취한다. 계속 선등을 해온 관계로 너무 오래 휴식을 취한(?) 이용대가 소설보다 흥미진진한 인수봉 등반사를 들려준다.

인수봉 초등논란과 인수봉 등반사

인수봉 초등기록은 악계岳界의 오래된 논란거리였다. 이전까지 가장 널리 알려져 있던 속설은 1926년 5월, 당시 경성 주재 영국 총영사관 부영사였던 C. H. 아처Archer가 일본인 하야시 시게루林茂와 함께 현재의 서북면 C코스 부근으로 올랐다는 것이다. 비록 하야시라는 인물의 '자의적 회상'에 불과한 주장이었지만, 이러한 주장은 한동안 여과 없이 받아들여져, 1976년 우정산악회 주최로 '인수봉 초등 50년제'라는 심포지엄이 열렸을 만큼 정설로 굳어져 왔다.

그 후 이러한 사실이 제대로 밝혀진 것은 1995년에 발견된 아처 자신의 보고서 〈한국에서의 등반Some Climbs in Korea〉을 통해서였다. 이 보고서에 따르면 아처는 1922년부터 인수봉에 오르기 위해 꾸준히 연구해왔으며, 결국 1929년 10월에 북서면을 통한 정상 등정에 성공했는데, 이때 하야시라는 인물과 동행한 바 없고, 자신이 초등했다는 기록을 유리병 속에 넣어 인수봉 정상에 남겼다면서, 사진까지 첨부된 당시의 상세한 등반기록을 1936년에 영국의 알파인클럽에 제출했다는 것이다.

어찌되었건 현재의 정설은 인수봉의 '공식적인' 초등자가 1929년의 영국인 아처라는 사실이다. 그러나 과연 아처 이전에는 아무도 인수봉에 오른 사람이 없을까? 그렇지 않다. 아처의 보고서를 봐도 언젠가 백운대에 올라 인수봉 쪽을 바라보니 그 정상에 올라가 있는 사람을 목격했다는 기록이 있다.

이 '비공식적인' 등정자는 과연 누구였을까? 그는 과연 어떤 목적과 어떤 루트로 인수봉에 올랐을까?

구한말의 법무대신이었던 신기선이 남긴 〈유북한기〉를 보면 '영남사람 김 씨'가 1898년경에 인수봉에 올랐다는 내용이 나온다. 물론 공식적으로 확인할 수는 없어 전설의 영역에 속하는 이야기다. 1924년부터 인수봉 밑자락의 굴바위에서 생활했다는 이해문 노인의 증언도 흥미롭다. 그가 처음 왔을 때부터 이미 인수봉 정상에는 사람이 쌓아놓은 돌탑이 있었다는 것이다.

이는 현재도 인수봉 남측 여정길 부근에 남아 있는 선각 마애불의 존재 및 고독길에서 발견되는 질그릇 파편과 더불어 아처의 공식적인 초등 이전에도 누군가에 의해 종교적인 목적의 등반이 행해졌음을 강력하게 시사한다. 다만 그들은 '기록'을 남기지 않았고 그래서 '공인'되지 못했을 뿐이다.

그렇다면 기록으로 남아 있는 한국인 초등자는 누구일까? 일제하에서는 백령회의 핵심 멤버였고 해방 이후에는 20년이 넘는 세월 동안 한국산악회의 부회장으로 활동했던 김정태다. 그는 1938년 10월, 불과 13세의 나이로 인수봉에 올랐다. 엄홍섭과 더불어 한국 최초의 일급 자일파티를 이루었던 그는 자신의 자서전《천지의 흰 눈을 밟으며》(케른, 1988)에 "1930년 봄에 세브란스 의전 학생인 윤영용이 서양인들과 더불어 인수봉에 올랐다고 한다"는 기록을 남겨두었는데, 이 역시 확인할 수 없는 소문일 뿐이다.

김정태 이후에 인수봉에 오른 사람들은 이루 헤아릴 수 없을 만큼 많다. 그야말로 숱한 클라이머들이 숱한 루트를 냈다. 그중 특기할만한 것은 1963년, 당시로는 최고의 난이도였던 6급(현재의 등급으로서는 5.10)의 길을 개척한 미국인 이본 취나드Yvon Chouinard의 등반이다. 인수봉에는 현재에도 그의 이름을 딴 '취나드A', '취나드B'라는 코스가 남아 있다.

취나드의 등반 이후 인수봉은 루트 초등의 열기에 휩싸인다. 이전에는 도무지 등반이 가능할 것 같지 않았던 바위에 새 길을 내는 경쟁시대에 돌입한 것이다. 가장 피크를 이룬 것은 1969년으로 하반기의 넉 달 동안 무려 7개의 바윗길이 새로 열렸다. 루트 초등반의 열기는 1970년대 말이 되면서 사그라진다. 그 마지막 불꽃으로 평가되는 것이 1976년 5월에 이루어진 궁형크랙 초등이다. 1980년대로 접어들면서는 기존 루트의 프리화Free化 현상과 변형 루트의 연결이 주종을 이루게 되고, 1990년대를 통과하면서 자유등반이 정착되어 오늘에 이른다.

인수봉 위에서 낙조를 보다

넋 놓고 앉아 인수봉 등반사에 귀를 기울이기에는 하루해가 너무 짧다. 그동안 떨어진 기운 때문에 오버재킷을 꺼내어 걸쳐 입은 일행은 다시 사선크랙에 달라붙어 용을 쓰기 시작한다. 사선크랙을 통과하고 나면 뜯겨져 나온 거북 등처럼 보이는 좌우향 크랙이 하늘로 솟구치는데 여기가 인수북릉에서도 가장 아름다운 바윗길이다. 고도가 상당하여 시야는 아찔하지만 크랙 안쪽으로 홀드가 양호하여 침착하게 손발을 옮겨놓기만 하면 그다지 위험하지는 않다.

가볍게 뒤뚱거리는 커다란 바위 위에 올라 자기 확보를 한 다음 지나온 바윗길들을 내려다본다. 어떻게 저런 곳을 올라왔을까 싶을 만큼 경사가 급한 설교벽이 오른쪽으로 떨어지고, 왼쪽 발밑으로는 푹 꺼진 계곡 너머 숨은벽이 기세등등하게 솟아 있는데, 그 두 벽 사이를 빼곡이 채운 가을 단풍이 신선의 경지를 희롱한다. 인수북릉의 길고 긴 능선은 저 아래 평지까지 완만하게 흘러가고 있고, 고개를 돌려 갈 길을 올려다보면 오직 하늘과 맞붙은 바위만이 시야를 가득 채운다. 더 이상 무엇을 바라겠는가? 날은 저물어가고 기온은 떨어져가지만 가슴속에는 오직 희열만이 벅차오를 뿐이다.

안자일렌을 한 상태로 인수북릉의 마지막 슬랩을 가뿐히 걸어 오르자니 바로 코앞에 자일이 던져진다. 이미 날이 저물어가고 있으므로 이용대가 인수C 피톤을 이용하여 하강을 서두르는 것이다. 이림과 명로진은 이용대를 따라 곧바로 하강에 들어간다. 그러나 나머지 일행들은 여기서 불과 5분 거리에 있는 인수봉 정상까지 가기로 한다. 바라보기에 애처로울 정도로 죽을 고생을 다하여 여기까지 따라온 임 감독에게 인수봉 정상에 서는 기쁨을 누리게 해주고 싶어서다.

난생처음 인수봉 정상에 선 감격을 무엇에 비길 수 있으랴? 임 감독은 인수봉 정상에 서자 길들여지지 않은 야생의 짐승처럼 고래고래 괴성을 질러댄다. 일행들 모두의 가슴까지 후련하게 하는 원초적 생명력의 포효다. 임 감독이 배낭에서 보온병을 꺼내 커피를 따른다. 등반 내내 너무도 긴장하고 힘들었던 나머지 커피를 끓여 왔다는 사실조차 까먹고 있었다면서 허허 웃는다.

인수봉 정상에서 따뜻한 커피를 홀짝이며 바라보는 낙조는 가히 환상적이다. 안개에 싸여가는 북한산의 실루엣 너머로 흐릿하게 저물어가는 태양이 일행들 모두의 가슴에 뭐라고 형언할 수 없는 감동을 물결치게 한다. 그러나 산상에서의 일몰은 순식간이다. 하강을 준비하고 있는 동안 사위가 급격히 어두워지더니 이내 아무것도 보이지 않는다. 나는 하강하기 직전 캄캄한 어둠 속에 자신의 알몸을 감춘 인수봉을 다시 한번 어루만지며 가슴속 깊은 곳으로부터 우러나오는 고마운 인사말을 건넨다. 오늘 하루도 그대 품 안에서 잘 놀았소.

인수봉과 백운대 사이의 칼날능선

11월, 사기막골－숨은벽리지－인수봉과 백운대 사이－백운산장

하는 일이 없어도 세월은 간다. 국방부 시곗바늘이 달아나는 것이야 반가운 일일 테지만 삶의 시곗바늘이 째깍거리는 것을 바라보는 일은 안타깝다. 특히나 나처럼 놀고먹는 것이 직업인 백수에게는 가슴 저미도록 망연해지는 계절이 연말이다. 무엇 하나 제대로 해놓은 것도 없는데 어김없이 세월은 가고 이제 또 한 해를 보내려 하는 것이다.

가슴이 허허로울 때 오라고 북한산은 있다. 황량한 도심 속을 헤매며 헛된 욕망을 좇느라 세월을 탕진해버린 탕아를 안아주기 위하여 북한산은 있다. 북한산은 과묵하고 가슴 넓은 아버지다. 평생을 산과 더불어 살았던 시인 김장호는 부친을 여의고 외톨이처럼 살아가다가 어느 날 문득 북한산을 재발

견한 기쁨을 시 〈북한산〉에서 이렇게 노래했다.

도시 어디를 헤매다가 이제 오느냐고
그제사 눈을 비비는 나를 끌어안고
소리치는 산이 있었다

한 해를 보내면서 북한산을 안 찾을 수는 없다. 언제나처럼 기쁘고 슬픈 일들이 제멋대로 뒤엉켜 있던 한 해였지만, 북한산의 품 안에서 노닐었던 수십 일만큼은 오롯한 기쁨과 즐거움의 나날이었다. 세월이 가면서 뒤늦게 얻게 되는 지혜는 그런 것이다. 사람은 산에 가는 만큼 행복해진다. 후회스러운 일과 불행했던 기억? 그런 것을 털어버리기 위해서라도 우리는 산으로 가야 한다. 북한산은 잘난 자식과 못난 자식을 모두 다 넉넉하게 안아주는 너그러운 산이다.

한 해를 마무리하는 산행

한 해를 마무리하기 위해서라면 호젓한 산길이 좋다. 우리는 오늘 모처럼 서울을 벗어나 경기도 땅에서부터 산행을 시작하려 한다. 사실 북한산이 서울에 있다고 말하는 것은 옳지 않다. 서울의 강북구·종로구·은평구에 걸쳐 있는 것은 북한산의 일부일 뿐이며, 나머지는 경기도 고양시와 양주군에 속해 있다. 정확히 은평구와 고양시의 경계에 위치한 것이 대서문인데, 웬만한 등산객들은 여기서 더 나아갈 생각을 하지 않는다. 그러나 이곳에서 더욱 북동쪽으로 나아가다가 문득 뒤돌아보면 북한산을 바라보는 또 다른 앵글이 시야를 압도한다.

창릉천을 따라 송추까지 길게 뻗은 673번 지방도로가 북한산길이다. 숨은벽리지에 이르는 들머리인 사기막골은 이 지방도로의 한복판쯤에 있다. 벌써 수년째 자연휴식년제에 묶여 있는 구간이라 매표소도 폐쇄되지 않았을까 싶었는데, 웬걸, 관리원이 나와 길을 막고 행선지를 묻는다.《사람과 산》에서 취재를 나왔다니까 순순히 길을 비켜주기는 하지만 못내 떨떠름한 표정이다. 아마도 내가 기회 있을 때마다 국립공원관리공단을 아작아작 씹어댄 후유증이지 싶다.

매표소를 통과하여 한 모롱이를 돌아가니 북한산의 수려한 뒷모습이 자태를 드러낸다. 사실 북한산의 옛 이름이 삼각산이라는 것을 두 눈으로 실감하기 위해서는 이렇게 경기도 쪽에서 접근해야 한다. 날렵하게 하늘로 치솟은 암봉들이 바투 붙어 있어 절묘한 삼각형을 연출하고 있는 모습이 한눈에 보이는 것이다. 때마침 옅은 가스마저 끼어 농담濃淡이 번지는 자태가 그대로 한 폭의 담채화 같다.

오늘의 새로운 동행은 한국반트클럽의 윤길수. 프리클라

이밍에 능통한 국내 최고 수준의 암벽등반가답게 늘씬한 팔다리와 잘록한 허리가 보기에도 날렵하다. 최근 울산대산악부와 더불어 한국산악계의 숙원이었던 탈레이사가르의 등반을 성공시킨 장본인이기도 하다. 명로진과 나에게는 대학 및 등산학교 선배이자 스승이기도 한데 고맙게도 바쁜 시간을 쪼개어 오늘의 산행에 동참해주었다. 입동이 지난 지 오래이건만 아직은 그다지 쌀쌀하지 않은 초겨울 날씨를 즐기며 가볍게 발걸음을 재촉하자니 절로 웃음꽃이 핀다.

"로진아, 얼마 전에 보니까 〈이것이 인생이다〉에 출연했던데, 그 방면에 있어서도 내가 네 선배라는 걸 알고 있어?"

〈이것이 인생이다〉는 KBS의 세미다큐멘터리 방송프로그램인데, 윤길수가 그 첫 번째 방송출연자로 나오게 된 사연이 기막히다. 자잘한 것들(?)은 빼고 온몸으로 전류가 관통할 만큼 강력한 벼락을 자그마치 세 번이나 맞고도 멀쩡히 살아났다는 게 그 이유다. 일행은 잠시 쉬며 땀을 식힐 때마다 윤길수의 벼락 맞은 이야기를 들으며 배를 잡고 굴렀다. 덕분에 산행 속도가 빠른 윤길수가 왜 그렇게 늦게 오냐고 갖은 타박을 할 때마다 그럴듯한 핑계를 주워섬길 수 있었다.

"벼락 맞는 사나이와 바짝 붙어 있다가 무슨 변을 당하라고?"

인수봉과 백운대 사이에 숨어 있는 날카로운 암릉

사기막골에서 숨은벽 밑까지 이어지는 능선길은 사람들이 잘 다니지 않아 희미하다. 그러나 길을 잃을 염려는 없다. 왼쪽으로 빠지면 효자리 계곡길이고 오른쪽으로 붙으면 숨은벽 능선길인 것이다. 효자리 계곡 쪽 길로는 아예 군부대가 똬리를 틀고 있으니 진입하려야 진입할 수도 없다. 이곳 사람들이 '골안'이라고 부르는 갈림길에서 오른쪽으로 붙어 차츰 고도를 높여가는 오솔길로 접어들면 그뿐이다. 그 오솔길은 능선에 이르러 밤골에서 올라오는 등산로와 만난다. 그러므로 사기막골보다 한 정거장 전인 밤골에서부터 산행을 시작해도 무방하다.

한 시간 정도 땀을 흘린 다음 능선 위로 올라서니 비로소 시야가 트인다. 이곳에서 바라보는 상장봉上將峰(554미터) 능선은 인상적이다. 예의 북한산길에서 송추 쪽으로 더 나아가다가 솔고개나 음지마을로부터 산행을 시작할 수 있는 능선인데, 육모정 고개를 거쳐 영봉靈峰(604미터)까지를 한 줄기로 꿰고 있는 자태가 늠름하기 이를 데 없다.

등산화 밑에 밟히는 것이 흙에서 바위로 바뀌어간다 싶더니 이내 숨은벽의 날렵한 칼날능선이 눈앞을 가로막는다. 보국문에서 정릉 쪽으로 치달은 암릉을 칼바위라고 부른다면 이곳은 면도날바위라고나 불러야 마땅하다. 양쪽 모두 깎아지른 천애절벽으로 이루어진 이 암릉은 정확히 인수봉과 백운대 사이의 안부를 향하여 기세등등 치달아 올라간다.

선경에 취한 일행은 안전벨트를 매고 자일을 사리면서도 상상의 나래를 마음껏 펼친다. 인수봉과 백운대는 본래 하나의 봉우리였다. 그 자태가 너무도 빼어나 감히 천상의 선경을 희롱하자 이에 분노한 신이 날카로운 칼로 그 봉우리를 내려쳐 갈라놓았는데, 이때 남겨져 그대로 굳은 칼이 바로 숨은벽 아닐까?

음풍농월吟風弄月 식의 배부른 상상은 그러나 일단 등반이 시작되자 황급히 꼬리를 사린다. 첫 번째로 나타난 짧은 크랙부터가 영 만만치가 않은 것이다. 안 되는 폼을 가지고 무거운 몸을 끌어올리느라 낑낑대고 있자니 저 위쪽에서 확보를 봐주고 있는 윤길수의 표정 위로 한심하다는 기색이 역력하다. 한심한 후배이자 게으른 제자들은 할 말이 없다.

길은 갈수록 태산이다. 편한 우회로가 얼마든지 있지만, 굳이 가장 어려운 코스로만 등반을 계속하는 윤길수의 뒤를 따라가자니 입에서 단내가 난다. 전문 클라이머와 함께하는 등반은 이래서 괴롭다. 하지만 곰곰이 생각해보면 굳이 어려운 코스를 선택하여 오르는 것이 등반의 본질이긴 하다. 쉬운 길로만 가자면 아예 산에 올 필요조차 없는 것이 아닌가?

본격적인 숨은벽리지 등반은 왼쪽으로 약간 기울어 있는

35미터짜리 슬랩에서 시작된다. 얼핏 쳐다보기에도 경사가 50도는 넘는 것처럼 보이는 반들반들한 슬랩이다. 중간에 두어 군데 볼트가 박혀 있기는 하지만 확보를 하기에도 영 마땅치 않은 구간이다. 우리가 막 등반을 시작하려 하는데 아무런 장비도 갖추지 않은 중년의 등산객 서넛이 자리를 비켜달란다. 이런 구간에서 뭘 망설이냐는 듯한 눈초리다. 불안한 마음으로 길을 내줬더니 이내 기어 올라가기 시작하는데 거의 다람쥐처럼 뛰다시피 오른다. 밑에서 그 위태로운 모습을 바라보고 있자니 내 오금이 다 떨릴 지경이다.

그들이 모두 지나간 다음 자일을 묶고 오르던 나는 다시 한번 놀랐다. 제대로 된 암릉화를 신고 오지 않은 탓도 있겠지만 몇 번이나 짧게 미끄러질 만큼 경사와 마모도가 심했던 것이다. 이런 길을 아무런 대책도 없이 그냥 오르다니! 도대체 제정신을 가진 사람들인가? 그들의 안전불감증에 생각이 미치자 분노까지 치밀었다.

숨은벽리지 중에서도 이곳은 가장 사고가 잦은 구간이다. 사진기자 서준영이 등산객이 추락사하는 장면을 최초로 목격한 곳도 바로 이곳이라 한다. 5.13급을 넘나드는 국내 최고 수준의 클라이머 윤길수조차도 자일을 묶고 확보를 해가며 차근차근 오르는 길을 5.7급도 안 될 것이 뻔한 헐렁한 산꾼들이 아무 생각 없이 마구 뛰어오른다는 이 기막힌 아이러니를 어떻게 받아들여야 할지.

클라이머의 기쁨을 노래한 숨은벽 찬가

숨은벽리지의 중간쯤에 작은 용알터가 있다. 용알터란 바위에 움푹 파여 빗물 따위가 고이게 되어 있는 곳인데 우리의 토속신앙과 깊은 관계가 있는 조형물이다. 최근 노승대의 《바위로 배우는 우리 문화》(무한, 1999)를 읽고 이 용알터에 대한 새로운 깨우침을 얻었던 터라 숨은벽리지에서 그것을 발견하니 감회가 새롭다. 용알터가 있는 곳치고 신령스럽지 않은 곳이 없다 했는데, 전국의 산 중에서 용알터를 가장 많이 품고 있는 산이 바로 북한산이다.

용알터 바로 위에 네 명이 편히 앉아 식사를 할 수 있는 넓은 테라스가 있다. 등반 도중 잠시 긴장을 풀고 차를 마시며 늘어놓는 산 이야기는 언제나 즐겁다. 윤길수는 요즘에는 웬일인지 산을 타는 사람들 사이에서도 멋과 낭만이 없어졌다고 푸념을 늘어놓는다. 예전에는 등반 도중에도 우쿨렐레나 하모니카를 꺼내 멋진 산 노래를 부를 줄 아는 산악인들이 많았다나?

그 이야기를 듣다 보니 문득 전두성이 떠올랐다. 투박한 산 사나이의 전형이라고 할 수 있는 그가 배낭에서 우쿨렐레를 꺼내 멋들어진 노래를 불러 보이던 그 매혹적인 모습이라니!

그때 전두성에게 배웠던 노래가 〈숨은벽 찬가〉다. 역시 산악인이면서 음악에 능한 백경호가 직접 시를 쓰고 곡을 붙여 만든 것인데, 숨은벽 서면에 펼쳐져 있는 다양한 바윗길들을 발견할 기쁨을 이렇게 격정적으로 노래한다.

아득히 솟아오른 바위를 보며
숨결을 고르면서 계곡에 잠겨
자일과 햄머하켄, 카라비너로
젊음을 끓여보세, 숨은벽에서!

침니도 크랙들도 오버행들도
우리들 땀방울로 무늬를 지며
찬란한 햇볕들과 별빛을 모아
젊음을 그려보세, 숨은벽에서!

바위여 기다려라 나의 손길을
영원히 변치 않을 산사람 혼을
울리는 메아리에 정을 엮어서
젊음을 노래하세, 숨은벽에서!

숨은벽은 숨어 있다. 인수봉의 높은 기상과 백운대의 당당한 기품 사이에 숨어 있다. 일반 등산객의 발길로부터 멀찌감치 떨어진 곳에 숨어 있다. 일부러 사람들 눈에 쉽게 띄는 곳에서 기량을 뽐내는 얼치기 산꾼들로부터 숨어 있다. 그래서 숨은벽이다. 그러나 누군가는 바로 그 숨은벽에 붙어 고독한 등반으로 없던 길을 낸다. 자신의 젊음을 불태운 그 산사람의 혼은 영원히 변치 않을 것이다.

이곳에서부터 리지가 끝나는 추모비 언덕까지는 그다지 어렵지 않은 구간이다. 그러나 양옆은 여전히 경사가 급한 절벽이므로 반드시 안자일렌한 상태로 천천히 나아가야 한다. 산에서 죽은 산친구들을 기리는 추모비들이 즐비한 마지막 언덕에 이르면 인수봉의 서면과 하강 지점이 바로 코앞이다. 겨울이 오는 것을 안타까워하는 듯 마지막 바위를 즐기려는 클라이머 한 명이 빌라길 중간에서 하강을 서두르고 있다.

그의 신중한 몸놀림을 물끄러미 지켜보면서 나는 지나온 한 해를 되새겨본다. 바위를 오르내리는 것만큼 냉철하고 열정적이었다면 후회가 있을 리 없다. 백운산장 쪽으로 발길을 돌리기 전에 다시 한번 저물어가는 북한산을 돌아보며 나는 가슴 깊은 곳으로부터 우러나오는 고마운 인사말을 건넨다. 오늘 하루도 그대 품 안에서 잘 놀았소.

뒤바뀐 것, 사라진 것,
변치 않는 것

12월, 백화사–가사당암문–의상능선–부왕동암문–삼천사

낡은 것을 보내고 새것을 맞아들여야 하는 송구영신의 계절이다. 아쉬워도 보내야만 하고 준비가 안 되었어도 맞아들여야만 하는 것이 세월이다. 한 해를 돌아보고 새해를 설계하려면 아무래도 호젓한 산길이 좋다. 그래서 오늘 우리가 택한 산행코스의 들머리는 백화사 입구다. 언젠가 뜻하지 않게 이 길로 하산한 적이 있었는데 유장하게 이어지는 인적 끊긴 오솔길이 퍽이나 인상적이었던 기억을 되살린 것이다. 소담한 눈이라도 쌓여 있으면 금상첨화이련만 아직도 서울엔 눈 소식이 없다.

백화사 계곡길은 서울 아닌 서울

북한산길을 달리다가 산성 입구 한 정거장 전에 내려서면 비좁은 진입로를 빠끔히 내비치고 있는 곳이 오늘 산행의 들머리인 중골마을이다. 행정구역상으로는 은평구 진관내동에 속하는데 펼쳐지는 풍광은 전혀 서울답지 않다. 차 한 대가 겨우 지나다닐만한 포장도로의 양쪽으로는 오래되어 허름한 가옥들과 작은 밭뙈기들이 즐비한데, 그 모습이 흡사 남도 어느 산간마을 혹은 1960년대의 소읍 같은 느낌을 준다. 그린벨트 지역으로 묶여 지난 수십 년간 개발이 제한되어 있었던 까닭이다.

서울에 아직까지 이런 곳이 남아 있다는 사실에 새삼스럽게 감격하기 십상이지만 실상을 알고 나면 딱히 감격스러운 일만도 아니다. 밖에서 바라보기에는 전원적인 풍경일지 몰라도 안에서 생활하기에는 그저 불편할 따름인 경제적 곤궁의 표현이기도 한 것이다. 그린벨트를 해제하네 마네 하는 문제도 마치 뫼비우스의 띠처럼 복잡하게 뒤엉켜 있는 난제에 속한다. 어찌되었건 이런 곳에 집 한 채 짓고 살면 좋겠다는 염치없는 공상은 걷기 시작한 지 얼마 되지 않아 산산이 깨진다. 인근 군부대에서 들려오는 총소리가 좀체 끊이지 않고 계속 신경을 긁어대는 것이다.

백화사는 포장도로가 끝나는 곳에 있는데 그 오른편으로

는 군부대가 주둔하고 있어 출입이 통제된다. 일행은 백화사 왼편으로 나 있는 철조망길을 따라 크게 원을 그리며 우회한다. 날씨가 가물어 건천으로 변해버린 계곡을 끼고 천천히 고도를 높여나가다 보니 어느새 땀방울이 솟아 등이 척척하다. 비교적 따뜻한 날씨이건만 햇볕이 들지 않는 계곡의 구석구석엔 꽝꽝한 얼음장들이 끼어 있고 날렵한 몸매의 고드름도 심심치 않게 발견된다. 얼음바위 위에 걸터앉아 따뜻한 커피향을 음미하니 세상의 바깥으로 소풍을 나온 기분이다.

백화사 계곡길은 호젓한 대신 뚜렷한 등산로가 나 있질 않아 까딱하면 길을 잃기 십상이다. 왼편의 능선 쪽으로 바짝 붙으면 의상봉 밑으로 닿게 되는데 그러면 그 위로 올라서기가 만만치 않다. 기껏 땀을 흘리며 올라갔다가 낭패를 당하지 않으려면 오른편의 계곡이 발원되는 안부 쪽을 목표로 하여 희미한 등산로를 헤쳐나가야 한다. 낙엽이 발목까지 빠지는 오솔길을 몇 구비나 휘감은 끝에 비로소 가사당암문이 멀지 않았음을 일러주는 이정표가 나오자 과연 맞는 길을 가고 있나 하며 의심을 품었던 일행들이 안도의 한숨을 내쉰다.

이름이 뒤바뀐 암문들

사과 한 알을 깎아 먹은 다음 마지막 완만한 비탈길을 천천히 오르니 이내 산성 계곡의 안쪽과 북한산의 연봉들이 모두 한

눈에 들어오는 장쾌한 의상능선 위로 올라선다. 백화사 계곡길과 의상능선이 만나는 접점에 작은 암문暗門이 하나 있다. 그런데 이 암문의 이름이 문제다. 암문 위의 팻말에는 '가사동암문'이라고 쓰여 있고 지도에도 분명 그렇게 표기되어 있지만 실은 잘못된 고증인 것이다. 우선《정조실록》을 보자. 당시 북한산 안찰어사로 활동하던 신기가 북한산성을 돌아보고 임금께 올린 서계에 다음과 같은 구절이 나온다.

> 의상봉과 용출봉 사이는 국녕사암문이요, 증취봉과 나한봉 사이는 원각사암문이며, 가사봉과 문수봉 사이는 가사암문이요, 문수봉 오른쪽에 문수봉암문이 있는데 지금은 대남문이 되었으며…

우리는 지금 의상봉과 용출봉 사이에 있다. 그곳에 위치한 암문은 국녕사암문이다. 실제로 이곳에서 산성 계곡 쪽으로 조금만 내려가면 국녕사라는 절이 있다. 그렇다면 가사동암문은? 서계를 보면 문수봉과 가사봉 사이에 있는 사이에 있다고 되어 있는데, 현재 그곳에 있는 암문에는 청수동암문이라는 이름이 붙어 있다. 이게 어떻게 된 일인가? 여기서 문제가 되는 것은 가사봉의 위치이다.《북한지》를 비롯한 여러 문헌을 살펴보면 가사봉은 나한봉과 문수봉 사이에 있는 작은 암봉의 이름임에 틀림없다. 그렇다면? 머리가 아파오기 시작하니 간단히 결론부터 말하자. 현재 우리가 가사당암문이라고 부르는 암문은 청수동암문이며, 현재 우리가 청수동암문이라고 부르는 암문이 진짜 가사당암문인 것이다. 더욱 간단히 표현하자면, 가사당암문과 청수동암문은 그 이름이 뒤바뀌어 있다!

어째서 이런 어처구니없는 일이 벌어졌을까? 이는 전적으로《북한지》에 대한 후학들의 오독誤讀 때문이다. 성능은 북한산성의 성문들을 설명할 때, 대서문을 중심으로 시계방향에 따라 동암문(보국문)까지 짚은 다음, 다시 대서문을 중심으로 이번에는 시계 반대방향에 따라 의상능선 위에 있는 세 개의 암문을 짚었는데, 후학들은 그 전체를 모두 다 시계방향으로만 짚어나갔던 것이다. 이 같은 사실은《비변사등록備邊司謄錄》의 제63책인《북한산성별단》에서도 확인할 수 있다. 이 책에서도 의상능선상의 성문들을 '대서문 - 청수동암문 - 부왕동암문 -가사당암문'의 순서로 표기하고 있다.

이제 제대로 된 고증에 따라 의상능선 위에 있는 세 개의 암문들을 순서대로 정리해보자.

청수동암문青水洞暗門(488미터). 의상봉과 용출봉 사이에 있으며 일명 국녕사암문 혹은 국녕문이라고도 한다. 바로 밑에 국녕사가 있다. 현재 가사당암문이라고 잘못 알려져 있다.

부왕동암문扶旺洞暗門(521미터). 증취봉과 나한봉 사이에 있으며 일명 원각사암문이라고도 한다. 바로 밑에 원각사와 부왕사가 있었다. 과거에는 소남문이라고도 불렀다.

가사당암문袈裟堂暗門(694미터). 나한봉과 문수봉 사이에 있으며 일명 가사암문이라고도 한다. 바로 옆에 있는 가사봉이라는 봉명에서 유래된 이름이다. 현재 청수동암문이라고 잘못 알려져 있다.

재론의 여지가 없다. 현재의 암문 이름은 분명히 뒤바뀐 것이다. 하지만 이미 굳어졌으니 그냥 내버려두자고? 나는 그렇게 생각하지 않는다. 지금이라도 늦지 않다. 그다지 어려운 일도 아니다. 두 암문의 팻말을 바꾸어 달고, 이정표를 고치고, 새로 제작하는 지도에는 고친 이름을 표기해놓으면 된다. 국립공원관리공단의 용단을 기대한다. 그렇게 하는 것이 북한산성을 쌓은 우리 선조들에 대한 최소한의 예의다.

쓸쓸한 폐사지 부왕사 터와 부왕사암문

의상능선은 장쾌하다. 기암괴석들로 이루어진 바윗길과 예쁜 오솔길이 행복하게 어우러져 있는데 시야가 시원하게 트여 발걸음이 날아갈 듯하다. 왼편으로 아담하게 펼쳐져 있는 산성 계곡과 그 너머로 장엄하게 늘어선 북한산의 연봉들이 하나의 완벽하고 아름다운 폐쇄 공간을 연출한다. 제법 가파른 용출봉 정상에는 10미터쯤 되는 철제사다리가 설치되어 있는데 흡사 설악산 깊은 곳에라도 온 듯한 착각이 들 정도로 빼어난 절경이다. 군데군데 짧지만 고난도의 클라이밍 기술을 요구하는 바윗길들이 펼쳐져 있는데, 장비를 갖추지 않았거나 실력이 모자란 사람들은 우회하면 그만이다.

용출봉과 용혈봉 사이에는 북한산에서 가장 인상적인 기암괴석들 중의 하나인 세칭 '좆바위'가 있다. 왜 그렇게 쌍스러운 이름으로 부르느냐고? 누구라도 이 바위를 보면 다른 이름을 붙일 생각을 못한다. 건너편의 원효능선에서도 똑똑히 보이는 바위다. 용혈봉과 증취봉은 바투 붙어 있다. 극히 짧은 시간 안에 올망졸망한 봉우리 세 개를 거푸 타 넘는 셈이다. 능선을 타고 넘는 차가운 겨울바람에 솟아오른 땀방울들이 금세 마른다. 의상능선의 하이라이트는 나한봉과 나월봉이다. 특히 나한봉은 이덕무가 〈기유북한〉에서 "높이 솟은 모양이 부도탑을 세운 것 같다巍然如浮屠立也"라고 표현했을 만큼 날씬하고 뾰족한 봉우리이다. 북한산에서 가장 스릴 넘치는 리지등반 코스이기도 한데 물론 안전한 우회로도 따로 나 있다.

일행은 그러나 부왕사암문에서 하산을 결정한다. 뭐가 그리들 바쁜지 저마다 저녁 약속이 잡혀 있는 까닭이다. 아쉬운 마음으로 발길을 돌리려다 보니 저 아래 부왕사 터가 눈에 밟힌다. 폐사된 지 오래이지만 거대한 초석들이 그대로 남아 있어 세월의 덧없음과 쓸쓸함을 한껏 느끼게 해주는 운치 있는 곳이다. 위의 〈기유북한〉을 보면 그 일대를 청하동靑霞洞이라고 불렀는데, 더없이 그윽하고 고요하여 북한산성 내에서도 최고의 명승으로 꼽혔다고 한다. 추사 김정희가 〈부왕사〉라는 제목의 시를 세 편이나 남긴 것을 보면 그 역시 이곳의 풍광을 깊이 매료되었던 것 같다.

看山何處好 간산하처호
扶旺古禪林 부왕고선림

(북한)산을 감상하기에는 어디가 좋은가
부왕사의 오래된 선림일세

북한산에 있는 도합 7개의 암문 중에서도 가장 규모가 크고 화려하며 홍예 형식까지 갖추고 있는 것이 부왕동암문이다. 그런데 이 암문의 홍예 성돌 위쪽을 자세히 보면 우에서 좌로 '소남문小南門'이라는 글씨가 희미하게 남아 있는 것을 확인할 수 있다. 본래 북한산성에는 4대 성문 사이에 2개의 간문間門을 만들어놓았었는데, 그 하나가 대동문과 대남문 사이에 있던 소동문이었고, 다른 하나가 대남문과 대서문 사이에 있던 소남문이었다. 소동문은 그 후 행궁과 가장 가까운 관문이었던 까닭에 대성문으로 크게 중축되었고, 소남문은 그 이름이 부왕동암문으로 바뀐 흔적이 여기에 남아 있는 것이다.

광활한 옛 삼천사 터와 미스 북한산

부왕동암문에서 삼천사 계곡으로 내려오는 길은 완만한 오솔길이다. 한 해의 회한을 묻어두고 새해의 희망을 담금질하기에는 더없이 좋은 산책로다. 서리를 머금은 채 발목을 붙잡는 낙엽들이 정겹다. 가파른 봉우리를 오르느라 가쁜 숨을 몰아쉬었던 때가 언제였던가 싶을 만큼 마음은 편안히 가라앉고 발걸음은 가볍다. 추사가 남긴 같은 제목의 다른 시가 떠오른다. 이 송구영신의 계절에 산을 내려오면서 마음을 다스리기에는 더할 나위 없이 어울리는 절창이다.

苦海茫茫回首處 고해망망회수처
幾般熱惱幾般閒 기반열뇌기반한
白雲流水還平地 백운유수환평지
未信從前石路艱 미신종전석로난

끝없는 고해를 머리 돌려 바라보니
괴로울 때도 있었지만 좋았던 때도 있었네

흰 구름과 흐르는 물도 평지로 돌아가니
방금 지나온 바윗길이 험했던 것도 모르겠네

삼천사는 통일신라 문무왕 시절(660년 경)에 원효가 창건한 고찰이다. 한창때는 3,000명의 대중이 동시에 수도·정진하기도 했다고 하니 그 규모가 엄청났던 대찰이었던 모양이다. 임진왜란 때는 서울지역 승병들의 운집처가 되기도 했는데, 당시의 절은 그때 왜병들에 의하여 전소되고 말았다. 현재의 삼천사가 자리 잡고 있는 곳에서 조금 위쪽에 옛 삼천사 터가 남아 있다. 이정표에는 '등산로 아님'이라고 표기되어 있는 방향이다. 비술秘術에 능통하여 전설적인 이적異蹟을 많이 행한 것으로 유명한 대지국사탑비의 귀부가 남아 있다길래 한참 동안을 헤매었으나 결국 찾지 못했다. 주춧돌과 기단석 등이 나뒹구는 폐사지에 잠시 우두커니 앉아 겨울 산의 적막에 귀를 기울이고 있자니 가슴 위에 덧쌓였던 속진이 하나둘씩 스러져간다.

현재의 삼천사에서 가장 아름다운 것은 단연 마애여래입상이다. 고려 초기의 작품으로 추정되는 이 마애여래는 온화한 상호와 그윽한 옷매무새가 일품이어서 이곳을 지나칠 때마다 잊지 않고 들러 한참 동안 눈을 맞추곤 한다. 내 짧은 안목으로는 북한산 제일의 미인이다. 낡은 것이 가고 새것이 들이닥치는 변화무쌍한 세월 속에서도 그녀의 은근한 미소만은 1,000년 전 그대로다. 뒤바뀐 것과 사라진 것은 세월의 무상함으로 가슴을 시리게 한다. 그러므로 세월이 흘러도 변치 않는 것이 있다는 것은 삶에 지친 자에게는 커다란 위안이다. 나는 마애여래와 그녀의 뒤편에 든든하게 솟은 북한산을 올려다보며 마음의 인사말을 건넨다. 오늘 하루도 그대 품 안에서 잘 놀았소.

폭설을 헤치며
노적봉에 오르다

1월, 진달래능선-대동문-동장대-노적봉-산성 계곡

수십 년만의 폭설이 쏟아지자 아침부터 전화통에서 불이 난다. 받아보나 마나 빤한 내용이다. 이런 날 산에 안 가는 건 하늘에 대한 모독이니 빨리 배낭 꾸려서 나오라는 산친구들의 독촉 전화인 것이다. 전화선에서 들려오는 녀석들의 목소리에는 흡사 소풍을 앞둔 초등학생들처럼 흥분과 기대가 가득 차 있다.

오늘의 새로운 동행은 코락 동문인 은희용과 김상훈 그리고 올해 데뷔작을 준비 중인 늦깎이 영화감독 정희헌. 각각 산과 영화에 미쳐 싸돌아다니다 보니 혼기를 놓쳐 노총각이 되어버린 친구들이다. 일행 중 유일하게 정규적인 직장생활을 하는 김상훈은 아예 휴가를 얻어 오늘의 산행에 동참했다.

수유리의 허름한 국밥집으로 하나둘씩 모여드는 산친구들은 뭐가 그리도 좋은지 저마다 함박웃음을 가득 물고 희희낙락이다.

국밥을 뜨면서도 화제는 온통 어제 내린 폭설이다. 최근 직장을 관두고 프리랜서 사진작가가 됨으로써 백수 대열에 합류한 서준영은 관악산에서 스키를 탔단다. 관악산에도 스키장이 있나? 눈이 동그래진 일행들에게 되돌려준 서준영의 답변이 걸작이다. 눈이 많이 내리면 관악산을 거쳐 안양으로 넘어가는 국도의 통행을 전면 금지하는데, 그 틈을 타서 눈 덮인 도로를 슬로프로 삼아 스키를 탔다고 한다. 친구 한 명과 함께 오프로드용 지프에다가 스노체인을 감고 언덕 위로 올라가 스키를 타고 내려오기를 열댓 번이나 했다니 그 정성에 찬탄이 절로 인다.

뒤늦게 국밥집에 합류한 김석우는 한술 더 뜬다. 눈보라가 휘몰아치자 믹스클라이밍을 연습할 절호의 기회라며 봔트클럽과 함께 인수봉 및 숨은벽에 붙었는데 알프스 북벽이 따로 없었다면서 시퍼렇게 멍든 무릎을 까 보인다. 결국 거의 조난 상황에까지 이르러 숨은벽에 고정자일을 설치하고 가까스로 탈출했다고 하니, 일행들은 저마다 침을 꼴깍 삼키며 그걸 회수하러 가자고 난리다. 산친구들을 만날 때마다 느끼는 것이지만 여하튼 못 말리는 인간들이다.

애국선열들의 묘비가 가득한 수유리

눈 덮인 북한산의 연봉을 완상하기 위하여 오늘 택한 코스는 진달래능선. 능선이 흘러내린 자연스러운 동선을 택하자면 덕성여대 앞에 내려 보광사길을 올라야 하지만 오늘 우리는 백련사길을 오른다. 조금이라도 더 길게 걷고 싶은 욕심 때문이다. 백련사길은 국립4·19민주묘지에서 십 분 정도 걸어 올라간 곳에서 시작된다. 수유리로 내려올 때면 으레 들리곤 하는 곳이 국립4·19민주묘지이지만 오늘은 눈 욕심에 그냥 지나쳐 간다. 묘역의 선열들도 밤새 퍼부어댄 폭설 때문에 하얗고 소담스러운 새 이불을 덮고 마냥 흐뭇해하리라는 즐거운 상상을 해본다.

수유리 산기슭은 애국선열들의 유택이 즐비한 곳이다. 국립4·19민주묘지에 안장되신 600여 분의 순국선열 말고도 이름을 들으면 알만한 분들의 묘소들이 운가사길이나 아카데미하우스길 등에 20여 기나 산재해 있다. 우리가 오르는 백련사길도 예외가 아니어서 등줄기에 기분 좋은 땀이 차오르기 시작할 즈음 하나둘씩 반가운 모습들을 드러내기 시작한다.

첫인사를 건네온 것은 동암 서상일東菴 徐相日의 묘소다. 대구 출신의 동암은 항일투사였고 제헌의원이었으며 말년에는 혁신계에 투신했던 풍운아였다. 그 조금 위의 멀지 않은 곳에

초대 재무부장관을 지냈고 다섯 차례에 걸쳐 국회의원으로 활동했던 상산 김도연常山 金度演의 묘소가 있다.

등산로 바로 곁의 양지바른 곳에 유택을 마련한 이가 심산 김창숙心山 金昌淑이다. 곧은 성품의 독립투사요 교육운동가였던 심산은 필자가 마음속 깊이 존경하는 분이다. 공교롭게도 필자의 이름 두 자가 그의 아호와 같아 내심 적지 않게 부담을 느끼고 있기도 하다. 산수화의 대가로 꼽히는 노수현盧壽鉉 역시 심산心汕이라는 아호를 즐겨 쓰셨는데, 덕분에 이 두 분은 본의 아니게 필자의 사표師表가 되어버렸다. 심산의 묘소 앞에서 잠시 옷매무새를 가다듬고 묵념을 드린 다음 발길을 재촉한다.

백련사는 언덕바지에 위치한 아담한 절이다. 봄날이면 이 일대에 벚꽃이 휘날려 더없이 몽환적인 분위기를 연출하는데 오늘은 벚꽃 대신 눈꽃이 일품이다. 자그마한 대웅전 앞의 낙락장송에 눈꽃이 피어난 모습은 그대로 한 폭의 진경산수다. 설경에 취해 묵묵히 걷다 보니 아이젠 때문에 느껴지는 발의 피로감도 남의 일만 같다. 한 시간 정도를 걸어 진달래능선에 오르니 일행들의 입에서 합창처럼 탄성이 터져 나온다. 눈 덮인 북한연봉의 절경이 병풍처럼 펼쳐져 있는 것이다.

연봉을 휘감는 진달래능선과 멋지게 복원된 동장대

대동문大東門(540미터)에서 우이동까지 완만한 경사를 이루며 나른하게 뻗어 나간 것이 진달래능선이다. 형제봉능선이나 사자능선 혹은 칼바위능선 등 북한산에 있는 대부분의 능선들이 연봉에 대하여 수직 방향으로 접근하는데 반하여, 이 진달래능선은 연봉과 거의 평행을 이루며 휘감아 드는 것이 특징이다. 덕분에 이 능선을 걸으면 북한산 연봉들을 오래도록 감상할 수 있다. 봄이 되면 진달래가 흐드러져 꽃밭 속을 걷는 듯한 행복감을 안겨주는 곳도 물론 이 능선이다. 오늘은 키 작은 나무들 위로 함박눈꽃이 켜켜이 쌓여 그대로 설국의 정원을 이룬다.

폭설 때문에 스모그까지 가라앉았는지 시계 또한 더할 나위 없이 좋다. 일행들은 쉴만한 바위들이 나올 때마다 발아래 펼쳐지는 서울의 시가지와 그 너머의 산들을 가리키며 환담을 나눈다. 눈보라가 휘몰아칠 것을 기대하고 왔지만, 뜻밖에도 햇살이 따사로워 오버재킷 밑에 받쳐 입은 두툼한 파카들을 다시 배낭 속으로 쑤셔 넣어야 할 지경이다. 눈과 얼음 그리고 따사로운 겨울 햇살까지 즐길 수 있다니 분명 축복받은 산행이다.

대동문 앞 광장에서 느긋한 식사를 한다. 눈眼이 설경에 취하는 동안 몸은 꽤 많은 에너지를 소모했던지 꺼내놓은 김밥들이 순식간에 사라진다. 가만히 앉아 있으려니 역시 한기를 피할 길이 없다. 겨울 산에서는 역시 몸을 계속 움직여 땀을 내는 게 상책이다.

대동문의 오른쪽에 곰살맞게 웅크리고 있는 언덕이 시단봉柴丹峰(610미터)이다. 존재감이 느껴지지 않을 만큼 너무 밋밋해 이것도 과연 봉우리인가 하는 생각이 들 정도이지만 시단봉을 찾기란 너무 쉽다. 동장대東將臺가 서 있는 곳이 곧 시단봉이다. 장대將臺란 전투 시 군사의 지휘에 용이한 지점에 축조한 장수의 지휘소를 일컫는 말이다. 규모가 크고 중요한 성곽에는 장대를 설치하기 마련인데, 이곳에서 내려다보는 경치가 일품인 것은 정한 이치다.

북한산성에는 이 장대가 세 곳에 설치되어 있었다. 남장대는 나한봉의 북동쪽, 북장대는 중성문의 북서쪽에 있었던 것으로 추정된다. 이곳은 단지 그 터만 남아 있기 때문에 오늘날 각각 남장대지, 북장대지라고 부른다. 북한산성에서 가장 규모가 컸던 장대는 바로 오늘날 멋지게 복원되어 있는 동장대다. 동장대에 우뚝 서서 큰 칼을 옆에 찬 채 산성 내를 굽어보고 있었을 그 옛날의 장수를 상상해보면 가슴이 설렌다. 주능선상에 위치한 유일한 장대이기 때문에 맞은편의 원효능선이나 의상능선에서도 그 모습을 또렷이 볼 수 있어 북한산을 찾는 사람들에게는 중요한 이정표 구실도 한다.

북한산성이 완공된 이듬해인 1712년 4월 10일, 숙종은 친히 산성에 거둥하여 두루 성가퀴를 살폈는데, 그 천연적 험준함과 완벽한 공사에 몹시 흡족했던지 이례적으로 어제시御製詩를 여섯 수나 남겼다. 그중 제3수와 제4수가 오늘의 산행경로와 일치하니 이 대목에서 한 번쯤 감상해볼 만하다.《북한지》의 '사실' 항목의 제2절 '축성의 결의와 완공' 편에 나오는 시다.

間關十里到行宮 간관십리도행궁
崒崒柴丹卽在東 졸졸시단즉재동
露積峯頭雲未捲 노적봉두운미권
白雲臺上霧猶矇 백운대상무유몽

험한 길 십리를 걸어 행궁에 이르니
높고 높은 시단봉이 바로 동쪽에 있네
노적봉 머리엔 구름 아직 안 걷혔고
백운대 위엔 안개 아직 자욱하네

登彼東臺若上天 등피동대약상천
千峯削立接雲烟 천봉삭립접운연
寇賊非徒不敢近 구적비도불감근

猿猱亦必愁攀緣 원노역필수반연

동장대에 오르니 하늘에 오른 듯하고
일천 봉우리 깎아지른 듯 구름에 접해 있네
도둑과 오랑캐가 감히 접근도 못 할 뿐더러
원숭이조차 못 기어오를까 근심하겠네

숙종이 오른 날은 구름과 안개가 북한산을 휘감고 있었던 모양이다. 오늘 북한산을 휘감고 있는 것은 구름과 안개가 아니라 폭설과 겨울 햇살이다. 맑은 시계 때문에 흰 눈을 머리에 인 노적봉과 백운대 그리고 인수봉이 바투 코앞으로 달려드는 느낌이다. 이만하면 조선의 임금 숙종도 부럽지 않다.

동장대에 기대어 서서 눈앞의 선경에 넋을 놓고 있자니 돌연 무언가 차가운 것이 얼굴을 때린다. 돌아보니 어느새 눈싸움이 한창이다. 적당한 습기까지 머금고 있어 한 움큼 움켜쥐면 그대로 야구공만 한 눈덩이가 된다. 불혹을 바라보는 일행들이 눈밭을 뒹굴며 깔깔대는 모습이 어이가 없지만 즐거운 것은 어쩔 수 없다.

임진왜란 때의 전설이 서린 노적봉

동장대에서 용암봉암문龍巖峯暗門(580미터)에 이르는 길은 평탄하기 그지없다. 표고 차가 거의 나지 않는 능선길이어서 이따금 산악마라톤대회가 치러질 정도다. 이 평탄한 산책로가 오늘은 신비한 설중터널이다. 발목까지 눈이 차올라 스패츠spats를 착용한다. 곧게 뻗은 나무 위에 얹힌 눈은 제 무게를 가누지 못하여 단속적으로 떨어지는데 흡사 오늘의 산행을 위하여 축포를 터뜨려주는 듯하다.

용암문을 조금 못 미친 곳에 평평한 광장이 나온다. 과거에 용암사龍巖寺가 있었던 곳으로 추정되는데 얼마 전까지만 해도 유인산장인 북한산장이 자리 잡고 있었다. 예전의 북한산장 터에는 현재 지키는 이 없는 무인대피소가 대신 세워져 있을 뿐이다.

용암문에 이르니 의견이 분분하다. 여기서 하산하기에는 날씨와 산이 너무 아깝고, 위문 쪽으로 나아가면 꽤 긴 산행시간이 소요되기 때문이다. 용암문과 위문을 잇는 칼날능선이 저 악명 높은 만경대리지다. 이런 날 암벽장비 없이 만경대리지에 붙는 것은 자살행위나 다름없다. 물론 만경대리지를 우회하는 일반등산로가 잘 정비되어 있지만, 이 코스 역시 막바지에는 쇠난간을 붙잡고 기어올라야 한다.

우리는 제3의 길을 택한다. 일반등산로를 따라가다가 노적봉의 뒤통수에 오른 다음 약수암까지 러셀russel하여 가기로 한 것이다. 결과적으로 겨울 산행만의 묘미를 원 없이 만끽할 수 있었던 기가 막힌 선택이었다.

산허리를 에둘러가는 일반등산로의 능선 위 자그마한 안부는 노적봉의 뒤통수로 연결되는 곳이다. 우리는 이곳에서 무릎까지 빠지는 눈을 헤치며 노적봉으로 오른다. 선행했던 누군가의 발자국은 노적봉 바로 밑에서 되돌아선 자국만을 남기고 사라졌다. 폭설 이후 누구도 등반하지 않았던 노적봉이 우리를 기다리고 있는 것이다.

장비 없이 눈과 얼음으로 뒤덮인 노적봉에 오르는 것은 고역이었다. 예정에도 없던 믹스클라이밍을 맛본 셈이다. 온갖 해괴한 동작을 연출하며 얼음 바위에 달라붙어 용을 쓴 끝에 드디어 노적봉露積峯(716미터)의 정상에 선다. 눈 덮인 산성계곡 전체가 발아래 장쾌한 파노라마처럼 끝없이 펼쳐진다.

워낙 수려한 인수봉 때문에 뒷전으로 밀려버렸지만, 노적봉은 과거 암벽등반의 대상지로도 명성을 떨쳤던 곳이다. 물론 오늘 우리가 오른 것처럼 뒤통수로 올라서는 것이 아니라 산성 계곡 쪽에서 시작하는 것인데, 긴 코스를 택하면 대여섯 피치를 끊어야 할 정도로 훌륭한 암벽코스들이 산재해 있다. 특히 T침니나 뫼우리길 등은 클래식으로 꼽힐 만큼 멋진 바윗길이다.

노적봉은 우리의 선조들이 북한산에 다녀와서 쓴 유산기에도 자주 등장한다. 여암 신경준의 〈삼각산기〉를 보면 노적봉의 봉명과 관련하여 다음과 같은 구절이 나온다.

> 성안에 한 바위봉우리가 있는데, 우뚝 솟은 것이 마치 노적가리와 같아서, 노적봉이라 부른다.

노적봉의 형상과 관련된 흥미로운 전설도 있다. 임진왜란 당시 명나라군 4만여 명을 이끌고 조선에 왔던 이여송이 고양군 벽제면에서 왜군에게 기습공격을 당하여 뿔뿔이 흩어진 채 북한산의 노적봉 아래로 피해 들어온다. 산세를 보면 알 수 있듯 이곳은 폐쇄공간이어서 완전히 '독 안에 든 쥐 꼴'이 된 것이다. 이때 사지로 몰린 조명연합군에게 한 노파가 찾아와 기막힌 책략을 일러준다. 노적봉에 가득 짚단을 쌓고 냇물에 석회를 풀라는 것이다. 노파의 말대로 하자 포위해 들어오던 왜군은 그 엄청난 군량미에 기겁을 하고 서둘러 도망쳤다고 한다. 세간의 속전일 뿐이니 그 진위 여부를 놓고 갑론을박을 벌일 필요는 없다. 그저 노적봉의 형상 및 그 봉명과 관련된 흥미로운 이야기 정도로만 받아들이면 된다.

수십 년만의 축복, 북한산의 심설산행

노적봉 정상에는 겨울바람이 매섭다. 얼음 바위에 앉아 쉬노라니 체온이 급격히 떨어져 부산하게 하산을 준비한다. 올라온 길이 너무 위험해 우회를 하니 허리까지 빠지는 눈밭을 헤쳐나가야 한다. 북한산에서 이런 러셀을 하게 되다니 상상도 못 했던 일이다. 노적봉에서 내려오는 마지막 구간은 아예 드러누운 채 눈썰매를 탄다.

일반등산로와 연결되는 안부로 내려선 다음 일행은 방향을 튼다. 위문 쪽으로 이어지는 바윗길을 버리고 약수암까지 산허리를 가로지르는 러셀을 시도한 것이다. 이곳 지형의 특성상 눈이 전혀 녹지 않아 허벅지까지 빠져든다. 본래 등산로로 잘 이용되지 않는 길이라 우리보다 앞서 이곳을 지나간 사람도 없다. 순백의 처녀지를 내딛는 일행들 모두의 입에서 행복한 탄성들이 터져 나온다. 자빠지고 나뒹굴면서도 온천지를 가득 메운 눈꽃 세상의 축복이 너무 경이롭고도 즐거워 어쩔 줄을 모른다. 그렇게 축복받은 러셀을 하며 약수암의 양지바른 바위연습장까지 이르니 온몸이 땀에 흠뻑 젖었다.

그만하면 혹독하게 체력소모를 했건만 바위연습장만 나타나면 그냥 지나치지 못하는 것이 산사람들이다. 남은 과자 부스러기며 초콜릿 따위를 꾸역꾸역 집어삼키던 김상훈이 기어코 바위에 붙는다. 지난여름부터 다시 인공암장에서 훈련을 시작했다더니 과연 몸놀림이 날렵하다. 이강엽과 명로진도 몸이 근질근질한지 퀵드로며 슬링 따위를 걸어놓고 매달려 용을 쓴다. 허벅지까지 빠지는 러셀을 한 다음 양지바른 바위연습장에서 볼더링을 하고 놀다니 오늘 하루 산에서 할 수 있는 것은 다 해본 셈이다.

하산길은 길었다. 대서문 옆을 비껴 산성매표소까지 이어지는 하산길을 하염없이 걷는데 거짓말처럼 붉게 타오르는 해가 뉘엿뉘엿 대지 위로 저물어간다. 이 얼마나 오랜만에 보는 깨끗한 일몰인가! 가슴속에서 무어라 형언할 수 없는 감동이 인다. 완벽한 하루다. 누구에게인지는 모르지만 고맙다는 생각이 든다. 살아 있는 것도 고맙고, 산이 있다는 것도 고맙고, 이런 날이 있다는 것도 고마울 뿐이다.

죽기 전에 다시 한번 북한산에서 러셀산행을 할 수 있을까? 알 수 없다. 분명히 알 수 있는 것도 있다. 죽을 때까지 나는 북한산에 오를 것이다. 산성매표소를 통과할 즈음 해가 완전히 졌다. 나는 검은 실루엣으로 그곳에 여전히 남아 있는 북한산을 돌아다보며 가슴 깊은 곳으로부터의 고마운 인사말을 건넨다. 오늘 하루도 그대 품 안에서 잘 놀았소.

마치며

인문산행의 즐거움과 과제

책을 펴내는 과정에서 내가 쓴 글들을 여러 차례 반복하여 읽어본 결과 느낀 점들이 많다. 이 책에 실린 글들은 모두 월간지에 연재된 것들이라 제한된 지면 안에서 논의하기 어려웠던 내용들도 많다. 내가 내린 결정이요 내가 쓴 글들이니 후회하거나 변명할 생각은 없다. 다만 본문에서는 다룰 수 없었던 내용들 몇몇을 후기 삼아 짤막하게 덧붙인다.

편의상 이 책《산과 역사가 만나는 인문산행》의 제1부에 실린 글들을 '인문산행'이라고 하고 제2부에 실린 글들을 '유산기'라고 하자. '인문산행'과 '유산기'는 비슷한 듯 다르다. '인문산행'이 고증과 답사를 주요 내용으로 다루고 있다면, '유산기'는 등산 혹은 유산을 주요 내용으로 다루고 있다. '인문산행'이 '공부'에 초점을 맞추고 있다면 '유산기'는 '놀이'에 초점을 맞추고 있는 셈이다. '인문산행'과 '유산기' 사이에는 20년 가까운 시차가 있다.

'유산기'를 다시 읽으며 그리움과 부끄러움을 느낀다. 그리움은 흘러간 세월의 몫이요 부끄러움은 허술한 고증의 탓이다. 우리의 선조들이 왜 산수유기를 다른 표현으로 와유기臥遊記라 불렀는지도 알 것 같다. 젊은 시절에 산수에서 노닐며 남긴 기록을 나이 들어 방 안에 누워 다시 읽으며 즐긴다는 것이 와유臥遊의 개념이다. 영어의 'Armchair Climber(의자에 앉아 즐기는 등산)'라는 개념과 상통한다. 글쓴이 개인에게는 나름 젊은 날의 추억을 음미하는 독서 체험으로서의 의미를 가질 수 있다. 그러나 일반 독자들에게도 유의미한 독서 체험이 될지는 미지수다.

그러므로 내가 앞으로 산 혹은 산행과 관련된 글쓰기를 계속한다면 그것은 '인문산행'의 개념과 지향을 따라갈 것이다. '유산기'가 사적私的이라면 '인문산행'은 공적公的이다. 사적인 놀이는 즐거우면 그만이지만 공적인 논구論究에는 책임이 따른다. 산중한량山中閑良이 스스로 기꺼이 산중학인山中學人으로 변모하려 하는 것을 보면 20년 가까운 세월이 마냥 허투루 흘러간 것만은 아닌 듯도 하다.

한국산서회와 함께하는 인문산행을 준비하고 진행해온 지난 2년 동안은 나에게도 매우 특별한 체험의 시간이었다. 이 프로그램을 기획하고 실행에 옮긴 최고의 공신은 한국산서회 인문산행팀의 조장빈 이사다. 나는 그에게서 많은 것을 배웠다. 치밀한 고증과 꼼꼼한 답사가 그의 최대 강점이다. 그와의 협업 이후 나는 속전과 통념通念과 이른바 전문가라는 사람들의 자의적 주장 그리고 남의 블로그에서 아무런 검증 없이 갈무리해온 글들 모두를 의심에 찬 눈초리로 뜯어보게 되었다. 오직 원전原典과 현장답사만이 인문산행이 믿고 기댈 수 있는 언덕이다.

한 회 분량의 인문산행을 진행하기 위하여 우리는 엄청난 양의 자료들을 섭렵한다. 여기에는 물론 답사대상과 관련된 기존의 단행본이나 석박사 논문들이 모두 포함된다. 본행사를 진행하기 전에 의문이 풀릴 때까지 사전답사를 끊임없이 반복한다. 그리고 확실한 것은 확실하다고 말하고 모호한 것은 모호하다고 말한다. 인문산행이 그 존재가치를 인정받기 위해서는 고증과 답사와 해석을 이처럼 무한히 반복해야 한다. 우리가 등산과 인문학의 결합을 말할 때 그 연결고리가 되는 것은 바로 이러한 학문적 혹은 실증적 태도다.

인문산행을 진행하면서 번거로운 일도 많았고 수고로운 일도 많았다. 하지만 그 모든 노역보다 훨씬 더 강렬하게 남은 것은 바로 '인문산행의 즐거움'이다. 팀으로 진행하다 보니 경이로운 시너지 효과도 많았고 경천동지할 만한 발견들도 많았다.

조장빈이 문암폭포를 묘사한 한장석의 원문原文 〈수락산 유람기〉를 내밀었을 때 나는 단박에 그곳이 어디인지를 알 수 있었다. 우연히도 지난 몇 년 동안 나는 수락산에 매달려 있었고, 그래서 수락산의 모든 계곡과 능선들을 샅샅이 뒤져봤던 것이다.

> 바위 병풍이 우뚝 솟아 마치 성가퀴 모양처럼 그 삼면을 둘렀고 입을 벌린 듯 가운데는 트여 있었다. 큰 바위가 그 꼭대기에 시렁을 얹은 듯 들보 모양을 하고 있고 높이는 10여 장丈 될 만한데 세찬 폭포가 걸려 있었다.

문암 폭포는 의정부시 고산동 빼뻘에서 수락산으로 오르는 길옆 한쪽에 숨어 있다. 수락산 정상에서 도정봉으로 나아갈 때 오른쪽 계곡인 흑석동으로 빠지는 길의 연장선이다. 이 폭포 뒤편의 숨겨진 옛길로 오르면 칠성대와 영락대 사이의 안부로 올라붙게 된다. 문헌고증과 현장답사가 만나 빛을 발하는 순간이다.

폭포 뒤편의 숨겨진 옛길이 위치한 계곡의 이름이 은선동이라는 것도 처음 알았다. 한장석 이전에 이곳을 찾았던 사람들의 글도 여럿 확인했다. 미호 김원행의 〈수락폭포연구〉, 삼산재 김이안의 〈기유〉와 〈문암유기〉(이상 1746년 4월), 영재 유득공의 〈은선동기〉(1775년 겨울) 등등. 우리가 그 이름을 되찾아 돌려주기 전까지 이 폭포는 대부분의 수락산 지도에 표기조차 되어 있지 않았다. 그나마 다음daum 지도에는 그 위치가 표기되어 있는데 이름은 그 근거를 알 수 없는 '천문폭포'다.

인왕산 자락의 옥인동에서 옥류동 바위글씨를 재발견한 기쁨도 빼놓을 수 없다. 그런 바위글씨가 존재한다는 것은 알고 있었다. 향토사학자 김영상이 1950년대에 찍은 사진이 《서울 육백년》(1989)이라는 책자에 실려 문헌상으로 전해지고 있었기 때문이다. 하지만 그 이후 옥인동의 난개발이 지속되어 찾을 수가 없었다.

인왕산 답사산행을 마치고 내려오던 조장빈이 주택가에 파묻힌 추정 위치를 비정했다. 역시 인문산행팀의 허재을 이사가 주변의 만류를 뿌리치고 주택가의 담 위로 올라섰다. 그리고 거짓말처럼 옥류동 바위글씨를 찾아냈다. 그날 인문산행팀은 광화문에서 번개 미팅을 가지며 자축의 술잔을 맞부딪혔다. 현재 옥류동 바위글씨는 서울시에서 문화재지정 검토 단계에 있다.

북한산 송계별업의 바위글씨를 발견한 것도 대박(!)이다.

우이동 아카데미하우스 뒤편의 계곡을 흔히 구천 계곡이라 부른다. 이 계곡의 상단에 구천은폭이 있기 때문이다. 이 계곡의 본래 이름은 조계동이었다. 구천은폭 인근에 인평대군의 송계별업이 들어서 있었다는 사실은 문헌에 나와 있다. 하지만 우리는 그 물증을 찾고 싶었다. 조경회사를 운영하는 허재을과 함께 커다랗고 묵직한 빠루(!)를 들고 계곡에 널브러져 있는 바위들마다 낑낑대며 들춰보던 생각을 하면 절로 웃음이 나온다.

도대체 몇 번째의 답사 때였는지도 모르겠다. 역시 인문산행팀의 송석호 회원(고려대 전통조경학과 박사과정)이 구천은폭 부근의 경관을 망원렌즈로 당겨 잡다가 놀라운 바위글씨를 발견했다. 바로 송계별업이라고 음각된 바위글씨다. 카톡으로 실시간 현장 사진을 접한 우리는 각자의 직장에서 미친 듯이 괴성을 질러댔다. 이 바위글씨와 주변 경관들 역시 현재 서울시에서 문화재지정을 검토 중이다.

최근(2019년 5월)에는 수락산 청학동의 옥류폭포 인근에서 '옥류동'이라는 바위글씨를 찾아냈다. 이 역시 고증과 답사가 결합된 것이다. 이태 전의 수락산 인문산행 당시 한국산서회의 이수인 이사에게 의뢰하여 처음으로 국역한 〈서아배수락시후書兒輩水落詩後〉(지촌 이희조芝村 李喜朝, 1709년 집필, 《지촌선생문집》 권20 제발)를 통하여 이 근처에 우암 송시열의 글씨가 바위에 새겨져 있음을 알았다. 그 이후 이곳에서 노닐 때마다 눈에 쌍심지를 켜고 그 바위글씨를 찾아내려 천신만고의 노력을 기울인 끝에 결국에는 찾아내고야 말았다. 최근 수락산유원지(청학동)에 즐비했던 음식점들을 철거하는 과정에서 전에는 막혀 있던 시야가 새롭게 확보된 덕분이다. 현재 우리는 실측과 초탁 날짜를 잡아놓고 잔뜩 기대에 부풀어 있다.

우리가 인문산행을 통하여 새롭게 규명한 사실들과 새롭게 찾아낸 물증들은 이 밖에도 무수하다. 그 모든 내용은 훨씬 더 치밀하고 냉정한 고증을 거쳐 확신을 얻게 된 다음 하나둘 세상에 공개할 예정이다. 이따금 인문산행팀 팀원들끼리는 이런 농담들을 주고받는다. 아니 우리가 왜 이렇게 열심히 하는 거지? 진작 이렇게 열심히 공부했으면 좋은 대학 나와서 지금쯤 연봉 짱짱한 직장에 다니고 있을 텐데! 금전 때문도 아니고 명예 때문도 아니다. 우리가 인문산행에 매진하고 있는 이유는 간명하다. 인문산행은 즐겁다.

정기간행물에 글을 연재하는 행위에는 장점이 있고 단점이 있다. 장점은 어찌되었건 정기적으로 글을 쓴다는 것이다. 하기야 마감을 해야 한다는 압박감조차도 없었다면 어쩌면 게으름만 피우다가 글쓰기 자체를 하지 않았을 수도 있다. 단점은 두말할 나위도 없이 지면의 제약이다. 원고매수의 제한과 장르의 규정이 글의 내용과 형식을 좌우한다.

'인문산행'이건 '유산기'건 이 문제에 있어서는 다르지 않다. 기본적으로 산행후기山行後記의 형식을 띠고 있으며, 주어진 지면의 제약 때문에, 엄정한 고증과 깊이 있는 내용을 담기는 사실상 불가능하다. 특히 인문산행의 내용을 담기에는 턱없이 부족한 그릇이다.

사전학습과 사전답사의 총량을 100이라 한다면, 인문산행 행사 당시 현장에서 펼쳐 보일 수 있는 내용은 50도 되지 않으며, 그것을 그나마 산행후기라는 그릇에 담아 글로 남길 수 있는 양은 채 20도 되지 않는다. 양과 질 양 측면 모두에서의 간극이 글 쓰는 이를 괴롭게 만든다.

아무리 머리카락을 쥐어뜯으며 골머리를 짜내어봐도 이 문제를 극복할 대안은 하나밖에 없다. 글을 쓰는 호흡과 글을 담는 그릇 자체를 바꾸는 것이다. 앞으로는 특정 산에 대한 인문산행의 내용을 하나의 단행본 안에 담으려 한다. 공간이 충분히 확보된다면 그것을 채우는 내용 또한 견실해질 것이다. 단행본의 저자명은 '심산·조장빈 공저'가 될 것이며, 그 첫 번째 대상이 되는 산은 인왕산이다. 이미 고증과 답사는 거의 마무리 단계로 접어들었다.

인문산행이라는 거대하고 심오한 작업을 계속 성공적으로

추진해나가려면 그에 걸맞은 조직이 필요하다. 현재의 인문산행팀은 어떤 면에서 목전에 닥친 특정 업무를 수행하기 위하여 급조된 단발성 태스크포스에 불과하다. 때마침 사단법인 한국산서회는 정관을 바꾸어 부설 연구소를 설립하려 한다. 보다 전문적이고 조직적인 연구행위는 아마도 이 연구소를 통하여 추진될 것이다.

그 상상만으로도 가슴이 벅차다. 산악계에도 등산 이외의 연구를 충실히 하여 석박사 학위를 취득한 산악인들이 많다. 학계에도 산을 사랑하고 등산을 즐기며 산과 관련된 논문들을 끊임없이 발표하고 있는 학자들이 많다. 한국산서회가 새롭게 발족시킬 연구소는 악계岳界와 학계學界의 놀라운 컬래버레이션을 연출할 것이다. 그들의 연구와 우리의 산행이 합쳐질 때, 아직은 생소한 이 '인문산행'이라는 개념이 비로소 제자리를 찾게 될 것이다.

산과 역사가 만나는 인문산행

초판 1쇄 발행 2019년 6월 28일

지은이 심산
책임편집 서슬기
디자인 김슬기

펴낸곳 (주)바다출판사
발행인 김인호
주소 서울시 마포구 어울마당로5길 17 5층(서교동)
전화 322-3675(편집), 322-3575(마케팅)
팩스 322-3858
E-mail badabooks@daum.net
홈페이지 www.badabooks.co.kr

ISBN 979-11-89932-20-6 03900